Jagen in der Schweiz
Auf dem Weg zur Jagdprüfung

Jagen in der Schweiz
Auf dem Weg zur Jagdprüfung

Jagd- und Fischereiverwalterkonferenz der Schweiz JFK-CSF-CCP
Herausgeber

Autoren
Martin Baumann
Josef Muggli
Dominik Thiel
Conny Thiel-Egenter
Max Thürig
Philippe Volery
Peter A. Widmer
Urs Zimmermann

Salm Verlag Wohlen/Bern

Mit finanzieller Unterstützung der Kantone und des Bundesamts
für Umwelt BAFU, Bern

Bibliografische Information der Deutschen Nationalbibliothek
Die Deutsche Nationalbibliothek verzeichnet diese Publikation
in der Deutschen Nationalbibliografie; detaillierte bibliografische Daten
sind im Internet über http://dnb.d-nb.de abrufbar.

© 2012 Jagd- und Fischereiverwalterkonferenz der Schweiz JFK-CSF-CCP, Zürich

Herausgeber: Jagd- und Fischereiverwalterkonferenz der Schweiz JFK-CSF-CCP
Lektorat: Peter A. Widmer, Wittnau
Illustration: Nadine Colin, Zürich
Gestaltung und Satz: Atelier Mühlberg, Basel
Lithographie: FdB Fred Braune, Bern
Herstellung und Vertrieb: Salm Verlag, Wohlen/Bern

ISBN 978-3-7262-1425-8

Zitiervorschlag: Baumann M, Muggli J, Thiel D, Thiel-Egenter C,
Thürig M, Volery P, Widmer PA, Zimmermann U: Jagen in der Schweiz,
Auf dem Weg zur Jagdprüfung. Jagd- und Fischereiverwalterkonferenz
der Schweiz JFK-CSF-CCP, Salm Verlag Wohlen/Bern 2012.

Inhalt

Vorwort	9

1 Einleitung 11

2 Jäger waren wir immer 15

Urgeschichte: Jagen hiess überleben	16
Kelten und Römer: Manches gilt bis heute	16
Mittelalter: Die Jagd als hoheitliches Recht	17
Alte Eidgenossenschaft: Kantone als Inhaber der Jagdhoheit	18
Französische Revolution: Niedergang der Wildbestände	19
19. Jahrhundert: Übernutzung der Wälder und Ausrottung der Grossraubtiere	19
Erste Bundesgesetze als wegweisende Schritte	19
Wachsende Wildbestände	20
Patentjagd oder Revierjagd: Jagdpolitische Auseinandersetzungen	21
Jagd heute und morgen	23
Jagdliches Brauchtum	24

3 Wildtierbiologie 29

Zoologische Systematik	30
Paarhufer	33
Beutegreifer (Karnivoren)	76
Hasenartige und Nagetiere	100
Trittsiegel, Fährten, Spuren, Losungen	110
Wasservögel	113
Greifvögel	120
Hühnervögel	127
Schnepfen	130
Tauben	131
Eulen	133
Rabenvögel	135

Ausgestorbene Arten 138
Nicht einheimische Arten (Neozoen) 139

4 Wildtierökologie 143

Grundlagen der Ökologie 144
Zusammenspiel von Umwelt, Lebensraum und Wildtier 149
Saisonale Überlebensstrategien 156
Lebensräume und Massnahmen
    zu deren Schutz und Aufwertung 160
Wildschaden 171

5 Wildtiermanagement 177

Lebensraummanagement – Raumplanung für Wildtiere 178
Jagdplanung 183

6 Das jagdliche Handwerk 199

Die Jagd im Jahreslauf 201
Jagdmethoden 202
Ansprechen 212
Vor dem Schuss 213
Während des Schusses 216
Nach dem Schuss 216
Jagdaufsicht 224

7 Wildbretverwertung 227

Lebensmittelgesetzgebung 228
Zwölf kritische Punkte in der Wildbretproduktion 229
Das Aufbrechen von Schalenwild 237

8 Waffen, Munition, Optik — 241

Gesetzliche Grundlagen	242
Waffenerwerb	243
Aufbewahren von Waffen	243
Tragen von Waffen	243
Jagdwaffen	244
Munition	253
Ballistik	259
Schiessen lernen und Schiessen üben	263
Sicherer Umgang mit Waffen	264
Optik	267

9 Jagdhunde — 273

Erscheinungsbild, Körperbau, wichtige Sinnesorgane	275
Einteilung der Rassehunde	276
Das Jagdhundewesen in der Schweiz	278
Hundekauf	279
Fortpflanzung und Aufzucht	281
Hundehaltung	282
Die Arbeit mit Jagdhunden	284
Gebräuchliche Jagdhunde in der Schweiz	288

10 Wildtierkrankheiten — 291

Definitionen	292
Auffälligkeiten/Krankheitsverdacht	294
Parasitäre Infektionen	297
Bakterien, Viren, Pilze (Mikroorganismen) als Ursache von Infektionen	302
Übersicht über einige Wildtierkrankheiten	306

11 Jagd und Öffentlichkeit — 309

Warum jagen wir?	311
Jagd als vielfältige Aufgabe	311
Die Öffentlichkeit einbinden	312

12 Gesetze regeln das Jagen — 315

Wozu ein Jagdgesetz? — 316
Die Entstehung der eidgenössischen Jagdgesetzgebung — 317
Der Wandel des eidgenössischen Jagdgesetzes — 318
Das heute gültige eidgenössische Jagdgesetz — 318
Zweck der eidgenössischen Gesetzgebung — 319
Der Aufbau der eidgenössischen Jagdgesetzgebung — 320
Aufgabenteilung zwischen Bund, Kanton und Jägerschaft — 320

13 Lernstrategien — 323

Stolpersteine — 324
Lerngewohnheiten, Lerntyp — 324
Vorbereitungsweg — 325
Pausen — 325

Anhang — 327

Glossar — 328
Index — 336
Bildnachweis — 340
Dank — 342

Vorwort

Liebe Leserinnen und Leser

Sie wollen Jagen lernen. Schön! Und dieses Buch kann Ihnen dabei helfen.

Jagen ist in der Tat ein Handwerk, das gelernt sein muss. Sie können jagen lernen – wenn Sie sich das praktische Wissen aneignen über Natur und Wildtiere, über Gesetzesbestimmungen und Jagdpraxis, über den Umgang mit Kugelgewehr und Schrotflinte, über das Verwerten des Wildbrets, über die Ausbildung und den Einsatz der Jagdhunde.

Nur, erlauben Sie mir die Frage: Warum wollen sie denn jagen? Weil das Jagen von Kindesbeinen an Teil des Lebens Ihrer Familie ist? Weil Sie gerne im Wald und am Berg unterwegs sind? Weil Sie gerne Wild essen? Oder weil Sie die Leidenschaft des Wildaufspürens und Wildnachstellens gepackt hat, weil Sie sich gerne in der jagdlichen List üben möchten, oder weil Sie die archaische Begegnung mit Leben und Tod reizt... Oder ein bisschen von alledem und gar noch mehr?

Sie müssen diese Frage natürlich nicht mir beantworten; Ihnen selber aber schon. Und immer häufiger auch der nicht jagenden Bevölkerung.

Ja, der Mensch jagt, seit es ihn gibt. Unsere Vorfahren haben Mammute und Bären erlegt, um sich zu ernähren und sich zu schützen. Die Jagd war Grundlage ihres Lebens. Aber heute verhungert niemand mehr ohne Jagd. Sie muss daher in einer Öffentlichkeit bestehen, die von Nicht-Jagenden geprägt ist.

Die Jäger der Zukunft sollten sich auch bewusst sein, dass die Jäger der Vergangenheit verantwortlich für das Aussterben zahlreicher Tierarten waren. Steinbock, Rothirsch und Wildschwein überlebten bei uns das Nachstellen der jagenden Menschen im 19. Jahrhundert ebenso wenig wie Bartgeier, Biber oder Braunbär. Erst mit dem ersten eidgenössischen Jagdgesetz von 1876 wurde die Grundlage zu einem eigentlichen Artenschutzgesetz in der Schweiz geschaffen. In der Folge kehrten die meisten der ausgerotteten Arten wieder zurück. Diese Regeln des Bundes für den Schutz und die nachhaltige Nutzung der Wildtiere sind noch immer Grundlage für die Planung der Jagd in den Kantonen.

Heute geht die Bedrohung von Tierarten nicht mehr von der Jagd aus, sondern von der Lebensraumzerstörung, der Übernutzung und Zersiedelung der Landschaft oder der Vergiftung von Boden und Wasser. Die Jäger sind Zeugen dieser Entwicklung. Und sie tragen Verantwortung für den Erhalt unseres Naturerbes, vielleicht gar mehr als andere. Viele Menschen sind der Natur nämlich entfremdet, sie begegnen den so genannten «wilden Tieren» gelegentlich noch für einige Stunden im zoologischen Garten. Nicht so Jägerinnen und Jäger. Sie sind draussen unterwegs, das ganze Jahr über; sie beobachten die Natur und stellen Veränderungen fest; und sie sind deshalb in der Pflicht des Handelns für den Erhalt eines lebenswerten Raums für Wildtier und Mensch. Verantwortungsvolle Jägerinnen und Jäger schützen bevor sie nutzen. Und sie achten alle Wildtiere gleichermassen, Reh wie Luchs, Rothirsch wie Wolf.

Vorwort

Jagen lernen und Jägerin/Jäger sein, sind zwei Dinge. Nach der Prüfung erst beginnt die Schule der Praxis. Bestehen wird diese, wer die Natur zu lesen lernt, wer das Üben mit der Waffe pflegt, wer sich und sein Tun stets sich selber und den nicht jagenden Menschen erklären kann, und vor allem, wer den Respekt vor dem Lebenden nie verliert.

Ich lade sie ein, beim Jagen in der Schweiz dabei zu sein.

Reinhard Schnidrig
Leiter der Sektion Jagd, Fischerei, Waldbiodiversität
Bundesamt für Umwelt

1 Einleitung

1 Einleitung

Jagen ist in der Schweiz kein Privileg, sondern ein Recht. Wer in einer kantonalen Fähigkeitsprüfung nachgewiesen hat, dass er die erforderlichen Kenntnisse besitzt, darf die Jagd ausüben. So steht es im «Bundesgesetz über die Jagd und den Schutz der wildlebenden Säugetiere und Vögel». Die Ausbildung und Prüfung der Jägerinnen und Jäger liegt somit in der Verantwortung der kantonalen Jagdbehörden. Sie werden bei der Umsetzung dieser Ausbildungs- und Prüfungspflicht massgeblich durch Jagdorganisationen, Mitglieder der Jagdprüfungskommissionen sowie engagierte Jägerinnen und Jäger unterstützt.

In manchen Kantonen hat man Ausbildungshilfen erarbeitet, in anderen bestehende Publikationen des jeweiligen Sprachraums auf die eigenen Bedürfnisse angepasst. Daraus hat sich in der Schweiz eine Vielfalt an Ausbildungsunterlagen entwickelt. Einer optimalen Berücksichtigung kantonaler Besonderheiten stehen gewisse Defizite entgegen. So sind in den Lehrmitteln nur selten Lernziele definiert, und die Unterschiede in der Gewichtung und Vertiefung einzelner Prüfungsfächer können sehr gross sein. Zudem fehlt eine Unterscheidung zwischen Aus- und Fortbildung. Dies wiederum erschwert die Vorbereitungsarbeiten der Prüfungsabsolventen, die gelegentlich mit ihren umfangreichen Unterlagen kaum zurechtkommen und sich in übermässig viel Auswendiglernen verlieren. Hier möchte *Jagen in der Schweiz – Auf dem Weg zur Jagdprüfung* Abhilfe schaffen und für Klarheit sorgen, welches Grundwissen gesamtschweizerisch Jagdlehrgängern vermittelt werden soll, damit sie eine kantonale Jagdprüfung bestehen können. Die vorliegende Publikation der Jagd- und Fischereiverwalterkonferenz der Schweiz legt besonderen Wert auf das Erkennen von Zusammenhängen und ein fortschrittliches Jagdverständnis. So werden die zukünftigen Jägerinnen und Jäger für die Jagdpraxis in einem sich stets verändernden Umfeld gerüstet sein. Für den Inhalt zeichnet ein Autorenteam verantwortlich, und eine Steuerungsgruppe aus Mitarbeiterinnen und Mitarbeitern kantonaler Jagdverwaltungen hat für die Qualitätskontrolle gesorgt.

Die Jagdausbildung der zukünftigen Jägerinnen und Jäger in der Schweiz und die Durchführung der Jagdprüfung bleiben selbstverständlich auch mit diesem Jagdlehrmittel Sache der Kantone. Je nach kantonalen Bedürfnissen und Anforderungen an die Prüfung kann der Ausbildungs- und Prüfungsstoff ergänzt oder gestrafft werden. Auch lassen sich einzelne Tierarten, Jagdmethoden usw. je nach lokaler Bedeutung anders gewichten. Im Bereich des Jagdrechts ist eine auf die einzelnen Kantone zugeschnittene Lernhilfe ohnehin erforderlich. Das vorliegende Buch soll somit den Verantwortlichen in den Kantonen als verbindliche Grundlage dienen, um angehende Jägerinnen und Jäger sachgerecht und praxisnah auszubilden und zu prüfen. Diese wiederum werden durch ihre solide Ausbildung den guten Ruf der Jagd in der Schweiz auch für die Zukunft sichern. *Jagen in der Schweiz – Auf dem Weg zur Jagdprüfung* kann aber auch bestandenen Jägern als Nachschlagewerk dienen. Im Weiteren vermag es allen naturinteressierten Leserinnen und Lesern einen Einblick zu geben in die Biologie und Ökologie der Wildtiere der Schweiz sowie ins schweizerische Weidwerk.

Jägerinnen und Jäger, Frauen und Männer sind mit diesem Buch gleichermassen angesprochen. Um die Lesbarkeit zu erleichtern, wird jedoch darauf verzichtet, immer beide Geschlechter zu nennen. Erst sehr wenige Jagdberechtigte in der Schweiz sind bis jetzt Frauen. Ihre Zahl ist aber erfreulicherweise steigend.

2 Jäger waren wir immer

- 16 Urgeschichte: Jagen hiess überleben
- 16 Kelten und Römer: Manches gilt bis heute
- 17 Mittelalter: Die Jagd als hoheitliches Recht
- 18 Alte Eidgenossenschaft: Kantone als Inhaber der Jagdhoheit
- 19 Französische Revolution: Niedergang der Wildbestände
- 19 19. Jahrhundert: Übernutzung der Wälder und Ausrottung der Grossraubtiere
- 19 Erste Bundesgesetze als wegweisende Schritte
- 20 Wachsende Wildbestände
- 21 Patentjagd oder Revierjagd: Jagdpolitische Auseinandersetzungen
- 23 Jagd heute und morgen
- 24 Jagdliches Brauchtum

Urgeschichte: Jagen hiess überleben

Über viele Jahrtausende prägte die Jagd das tägliche Leben der urzeitlichen Menschen. Sie erlegten Tiere, um sich mit Nahrung und Kleidung zu versorgen. Knochen, Geweihe und Hörner bildeten Rohstoffe für ihre Werkzeuge. Als Nomaden folgten sie den Wanderungen ihrer wichtigsten Beutetiere. Erst der Anbau von Nutzpflanzen und die Domestikation von Wildtieren brachten eine grundlegende Wende in den menschlichen Alltag. Aus Jägern und Sammlern wurden Ackerbauern und Viehzüchter, die unabhängig waren von den wandernden Wildbeständen. Die Entwicklung des Menschen zum sesshaften Bauern begann in Mitteleuropa vor über 7000 Jahren.

Abb. 2.1 Hirschgeweih aus einer prähistorischen Siedlung im Wauwilermoos, Kanton Luzern. Man vermutet, dass die ca. 7000 Jahre alte Trophäe kultische Bedeutung hatte.

Kelten und Römer: Manches gilt bis heute

Je intensiver sich die Landwirtschaft (Ackerbau und Viehzucht) entwickelte, desto mehr verlor die Jagd ihre ursprüngliche Funktion der Nahrungsbeschaffung. Dies geschah bei uns in besonderem Masse mit dem Beginn der Eisenzeit um ca. 700 v. Chr. Die Kelten bevölkerten im letzten Jahrtausend vor Christus weite Teile Mitteleuropas. Sie stellten nicht nur Waffen aus Eisen her, sondern v. a. auch landwirtschaftliche Geräte wie etwa die eiserne Pflugschar. Die wachsende Abhängigkeit von den landwirtschaftlichen Erträgen verlangte nach einem Schutz der Felder vor freilebenden Huftieren und des Viehs vor Raubtieren. Wildschadenverhütung wurde also schon damals aktuell und begleitete seither das Thema «Jagd» bis in die Gegenwart.

Auch wenn das Jagen bei uns seit ca. 3000 Jahren keine lebensnotwendige Beschäftigung mehr darstellt, so wurde es dennoch stets weiterhin mit viel Ernst und Hingabe praktiziert. Einerseits bedeutete es eine willkommene Freizeitbeschäftigung, anderseits auch körperliche Ertüchtigung und Gelegenheit, die Handhabung verschiedener Waffen zu üben.

Spuren der Jagd aus römischer Zeit findet man etwa auf einem Mosaik aus Avenches (VD). Darauf sind Meutehunde dargestellt, die unseren heutigen Laufhunden ähnlich sind. Zudem war es das römische Recht, welches den Grundsatz der Herrenlosigkeit des Wildes prägte und der in der Schweiz nach wie vor gilt: Frei lebendes Wild gehört niemandem. Es wird erst zum Eigentum des Jägers, der es rechtmässig erlegt hat.

Mittelalter: Die Jagd als hoheitliches Recht

Seit dem frühen Mittelalter beanspruchten Adel und Kirchenfürsten die Jagd als ihr Privileg. Die Begriffe «Hohe Jagd» und «Niedere Jagd» stammen aus jener Zeit. Allein dem Hochadel (Könige, Fürsten, hohe kirchliche Würdenträger) stand die Hohe Jagd auf besonders «wertvolles» Wild zu. Als Hochwild galten Rothirsch, Steinbock, Gämse, Auerhahn, Wildschwein, Adler und teilweise auch das Reh. Ebenso frönte der hohe Adel der prestigeträchtigen Beizjagd. Die Jagd auf Hasen, Füchse und Flugwild war als Niedere Jagd dem Dienstadel, dem niederen Klerus und in beschränktem Umfang der einfachen Bevölkerung gestattet.

Eine «Hohe» und ein «Niedere Jagd» im ursprünglichen Sinne gibt es längst nicht mehr. Und heutzutage noch von Hoch- oder Niederwild im Sinne eines Werturteils über die betroffenen Wildarten zu reden, würde an jeglichem modernen Jagdverständnis vorbeigehen. Allerdings sind manchenorts in der Schweiz die Bezeichnungen «Hochjagd» und «Niederjagd» noch heute gebräuchlich. Für die zwei Jagdarten erteilen die Behörden unterschiedliche Berechtigungen, und es sind auch voneinander abweichende Jagdzeiten festgelegt.

Abb. 2.2 Höfische Jagdszene aus dem um 1370 entstandenen ältesten Jagdlehrbuch in französischer Sprache, dem Jagdbuch des Königs Modus.

Alte Eidgenossenschaft: Kantone als Inhaber der Jagdhoheit

Im Laufe des Spätmittelalters fanden in Europa einschneidende wirtschaftliche, soziale und politische Veränderungen statt. Sie resultierten u. a. auch 1291 in der Entstehung der Eidgenossenschaft. Diese entwickelte sich innerhalb von gut 200 Jahren zu einem Staatenbund mit 13 vollwertigen, sehr unterschiedlich organisierten politischen Gebilden (Landsgemeindekantone neben Stadtstaaten mit verschiedenartigen Regierungssystemen). Trotzdem waren schon früh in allen Landesteilen der Schweiz in der Jagdgesetzgebung gemeinsame Grundzüge zu erkennen, die zum heutigen Jagdregal des Staates führten. Wer die Jagd ausüben wollte, brauchte eine entsprechende Bewilligung. Das Wild teilte man in jagdbare und in geschützte Tiere ein. Überdies wurden Schonzeiten festgelegt und Banngebiete ausgeschieden. Das erste Wildschutzgebiet Europas errichtete man 1548 am Kärpf, einem Berg im Kanton Glarus. Das Jagen in diesem Banngebiet war nur ausgewählten Personen, den sogenannten Freibergschützen, gestattet. Und das erlegte Wild stand der Kantonsobrigkeit zur Verfügung und wurde bei speziellen Anlässen verzehrt.

Die stetige Weiterentwicklung der Feuerwaffen in den letzten fünfhundert Jahren erleichterte es den Menschen zunehmend, auf der Jagd Beute zu machen. Verbesserte Waffentechnik und vor allem in Notzeiten verbreiteter Wildfrevel setzten bereits im 16. Jahrhundert den Wildbeständen stark zu.

Abb. 2.3 Das älteste Jagdbanngebiet der Schweiz befindet sich am Kärpf, Kanton Glarus.

Französische Revolution: Niedergang der Wildbestände

Der Einmarsch der französischen Revolutionstruppen im Jahr 1798 bedeutete das Ende der Alten Eidgenossenschaft. Die politischen Strukturen änderten sich grundlegend, und die Jagd wurde zum Volksrecht erklärt. Dies führte zusammen mit noch moderneren Gewehren (Hinterlader), der Armut weiter Bevölkerungsteile und mehreren Hungersnöten im 19. Jahrhundert zur weitgehenden Ausrottung der wilden Huftierarten in der Schweiz. Einzig die Gämse überlebte in kleinen Beständen in unzugänglichen Rückzugsgebieten der Hochalpen und in Gebirgswäldern.

19. Jahrhundert: Übernutzung der Wälder und Ausrottung der Grossraubtiere

Um den Wald, den wichtigsten Lebensraum unseres Wildes, war es damals nicht besser bestellt. Die um die Mitte des 19. Jahrhunderts voll einsetzende Industrialisierung und das damit verbundene Bevölkerungswachstum verlangten nach Energie in bisher ungeahntem Masse. Weil Holz als einziger Energieträger zur Verfügung stand, führte dies zu einer dramatischen Übernutzung der Wälder. Auf den Kahlschlagflächen liess man zudem das zahlreiche Kleinvieh weiden, was die wild lebenden Huftiere in ihrem Lebensraum weiter einschränkte. Da diese nun als Beutetiere zusehends fehlten, häuften sich verständlicherweise die Übergriffe von Wölfen und Luchsen auf kleine Nutztiere wie Schafe und Ziegen. Solche Risse wurden nicht wie heute vom Staat entschädigt, und schon der Verlust einer einzigen Ziege konnte damals eine wirtschaftliche Notlage bedeuten. Entsprechend intensiv und durch Abschussprämien unterstützt, verfolgte man daher die Grossraubtiere als existenzbedrohende Konkurrenten. Bis zur Mitte des 19. Jahrhunderts waren Wolf und Luchs in der Schweiz ausgerottet.

Erste Bundesgesetze als wegweisende Schritte

Nach politisch unruhigen Jahrzehnten entstand 1848 die Schweiz in ihrer heutigen Form. Schon frühzeitig nahm sich der neu geschaffene Bundesstaat des konsequenten Schutzes von Wald und Wildbeständen an. Im Februar 1876 trat das erste «Bundesgesetz über die Jagd und den Vogelschutz» in Kraft. Es regelte den Schutz des Nutzwildes (Nützlinge) und die Bekämpfung der Raubtiere (Schädlinge). Damit die gesetzlichen Bestimmungen auch durchgesetzt werden konnten, verpflichtete man u. a. die Gebirgskantone, Jagdbanngebiete auszuscheiden und deren Beaufsichtigung beamteten Wildhütern zu übertragen. Auf dieses Weise richtete man im schweizerischen Alpenraum ein Netz von Wildschutzgebieten ein, welche bei der Rückkehr und der Bestandesbildung der wild lebenden Huftierarten eine entscheidende Rolle spielten.

Nur langsam kamen manche lokale Jägerschaften zur Einsicht, dass erst ein wirksamer Schutz des Wildes dessen langfristige Nutzung garantieren werde. Fortschrittlich gesinnte Jäger unterstützten jedoch die Bemühungen des aufstrebenden Naturschutzes. Ein frühes Beispiel erfolgreicher Zusammenarbeit von Jagd und Naturschutz war die Wiederansiedlung des Steinbocks zu Beginn des 20. Jahrhunderts.

Mit dem 1876 erlassenen «Bundesgesetz über die Forstpolizei» schuf man eine weitere massgebende Gesetzesgrundlage, um den Wald in der Schweiz wirkungsvoll vor Übernutzung zu bewahren. Das Verbot übermässiger Wald-Weide sowie eine Vielzahl von Aufforstungsprojekten liessen die Waldflächen langsam wieder anwachsen.

Wachsende Wildbestände

Im eidgenössischen Jagdgesetz von 1925 verstärkte man den Schutzgedanken. So durften etwa weibliches Wild und Jungtiere nur sehr zurückhaltend erlegt werden. Im schweizerischen Mittelland jagte man in der ersten Hälfte des vorigen Jahrhunderts vor allem auf Hasen und Wasservögel. Lohnend war es überdies, Füchse und Marder zur Strecke zu bringen, da deren Felle (Bälge) hohe Preise erzielten. Nach dem Zweiten Weltkrieg nahmen die Huftierbestände deutlich zu, und innerhalb weniger Jahre wurde das Reh im Jura und im Mittelland zur häufigsten Jagdwildart. Dagegen wird der Hase vielerorts seit Jahrzehnten immer seltener. Obwohl in den meisten Kantonen nach wie vor jagdbar, wird er gebietsweise freiwillig geschont. Die Erholung der meisten Wildtiervorkommen in der Schweiz beruht auf natürlicher Einwanderung (Reh, Rothirsch, Wildschwein, Bär, Wolf). Daneben setzte man auch ehemals ausgerottete Arten wieder aus (Steinbock, Biber, Luchs, Bartgeier).

Die steigenden Schalenwildbestände verursachten vielerorts massive Schäden im Wald und an landwirtschaftlichen Kulturen, und wieder vorkommende Grossraubtiere schlugen neben Wildtieren auch Nutzvieh. Die mannigfachen Wildschäden sind es denn auch, welche die Diskussionen über die Jagd in der zweiten Hälfte des 20. Jahrhunderts in zunehmendem Masse geprägt haben. Dieser Entwicklung trägt das heute gültige «Bundesgesetz über die Jagd und den Schutz der wildlebenden Säugetiere und Vögel» von 1986 Rechnung. Neben dem umfassenden Schutz der Arten und ihrer Lebensräume stehen die Jagdplanung zur Regulierung der Wildbestände und deren angemessene Nutzung durch die Jagd im Zentrum des Gesetzes.

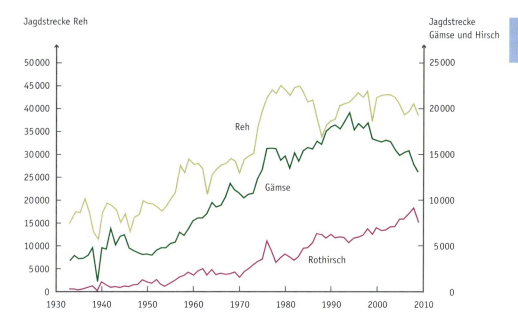

G 2.1 Die Entwicklung der gesamtschweizerischen Jagdstrecken von Reh, Gämse und Rothirsch 1933–2009.

Patentjagd oder Revierjagd: Jagdpolitische Auseinandersetzungen

Es liegt in der Kompetenz der Kantone, die Jagd zu organisieren. Sie können somit auch entscheiden, ob das Jagdregal durch die Erteilung von Patenten für das ganze Kantonsgebiet oder durch die Verpachtung von Revieren genutzt werden soll. Der Aargau war der erste Kanton, der sich ab 1803 (mit einem kurzen Unterbruch) für die Revierjagd entschied. In manchen Kantonen wurde die Frage, ob die Patent- oder die Revierjagd das «richtige» Jagdsystem sei, mehr als nur einmal zum Politikum, und an der Urne wurde anschliessend darüber entschieden. Zwar haben beide Systeme ihre Vor- und Nachteile, doch gewährleisten sowohl die Patent- wie die Revierjagd eine nachhaltige und naturverträgliche Nutzung der Wildbestände. Die Revierjagd entwickelte sich nicht zur «Herrenjagd» für Gutbetuchte, wie es aus dem gegnerischen Lager warnend tönte. Und die Patentjäger rotteten keine Wildbestände aus, wie viele Befürworter der Revierjagd befürchteten. Heute steht nicht mehr die Systemfrage im Zentrum, sondern eine optimale und artgerechte Bewirtschaftung des Wildes. Dazu gehört auch die Organisation der Bejagung gewisser Wildarten nach räumlichen Einheiten (Wildräumen) über allfällige Revier- und Kantonsgrenzen hinaus. Diese Entwicklung trägt auch auf der jagdpolitischen Ebene Früchte. Seit 2009 sind nämlich die Patent- und Revierjäger der Schweiz in einer gemeinsamen Organisation zusammengeschlossen. Die Interessen der Jagd und der Jäger werden nun von einer einzigen Organisation, von «JagdSchweiz», vertreten.

Eine Besonderheit stellt der Kanton Genf dar. Durch einen demokratischen Entscheid schaffte man dort die Jagd 1974 ab. Seither gewährleisten staatliche Wildhüter die notwendige Regulierung gewisser Wildarten.

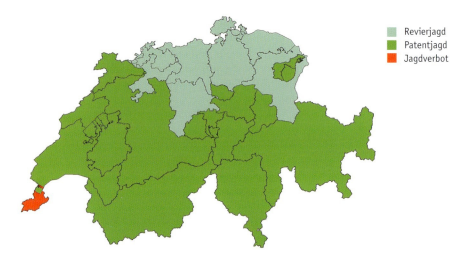

G 2.2 Jeder Kanton bestimmt selbst, ob die Jagd auf seinem Gebiet nach dem Patent- oder Reviersystem ausgeübt wird. Im Kanton Genf gilt seit 1974 ein Jagdverbot.

Abb. 2.4 Die Zeiten beachtlicher Niederwildstrecken mit Feldhasen, Fasanen und Rebhühnern sind überall in der Schweiz vorbei. Heute ist die typische Niederwildjagd mehrheitlich auf die letzten intakten Lebensräume in den Alpen beschränkt (Schneehuhn, Schneehase).

Jagd heute und morgen

Die Schweiz veränderte sich in der zweiten Hälfte des 20. Jahrhunderts in schnellen Schritten. Bevölkerungswachstum, Siedlungsentwicklung, Mobilitäts- und Freizeitansprüche führten zu einem grossen Verlust natürlicher Flächen und zum Ausbau der Verkehrsträger. Heute leben rund 70 Prozent der Schweizer Bevölkerung in Agglomerationen, in einer Welt also, die einer direkten und permanenten Manipulation durch den Menschen unterworfen ist. Dass der Mensch selbst Teil der Natur ist, die sich von ihm letztlich nicht unterwerfen lässt, kann und will er nur noch schwer erfassen. Somit hat er auch verdrängt, dass Entstehen, Sein und Vergehen natürliche Vorgänge von zentraler Bedeutung sind. Genau mit diesen aber hat Jagen sehr viel zu tun. Bereits mehrfach wurden denn auch kantonale Volksinitiativen vorgelegt, um Jagdmethoden einzuschränken oder die Jagd auf gewisse Wildarten ganz zu verbieten.

Jagen bedeutet heute mehr denn je, sich auf ganz besondere Weise mit der Natur auseinanderzusetzen. Dabei gilt es, vielfältige und zum Teil widersprüchliche Interessen und Forderungen von Natur- und Tierschutz, von Land- und Forstwirtschaft sowie der Bevölkerung mit ihren Freizeitansprüchen zu berücksichtigen.

Jäger in der dicht besiedelten Schweiz benötigen ein solides Wissen, ein hohes Verantwortungsbewusstsein und viel Erfahrung. Sie nehmen eine multifunktionale Aufgabe wahr, bestehend aus

- der Erhaltung und Aufwertung der Lebensräume und dem Schutz von deren Bewohnern (Lebensraum- und Artenschutz);
- nachhaltiger Nutzung der Wildbestände als natürliche Ressource;
- respektvollem Umgang mit dem einzelnen Tier (Tierschutz);
- der Begrenzung von Wildschäden auf ein tragbares Mass (Wildschadenverhütung).

Abb. 2.5 Um den Jagderfolg zu steigern, hat man seit je in Gruppen gejagt.

Abb. 2.6 Jagd bedeutet u.a. nachhaltige Nutzung natürlicher Ressourcen und liefert hochwertige Nahrungsmittel.

Eine rücksichtsvolle, nachhaltige und fachgerecht geplante Jagd, die diese Aufgaben wahrnimmt und offen kommuniziert, wird auch in Zukunft in der Schweiz die Akzeptanz der breiten Bevölkerung finden.

Jagdliches Brauchtum

Die Jagd ist eine der ältesten Kulturtechniken überhaupt. Es unterscheidet den menschlichen Jäger vom jagenden Tier, dass er sein Tun und Handeln hinterfragt, über sich und seine Umwelt Gedanken anstellt und sein Handeln danach richtet. Bereits die Menschen der Vorzeit hielten sich auf der Jagd an festgelegte Verhaltensweisen.

Ein Brauch z.B., der sich bis zum heutigen Tag erhalten hat, ist die respektvolle Behandlung des erlegten Wildes. Nach Ansicht von Naturvölkern muss schon vor und erst recht nach der Erlegung eines Stückes Wild dessen unsterbliche Seele besänftigt werden. Manche Jägervölker begruben sämtliche Knochen der von ihnen gejagten Tiere mit der Idee, diese würden zu einer späteren Zeit auferstehen. Solch ehrfürchtige Behandlung der Jagdbeuten diente dazu, bestimmte Gottheiten milde zu stimmen und die Sippe so vor Unglück zu bewahren.

Unsere Wahrnehmung der Wildtiere und der Tiere überhaupt hat sich im Verlauf der letzten Jahrhunderte gewandelt. Der Respekt des jagenden Menschen aber vor der durch ihn erbeuteten Kreatur ist nach wie vor fester Bestandteil jagdlichen Brauchtums. Ausdruck davon sind die kurze «Andacht» des Jägers beim erlegten Stück und der Zweig oder Blumenstrauss, der diesem als «letzter Bissen» ins Maul (= Äser) geschoben wird. Auch das Legen der Strecke bekundet Dankbarkeit für erlebtes Jagdglück.

Der Jäger war sich stets bewusst, dass sein Tun nicht frei von Widersprüchen ist. Einerseits schützt, hegt und bewundert er die Wildtiere, andererseits verfolgt und tötet er sie. Er freut sich über sein Jagdglück, tut dies aber im Bewusstsein, Leben ausgelöscht zu haben. Diese Widersprüche sind als Rituale in den Jagdgebräuchen sicht- und spürbar.

Im Weiteren ist über Generationen ein Brauchtum entstanden, welches das Handeln des oder der Jagenden vor, während und nach der Jagd mehr oder weniger strikte regelt. Doch so unterschiedlich die Jagd weltweit ausgeübt wird, so verschieden sind auch die geltenden Sitten und Gebräuche.

Selbst innerhalb der kleinen Schweiz stellt man beachtliche Unterschiede fest. In den Revierkantonen sind vor allem deutsche, aber auch österreichische Einflüsse unverkennbar. Dagegen ist in der Romandie oder im Tessin davon kaum etwas zu spüren. Eigenständige Gepflogenheiten finden sich überdies in der Alpenregion der Deutschschweiz, wo zum Teil auch jagdliche Ausdrücke alemannischen Ursprungs verwendet werden. Dort redet der Jäger vom Grind der Gämse und nicht etwa von deren Haupt (= Kopf). Die regionalen Unterschiede in unserem Land sind in ihrer Vielfalt interessant und anerkennenswert, und niemand möchte sie irgendeiner Vereinheitlichung opfern. Natürlich können sie hier nicht detailliert behandelt werden.

Abb. 2.7 Nach der Bisonjagd in der nordamerikanischen Prärie ehrten die Indianer ihre Beute.

Abb. 2.8 Der erlegte Keiler wird mit dem «letzten Bissen» geehrt (Kanton Jura).

Jagdsprache

Teil jagdlichen Brauchtums ist die Jäger- oder Weidmannssprache, die sich in sehr ausgeprägter Form nur im Weidwerk des deutschen Sprachraums findet. Entwickelt hat sie sich ab dem 12. Jahrhundert unter den Berufsjägern und gilt mit ca. 3000 Fachausdrücken als umfangreichste deutsche Sondersprache. Die lateinische Schweiz kennt dagegen nur Bruchstücke einer überlieferten jagdlichen Fachsprache. Die deutsche Schweiz hat wenigstens im Alltag stets eine klare sprachliche Eigenständigkeit gegenüber der Hochsprache bewahrt. So ist es nicht verwunderlich, dass man in manchen Regionen unseres Landes jagdliche Begriffe verwendet, die sich von jenen in Deutschland oder Österreich unterscheiden. So heisst es hochdeutsch «Weidmannsheil», in gewissen Gegenden der Schweiz dagegen «Jägers Gfell» oder «Glück i Louf» oder «in bocca d'luf». Das männliche Rotwild wird bei unseren nördlichen und östlichen Nachbarn als «Hirsch» bezeichnet. In der Schweiz ist das der «Stier», und das hochdeutsche «Tier» heisst hierzulande «Kuh». Auch wenn an dieser Stelle nur einige wenige schweizerische Sonderausdrücke als Beispiele aufgezählt sind, wäre es dennoch vermessen, von einer eigentlichen Schweizer Jagdsprache zu reden.

Manche Redensarten fanden Eingang in die Alltagssprache, so z. B. «durch die Lappen gehen» (= entkommen, entwischen) oder «eins hinter die Löffel geben» (= jemandem eine Ohrfeige verpassen).

Die Pflege der Jagdsprache stärkt das Zusammengehörigkeitsgefühl der Jägerinnen und Jäger und erhält zugleich ein altes Kulturgut am Leben. Ihr überspitzter Gebrauch hingegen wirkt auf Unbeteiligte bald einmal aufgesetzt und elitär.

Eine Auswahl der in der deutschsprachigen Schweiz gebräuchlichen Ausdrücke findet sich am Ende des Kapitels.

Signale, Brüche, Jagdmusik, Kommunikation

Für eine gemeinsame Jagdausübung war es immer wichtig, über grosse Distanzen miteinander kommunizieren zu können. Tierhörner oder Muscheln dienten schon früh als Lautverstärker und werden auch heute noch verwendet, um mit Signalen z. B. Beginn oder Ende eines Treibens allen Jagdbeteiligten bekannt zu geben. Mithilfe von Hörnern machen die Treiber auf ihre jeweilige Position aufmerksam und rufen den jagenden Hunden.

Abgebrochene Zweige («Brüche») dienen dem Jäger z. B., seinen Stand, einen Anschuss (die Stelle, wo ein Stück Wild getroffen wurde) und die Fluchtrichtung des beschossenen Stückes zu markieren (zu «verbrechen»). Mit dem «Schützenbruch» auf dem Hut weist er auf sein Jagdglück hin. Und einen verstorbenen Jagdkameraden ehrt man an dessen Grab mit dem «letzten Bruch».

Vor mehr als 50 Jahren haben Jäger in der Schweiz bescheiden angefangen, in kleinem Kreis Jagdsignale mit dem Plesshorn zu blasen. Im Verlauf der vergangenen Jahrzehnte hat das Musizieren mit dem Jagdhorn einen stetig wachsenden Zuspruch erhalten. Mittlerweile hat es ein beachtliches Niveau erreicht und ist aus unserer Jagdkultur nicht mehr wegzuden-

Abb. 2.9 Verblasen einer Strecke am Ende einer herbstlichen Gemeinschaftsjagd im Kanton Luzern.

ken. Etwa 130 Jagdhornbläser-Gruppen mit rund 1400 Bläserinnen und Bläsern sind regelmässig musikalisch aktiv. Wir dürfen nicht unterschätzen, welch grosse Beachtung sie nicht nur in Jägerkreisen, sondern gerade auch in der nicht jagenden Bevölkerung finden. So tragen sie wesentlich dazu bei, eine breite Öffentlichkeit mit den Anliegen der Jagd bekannt zu machen.

Achtung – Anstand – Fairness

Jagen ist immer mit dem Töten wild lebender Tiere verbunden, und von jeher hat der Tod als etwas Unheimliches, Unfassbares die Gefühle der Menschen bewegt. Gerade auch die Jagd hat deshalb viel mit Emotionen zu tun. Gesetze regeln zwar seit Langem die korrekte Nutzung

Deutsche Jagdsprache anhand einiger Beispiele

Wildart	Männl. Tier (♂)	Weibl. Tier (♀)	Jungtier	Tiergruppe	Haut, Haar, Federn	Augen	Ohren	Schwanz	Beine/ Füsse od. Zehen	Paarungszeit	Geburt
Rotwild	Stier, Hirsch	Kuh, Tier	Hirschkalb (♂) Wildkalb (♀)	Rudel, Trupp	Decke	Lichter	Lauscher	Wedel	Läufe/ Schalen	Brunft	Setzen
Rehwild	Bock	Geiss	Bockkitz (♂) Geisskitz (♀)	Sprung	Decke	Lichter	Lauscher	–	Läufe/ Schalen	Brunft (Blattzeit)	Setzen
Gamswild	Bock	Geiss	Kitz	Rudel	Decke	Lichter	Lauscher	Wedel	Läufe/ Schalen	Brunft	Setzen
Schwarzwild	Keiler	Bache	Frischling	Rotte	Schwarte	Lichter	Teller	Bürzel	Läufe/ Schalen	Rauschzeit	Frischen
Hase, Kaninchen	Rammler	Häsin	Junghase, Jungkaninchen	–	Balg	Seher	Löffel	Blume	Läufe/ Pfoten	Rammelzeit	Setzen
Murmeltier	Bär	Katze	Affe	–	Balg	Seher	Gehöre	–	Läufe/ Pfoten	–	Setzen
Fuchs	Rüde	Fähe	Welpe	–	Balg	Seher	Gehöre	Lunte	Läufe/ Branten	Ranz	Werfen
Dachs	Dachs	Dächsin	Jungdachs	–	Schwarte	Seher	Gehöre	Bürzel	Läufe/ Branten	Ranz	Werfen
Marder	Rüde	Fähe	Jungmarder	–	Balg	Seher	Seher	Rute	Läufe/ Branten	Ranz	Werfen
Auerwild	Hahn	Henne	Küken	Gesperre (Henne m. Jungen)	Gefieder	Augen	–	Stoss	Ständer/ Zehen	Balz	Schlüpfen
Greifvögel	Terzel	Weib	Nestling	–	Gefieder	Augen	–	Stoss	Ständer/ Fänge	Balz	Schlüpfen
Wildenten	Erpel	Ente	Jungente	Schof	Gefieder	Augen	–	Stoss	Ständer/ Latschen	Balz	Schlüpfen

der Wildbestände, die innere Haltung und das Verantwortungsbewusstsein des einzelnen Jägers gegenüber Wildtieren und ihrer Würde lassen sich dagegen nur sehr ungenügend durch Paragraphen festlegen. Mit mancherlei Sitten und Gebräuchen, die sich jagende Menschen selbst auferlegten, war man stets bemüht, diese Lücke zu schliessen. Es wundert nicht, dass sich dabei auch Verhaltensweisen und sprachliche Ausdrücke entwickelten, die heute selbst nicht einmal mehr von allen Jägern verstanden oder akzeptiert werden. Ist es z. B. noch sinnvoll, im deutschen Sprachraum bei jeder – passenden und unpassenden – Gelegenheit Begriffe wie «Weidgerechtigkeit» oder «Jagdethik» zu gebrauchen? Im Gegenteil: Auf diese Weise läuft die Jagd sogar Gefahr, nicht mehr ernst genommen zu werden. Wenn dagegen von Achtung, Anstand und Fairness gegenüber dem Wild, den Mitjägern und der Öffentlichkeit die Rede ist, weiss jedermann, was gemeint ist – und zwar Jäger wie Nichtjäger.

Lernziele

Der Jäger / die Jägerin
- kann den Begriff «Jagdregal» erklären;
- kennt die wichtigsten Faktoren, die im 19. Jahrhundert den Niedergang der Wildbestände verursachten;
- weiss, welche Faktoren zur Erholung der Wildbestände führten;
- kennt die unterschiedlichen Jagdsysteme in der Schweiz;
- weiss, dass gerade auch in Zusammenhang mit der Jagd Begriffe wie «Achtung», «Anstand» und «Fairness» von grosser Bedeutung sind.

3 Wildtierbiologie

- 30 Zoologische Systematik
- 33 Paarhufer
- 76 Beutegreifer (Karnivoren)
- 100 Hasenartige und Nagetiere
- 110 Trittsiegel, Fährten, Spuren, Losungen
- 113 Wasservögel
- 120 Greifvögel
- 127 Hühnervögel
- 130 Schnepfen
- 131 Tauben
- 133 Eulen
- 135 Rabenvögel
- 138 Ausgestorbene Tierarten
- 139 Nicht einheimische Arten (Neozoen)

Zoologische Systematik

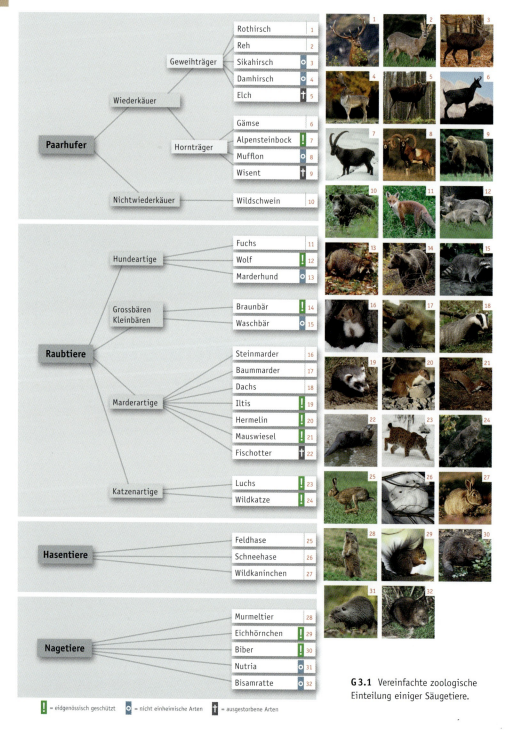

- **Paarhufer**
  - Wiederkäuer
    - Geweihträger
      - Rothirsch — 1
      - Reh — 2
      - Sikahirsch ○ 3
      - Damhirsch ○ 4
      - Elch † 5
    - Hornträger
      - Gämse — 6
      - Alpensteinbock ! 7
      - Mufflon ○ 8
      - Wisent † 9
  - Nichtwiederkäuer
    - Wildschwein — 10

- **Raubtiere**
  - Hundeartige
    - Fuchs — 11
    - Wolf ! 12
    - Marderhund ○ 13
  - Grossbären Kleinbären
    - Braunbär ! 14
    - Waschbär ○ 15
  - Marderartige
    - Steinmarder — 16
    - Baummarder — 17
    - Dachs — 18
    - Iltis ! 19
    - Hermelin ! 20
    - Mauswiesel ! 21
    - Fischotter † 22
  - Katzenartige
    - Luchs ! 23
    - Wildkatze ! 24

- **Hasentiere**
  - Feldhase — 25
  - Schneehase — 26
  - Wildkaninchen — 27

- **Nagetiere**
  - Murmeltier — 28
  - Eichhörnchen ! 29
  - Biber ! 30
  - Nutria ○ 31
  - Bisamratte ○ 32

G 3.1 Vereinfachte zoologische Einteilung einiger Säugetiere.

! = eidgenössisch geschützt   ○ = nicht einheimische Arten   † = ausgestorbene Arten

Zoologische Systematik

G 3.2 und 3.3 Vereinfachte zoologische Einteilung einiger Vogelarten.

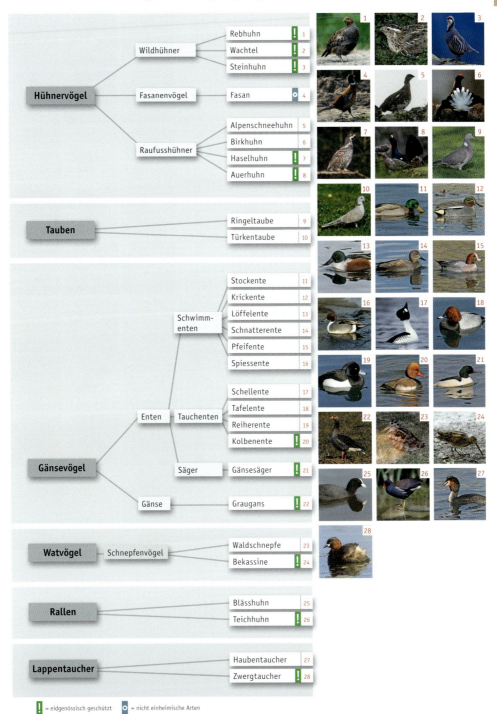

! = eidgenössisch geschützt   o = nicht einheimische Arten

3 Wildtierbiologie

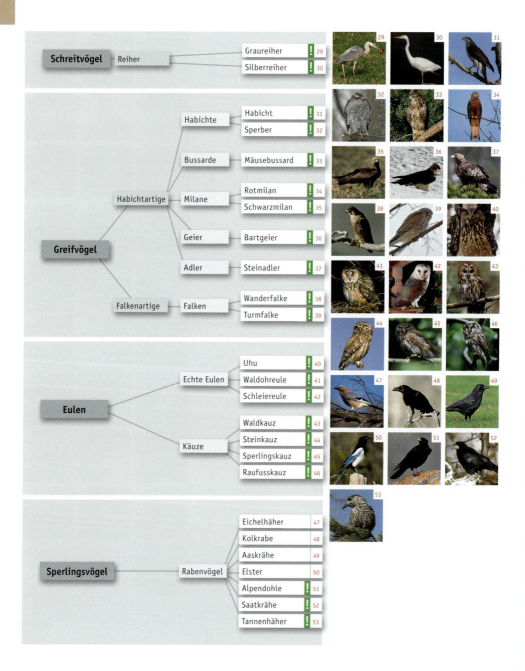

! = eidgenössisch geschützt   o = nicht einheimische Arten

Paarhufer

Die Paarhufer umfassen Tierarten, deren Hufe «gespalten» sind. Man verwendet für die wildlebenden Arten auch den Begriff «Schalenwild». Zu ihnen gehören z. B. Rehe, Hirsche, Gämsen und Wildschweine. Sie werden unterteilt in die Gruppe der Wiederkäuer (z. B. Reh, Hirsch, Gämse) und Nichtwiederkäuer (z. B. Wildschwein). Die wiederkäuenden Tiere haben ein spezielles Verdauungssystem.

Verdauungssystem der Wiederkäuer

Unsere Wiederkäuer fressen Pflanzen, und diese bestehen zu einem grossen Teil aus Zellulose (= Pflanzenfasern). Um aus Pflanzen Energie zu gewinnen, müssen sie dieses schwer verdauliche Material abbauen. Sie haben dazu ein spezielles Magensystem ausgebildet, das aus drei Vormägen (Pansen, Netz- und Blättermagen) und dem Labmagen besteht. Der Labmagen produziert Verdauungssäfte und entspricht dem eigentlichen Magen der übrigen Säugetiere und des Menschen.

Wiederkäuer schlucken beim Fressen die Pflanzenteile unzerkaut. Diese gelangen zuerst in den Pansen. Dort zersetzen Bakterien die Zellulose (Kohlenhydrate) in verwertbare Teile. Da die Pflanzenteile grob geschluckt werden, müssen sie zuerst zerkleinert werden, da nur kleine Pflanzenteile verdaut werden können. Dazu würgt der Wiederkäuer die Pflanzenteile portionenweise hoch, zerreibt sie intensiv zwischen den grossen Mahlzähnen und schluckt sie erneut (Wiederkäuen). Nur der fein zerriebene Pflanzenbrei kann den Netzmagen Richtung Blättermagen, Labmagen und Darm passieren. Im Blättermagen wird der Brei eingedickt, und es wird ihm Wasser entzogen. Erst im drüsenhaltigen Labmagen beginnt die eigentliche Verdauung mit Verdauungssäften. Hier werden Eiweisse und Fette verdaut. Aus dem Labmagen gelangt der Nahrungsbrei schliesslich in den Darm.

3 Wildtierbiologie

1	**Pansen**	Grösster Vormagen; Sammel- und Gärkammer für die Nahrung. Pansenbakterien verdauen die Zellulose der Pflanzen.
2	**Netzmagen**	Vormagen; «sortiert» die Pflanzenteile nach Grösse: Grosse Teile werden zum Wiederkäuen hochgeschoben, kleine Teile als Brei zur Verdauung weitergeleitet.
3	**Blättermagen**	Vormagen; entzieht dem Pflanzenbrei Wasser und Mineralstoffe.
4	**Labmagen**	Eigentlicher Magen; Verdauung des Nahrungsbreis durch Verdauungssäfte.
5	**Darm**	Dünn- und Dickdarm; weitere Aufschlüsselung des Nahrungsbreis und Aufnahme von Verdauungsprodukten in den Körper.

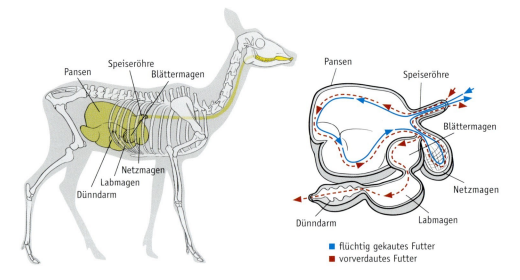

G 3.4 Der mehrteilige Wiederkäuermagen und der Weg des gefressenen Futters.

Die Zähne der Wiederkäuer

Die Wiederkäuer besitzen zwei unterschiedliche Zahntypen: Vorne im Unterkiefer befinden sich eine geschlossene Reihe Schneidezähne, denen im Oberkiefer eine gummiartige Hautplatte gegenübersteht. Wiederkäuer besitzen also oben keine Schneidezähne. Hinten im Maul befinden sich sowohl im Ober- wie im Unterkiefer breite Backenzähne, welche tief eingekerbte, scharfkantige Rillen (Kunden) aufweisen. Beim Wiederkäuen werden die Pflanzenteile zwischen diesen Zahnreihen durch wiederholte seitliche Bewegungen des Unterkiefers zermahlen. Das häufige Wiederkäuen schleift die Backenzähne mit der Zeit ab, und die Kunden verschwinden allmählich. Der Zahnabschliff kann somit als grobe Altersschätzung beigezogen werden.

Äsungszyklus und Äsungstypen der Wiederkäuer

Der Alltag der Wiederkäuer ist hauptsächlich in zwei Aktivitäten geteilt: in das Fressen und in das Wiederkäuen. Phasen des Fressens wechseln sich regelmässig mit Phasen des Wiederkäuens ab (Äsungszyklus). Das Einhalten dieses natürlichen Äsungszyklus ist überlebenswichtig. Menschen können diesen stören. Werden Wiederkäuer daran gehindert, ausserhalb des Waldes zu fressen, können leicht Verbiss- und Schälschäden im Wald entstehen. Durch das Ausscheiden von Wildruhezonen und von Weggeboten für Freizeitsportler lassen sich solche Wildschäden verhindern. Die zeitliche Trennung von Fressen und Wiederkäuen dient ausserdem der Feindvermeidung. Beim Fressen sind Wiederkäuer nämlich besonders gefährdet: Ihre Sicht ist eingeschränkt und Eigengeräusche beeinträchtigen ihr Hören. Deshalb heben die Tiere immer wieder ruckartig den Kopf, um nach Raubfeinden Ausschau zu halten (sichern). Indem Wiederkäuer die Pflanzen ganz schlucken, können sie das Wiederkäuen auf später verschieben. Dazu wählen sie meist Orte aus, welche möglichst viel Sicherheit bieten: seien dies Dickichte (z.B. Reh) oder besonders übersichtliche oder unnahbare Stellen (z.B. Gämse, Steinbock). Während des Wiederkäuens liegen die Tiere meist, sind jedoch wachsam.

Die Nahrung der Wiederkäuer unterscheidet sich beträchtlich zwischen den verschiedenen Tierarten. Diese lassen sich in drei Äsungstypen einteilen: Konzentratselektierer, Raufutterfresser und Mischtypen:

	Konzentratselektierer	Nahrung: Gezielte Wahl leicht verdaulicher Pflanzenteile (Kräuter, Blüten, Blätter, Knospen, Früchte, Eicheln). Sehr selektives Fressen.
		Verdauung: Kleiner Pansen, rasche Verdauung.
		Äsungszyklen: Zahlreiche Fressperioden (10–12 pro Tag).
	Abb. 3.1	Tierarten: Reh.
	Raufutterfresser (Grasfresser)	Nahrung: Schwer verdauliche Pflanzenteile (viel Gras). Wenig selektives Fressen.
		Verdauung: Riesiger Pansen, langsame Verdauung.
		Äsungszyklen: Wenige, lange Fressperioden (2–4 pro Tag).
	Abb. 3.2	Tierarten: Steinbock.
	Mischtypen	Nahrung: Im Sommer leicht verdauliche Nahrung (Kräuter, Sträucher); im Winter faserreiche Nahrung und Gras möglich.
		Verdauung: Grosser, anpassbarer Pansen.
		Äsungszyklen: Mittlere Anzahl Fressperioden (6–8 pro Tag).
	Abb. 3.3	Tierarten: Gämse, Hirsch.

Feindvermeidung bei Wiederkäuern

Wiederkäuer sind Fluchttiere. Ihr Körper ist perfekt daran angepasst, Raubfeinde rechtzeitig zu entdecken und ihnen schnell zu entfliehen. Dabei schlüpft das Reh möglichst rasch in die nächste Dickung, Gämse und Steinbock klettern in nahe Felsen, während der Hirsch über grössere Distanzen flüchtet.

Zum Feststellen von Raubfeinden besitzen Wiederkäuer extrem leistungsfähige Sinne (Gehör-, Geruch- und Sehsinn). Geräusche können sie dank den in alle Richtungen beweglichen Ohrmuscheln genau lokalisieren. Sie riechen Feinde auf weite Distanzen, und ihre seitlich liegenden Augen befähigen sie fast zur Rundumsicht. Dabei bemerken sie Bewegungen besonders gut. Ihr Farbsehen ist weniger leistungsfähig als das des Menschen: Sie können insbesondere Rot nicht von Grün unterscheiden, und beide Farben erscheinen ihnen als Grau (deshalb ist Orange für Huftiere keine Warnfarbe und die jagdliche Signalkleidung demnach kein Nachteil auf der Jagd). Hingegen sind ihr Dämmerungs- und Nachtsehen viel besser, und Helligkeitsunterschiede können sie sehr gut wahrnehmen.

Stirnwaffen der Wiederkäuer

Als Geweih bezeichnen wir die Stirnwaffen der hirschartigen Tiere (Geweihträger, Cerviden). Nur die männlichen unserer Rehe und Hirsche tragen ein Geweih, weibliche Tiere sind geweihlos. Die aus Knochenmaterial bestehenden Geweihe werden alljährlich abgeworfen, um auf den zwei Rosenstöcken sogleich wieder neu gebildet zu werden (Geweihzyklus). Die Wachstumsphase (Schieben) dauert einige Monate. Während des Schiebens ist die wachsende Geweihstange von einer intensiv durchbluteten Basthaut überzogen (Bastgeweih). Sobald sie fertig gebildet ist, stirbt diese Haut ab. Sie wird an Pflanzen abgestreift (Fegen), wobei sich der noch weisse Knochen durch Blutreste und Pflanzensäfte braun einfärbt. Vor dem erneuten Abwerfen löst sich die Knochenschicht zwischen Rosenstock und Geweihstange auf, wodurch die Stange von selbst abfällt.

Die Geweihbildung wird über das Hormon (Botenstoff) Testosteron, der Testosteronspiegel im Blut durch die jahreszeitliche Veränderung der Tageslänge gesteuert. Dadurch ist der Geweihzyklus «Schieben – Fegen – Abwerfen» der Hirschartigen immer gleich in den Jahreslauf eingepasst. Geweihe dienen den Männchen primär dazu, während der Brunft erfolgreich um Weibchen zu kämpfen.

Als Hörner bezeichnen wir die Stirnwaffen der Hornträger (Boviden) wie Gämse oder Steinbock. Die einheimischen Hornträger beider Geschlechter tragen lebenslang Hörner. Diese bestehen aus einer Scheide aus festem Hautmaterial (Keratin), ähnlich jenem unserer Fingernägel, welches sich über zwei Knochenzapfen auf der Stirn bildet. Im Gegensatz zu Geweihen sind Hörner unverzweigt. Sie werden zudem nie abgeworfen, sondern wachsen lebenslänglich. Das grösste Wachstum findet in den ersten Lebensjahren statt. Im Winter wird es stets verzögert, weshalb sich Jahrringe bilden, welche der Altersbestimmung dienen. Hörner werden sowohl als Waffen zur Feindabwehr eingesetzt als auch zur Kommunikation im Rudel.

Reh

Das Reh ist seit Jahrzehnten unsere häufigste Huftierart. Als Kulturfolger profitiert es vom hohen Nahrungsangebot in der heutigen Kulturlandschaft, aber ebenso vom geringen Feinddruck und der rücksichtsvollen Bejagung. Jährlich werden in der Schweiz rund 40 000 Rehe erlegt. Die Regulierung hat zum Ziel, die Bestände der Tragfähigkeit der Lebensräume anzupassen.

Steckbrief	
Gewicht (aufgebrochen mit Kopf [Haupt] und Beinen [Läufen])	Böcke bis 23 kg, Geissen bis 20 kg.
Kennzeichen (erwachsene Tiere)	Sommerhaar: rotbraun; Winterhaar: graubraun. Spiegel beim Bock nierenförmig, bei der Geiss herzförmig mit Schürze.
Paarungszeit (Brunft, Blattzeit)	Juli/August.
Tragzeit	42 Wochen, jedoch mit Keimruhe (August–Dezember). Die effektive Tragzeit dauert 24 Wochen.
Setzzeit; Anzahl Junge (Kitze)	Mai–Juni; meist 2.
Säugezeit	Ca. 6 Monate.
Geweihzyklus (erwachsene Böcke)	Wachstum: Dezember–April (ca. 100 Tage); Fegen: März–Mai; Abwurf: Oktober–Dezember.
Nahrung (Äsungstyp)	Kräuter, Knospen, Blätter, Blüten, Früchte, Eicheln, Buchnüsschen. Konzentratselektierer.

Abb. 3.4 Ein Rehbock im Haarwechsel im Mai.

3 Wildtierbiologie

G 3.5 Der Jahreszyklus des Rehs.

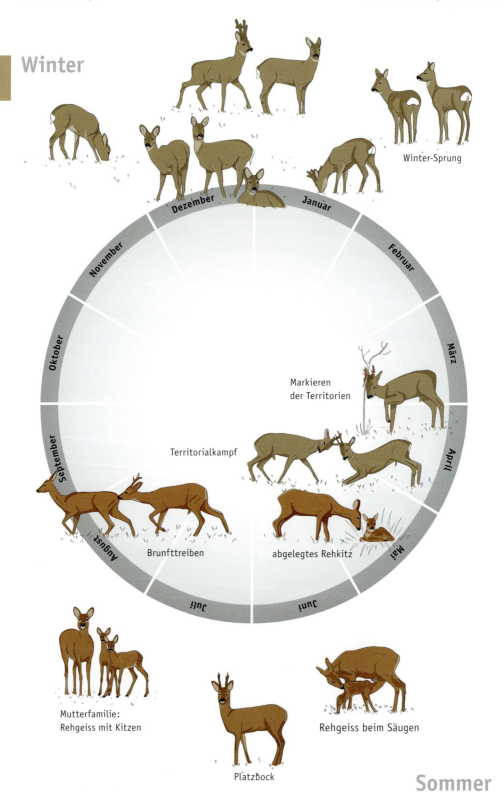

Natürliche Beutegreifer	Fuchs, Luchs, Wolf.
Häufigste Schäden	Verbiss- und Fegeschäden.
Verbreitungsgebiet	Ganze Schweiz; höchste Dichten im Mittelland. Kommt aber bis zur Waldgrenze vor.

Abb. 3.5 Landschaft mit hohem Anteil an Grenzlinien Wald–Feld: ein typischer Rehwildlebensraum.

Lebensraum

Das Reh ist in der Wahl des Lebensraumes anpassungsfähig, bevorzugt jedoch strukturreiches Gelände, welches gleichzeitig gute Äsungs- und Deckungsmöglichkeiten bietet. Solches findet es ganz besonders in Grenzzonen zwischen Wald und offener Landschaft. Auch das Waldinnere wird gerne besiedelt, hauptsächlich dort, wo als Folge von Windwürfen, Waldbränden oder der Waldbewirtschaftung deckungs- und nahrungsreiche Waldbestände existieren (innere Waldränder). Im Ausland gibt es auch Feldrehe, welche ganzjährig im offenen Ackerland leben und dort Rudel bilden.

Verhalten

Erwachsene Rehe sind standorttreu und wählen alljährlich meist dieselben Einstände. Ihre Streifgebiete sind bei uns selten grösser als 100 ha. Rehpopulationen der Alpen und des Juras können saisonale Wanderungen zwischen Sommer- und Wintereinständen unternehmen. Böcke besetzen im Frühjahr und Sommer Territorien, die sie gegenüber Artgenossen markieren (Fege- und Plätzstellen) und heftig verteidigen. Sie sichern sich damit Zugang zu den Geissen während der Brunft. Ein Bockrevier umfasst meist mehrere Sommereinstände von Geissen und deren Kitzen. Jährlingsböcke können meist noch kein eigenes Revier verteidigen und werden auch aus den Territorien erwachsener Böcke vertrieben. Sie wandern ab und tragen am neuen Ort zur genetischen Durchmischung der Rehpopulation bei. Während der Winterzeit schliessen sich Rehe beiderlei Geschlechts und unterschiedlichen Alters zu Gruppen (Winterssprüngen) zusammen. Solch grosse Sprünge erhöhen die Sicherheit des einzelnen Rehs vor Raubfeinden. Bei unerwarteter Störung, Entdecken eines Raubfeindes oder eines

Abb. 3.6 Spiesser mit Jährlingsgeweih.

Menschen reagiert das Reh oft mit einem bellenden, wiederholt ausgestossenen Warnlaut (Schrecken).

Aktivitätsmuster

Das Rehwild hat täglich bis zu zwölf auf Tag und Nacht verteilte Äsungsperioden. Bei häufigen Störungen tritt es nur noch nachts ins offene Kulturland aus und frisst (äst) tagsüber im deckungsreichen Tageseinstand. Dadurch kann der Verbissdruck im Wald zunehmen, und überdies wird die Ansitzjagd erschwert.

Fortbewegung

Das Reh ist kein ausdauernder Läufer, sondern schlüpft bei Gefahr in Deckung. Diesem Zweck ist sein hinten überbauter Körper optimal angepasst (Schlüpfertyp). Werden Rehe verfolgt, so versuchen sie durch überkreuzendes Hin- und Herflüchten und durch Widergänge (Zurückkehren in der eigenen Fährte mit seitlichem Absprung) den Verfolger abzuhängen.

Geweihentwicklung

Das Rehgeweih («Rehgehörn») des erwachsenen Bocks bildet sich als Spiesser-, Gabler-, und Sechsergeweih aus. Die Vielfalt an anderen Geweihformen (Mehrender, Korkenzieherform, rosenlose Geweihe, Perückenbock) entsteht oft als Folge von Verletzungen, Krankheiten oder hormonellen Störungen. Form und Grösse des Geweihs haben wenig mit dem Alter oder der Erbanlage eines Rehbocks zu tun. Vielmehr sind Ernährungsbedingungen und Rehwilddichte (Konkurrenzsituation) massgebend.

Das Geweih wird im März/April gefegt und im Herbst (Oktober–Dezember) abgeworfen. Ein kleines Erstlingsgeweih, meist in Form von Knöpfen oder Spiesschen, kann sich bereits im Kitzalter, und zwar Ende Jahr, bilden. Es wird in den darauf folgenden Monaten Januar und Februar sogleich wieder abgeworfen. Im Spätwinter schiebt der Kitzbock das «Jährlingsgeweih», welches er im Mai oder Juni fegt und dann wie die erwachsenen Böcke im Herbst abwirft. Starke Jährlinge können bereits ein Sechsergeweih tragen.

G 3.6 Geweihentwicklung beim Reh im Jahreslauf.

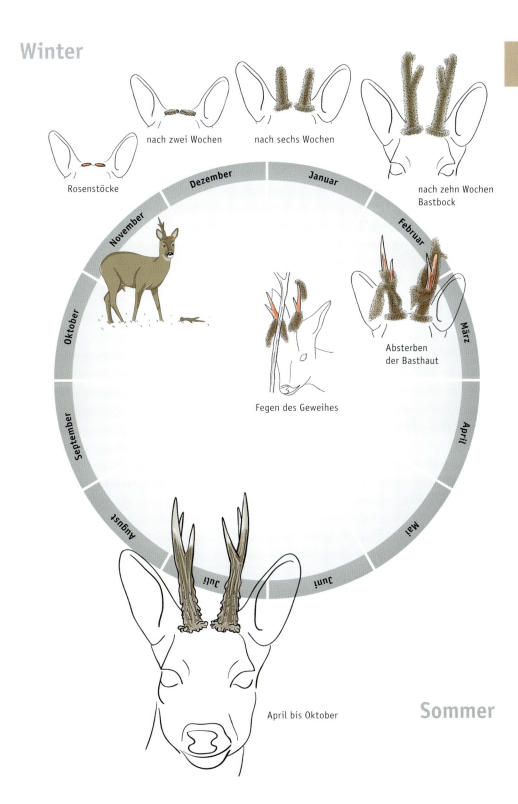

3 Wildtierbiologie

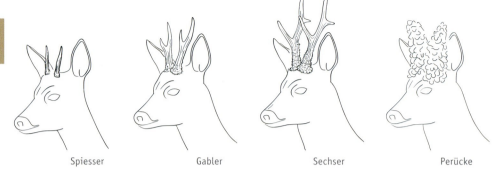

G 3.7 Die häufigsten Geweihformen beim Rehbock.

Abb. 3.7 Ein Perückengeweih entsteht durch eine Störung im Hormonhaushalt.

Abb. 3.8 Das Bastgeweih wächst in den Wintermonaten und wird im Frühjahr verfegt.

Ernährung

Rehe sind sogenannte Konzentratselektierer («Nascher»). Ihr eher kleiner Pansen und die leicht verdauliche Nahrung bedingen viele kurze Äsungsperioden, in welchen energiereiche Kräuter, Blüten und Früchte, jedoch wenig Gras aufgenommen werden. Dieses gezielte Auswählen einzelner Pflanzen oder Pflanzenteile lässt sich leicht am äsenden Reh beobachten.

Rehwild ist darauf angewiesen, konstant gute Äsung zu finden. Es kann, im Gegensatz zu Gämse oder Steinbock, nicht so leicht Speicherfett für den Winter anlegen und ist somit weniger gut auf winterliche Hungerperioden vorbereitet. In der kalten Jahreszeit nimmt es daher gerne Knospen von Laubhölzern oder Buchnüsschen und Eicheln zu sich.

Fortpflanzung

Die Hauptbrunft (Blattzeit) findet im Sommer statt. Vereinzelt treten Nachbrunften im November/Dezember auf. Der Platzbock verteidigt sein Revier gegenüber Konkurrenten, wobei auch Territorialkämpfe vorkommen. Rehböcke sind bereits als Jährlinge geschlechtsreif, eine erfolgreiche Teilnahme an der Brunft hängt jedoch von der Anwesenheit und damit der Konkurrenz älterer Böcke ab. Rehgeissen werden bei guten Äsungsbedingungen bereits als

Abb. 3.9 Frisch gesetztes und eben markiertes Rehkitz.   Abb. 3.10 Die Rehbrunft findet im Hochsommer statt.

Einjährige (Schmalrehe) befruchtet (beschlagen) und führen mit zwei Jahren erstmals Jungtiere. Nach der Zeugung (dem Beschlagen) fällt das befruchtete Ei in eine rund viermonatige Keimruhe. Die Weiterentwicklung des Embryos setzt erst im Januar wieder ein. Dadurch werden die Kitze im Frühjahr geboren (Mai–Juni) und wachsen während des sommerlichen Nahrungsreichtums auf. Die Rehgeiss wählt einen Setzplatz an einem bewachsenen, sonnigen und trockenen Ort. Kitze werden nach dem Setzen sofort trockengeleckt und die Nachgeburt wird gefressen, damit sie keine Feinde anlockt. Die gute Tarnung und der anfänglich schwache Eigengeruch machen die Kitze als Beute nur schwer wahrnehmbar. Das ist überlebenswichtig, da sie ihrer Mutter in den ersten Lebenswochen noch nicht folgen können. Während dieser Zeit werden sie von der Geiss nur zum Säugen aufgesucht. Mit dem Kontaktlaut, dem Fiepen, machen sich die Kitze bemerkbar. Ein Fluchtverhalten tritt erst im Alter von drei bis sechs Wochen auf.

Rehkitzrettung

Junge Rehkitze bleiben bei herankommenden Mähmaschinen regungslos und fast unsichtbar liegen und werden deshalb oft vermäht. Solche Verluste lassen sich mithilfe technischer Geräte (z. B. Infrarotsensoren) reduzieren. Nach wie vor bewährt sich auch die herkömmliche Methode des «Verblendens»: Am Vorabend des Mähtages wird die Heuwiese «gestört», indem im und ums Feld auffällige Gegenstände, so z. B. lose Leintücher an Stangen, angebracht werden. Dadurch soll eine Geiss, die in diesem Feld gesetzt hat, beunruhigt werden, so dass sie ihre Kitze über Nacht wegführt. Damit das Verblenden seine Wirkung nicht verliert, darf es wirklich erst am Vorabend vorgenommen werden. Steht die Geiss am nächsten Morgen immer noch im Heugras, sind mit Sicherheit auch die Kitze noch drin und müssen vorgesucht werden. Gefundene Tiere werden nicht direkt mit den Händen berührt, sondern in einem grossen Büschel Heugras zum nächsten Waldrand getragen. Die Geiss wird sie später problemlos wieder finden.

Population

Rehe haben eine hohe Fortpflanzungsleistung, und Einbrüche im Bestand werden schnell wieder ausgeglichen. Die jährliche Zuwachsrate beträgt je nach Lebensraum rund 50 Prozent. Verschiedene Faktoren beeinflussen dieses Bestandswachstum positiv oder negativ: das Nahrungsangebot, innerartliche Konkurrenz, vorhandene Deckung, klimatische Bedingungen

Abb. 3.11 Im Winter leben Rehe in Sprüngen (Gruppen) und sind im Gegensatz zur übrigen Jahreszeit nicht territorial.

(lange, harte Winter und nasskaltes Wetter im Sommer), Grossraubtiere und die Jagd. Zu den wichtigsten natürlichen Beutegreifern gehören Fuchs (Rehkitze, schwache und kranke Rehe) und Luchs. Rehe werden natürlicherweise selten älter als acht Jahre.

Konflikte

Hohe Rehwildbestände können Fegeschäden (markierende Rehböcke) und Verbissschäden an Gipfeltrieben von Jungbäumen im Wald verursachen. Weil das Reh dabei gewisse Baumarten, so etwa die Weisstanne, bevorzugt äst, kann dies zum Ausfall einer bestimmten Baumart führen (Entmischung). Zur Verhinderung solcher Schäden spielt die Jagd eine wichtige Rolle, indem sie den Rehbestand entsprechend senkt.

Ansprechen und Altersbestimmung

Kitze sind bis Ende August an ihrer Jugendfleckung und bis ins Jährlingsalter an der geringeren Grösse und am kurzen, runden, d. h. kindlichen Gesicht zu erkennen. Jährlinge und Schmalrehe wirken meist schlanker und hochläufiger als mehrjährige Rehe. Bei älteren Böcken erscheint die Figur gedrungener, kräftiger und kurzläufiger, der Hals (Träger) ist oft stärker und wirkt dadurch kürzer. Schmalrehe lassen sich von der beschlagenen oder führenden Geiss am besten im Mai und Juni am fehlenden Euter (Gesäuge) und am früheren Wechsel des Felles (Decke) unterscheiden.

Mit Sicherheit lassen sich am erlegten Reh nur zwei Altersklassen anhand des Zahnwechsels bestimmen: Bei Jungtieren bis zu einem Alter von 14 Monaten ist der dritte Vorbackenzahn (dritter Prämolar = P3) dreiteilig, danach zweiteilig. Bei mehrjährigen Rehen liefert der Zahnabschliff einen gewissen Hinweis auf das Alter.

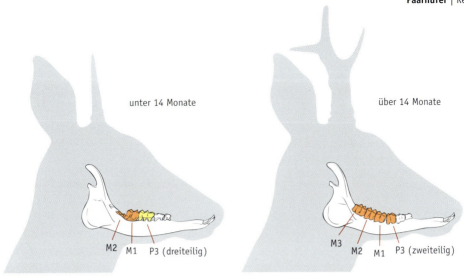

G 3.8 Die Form des 3. Prämolars (P3) ist das einzige sichere Merkmal zur Altersbestimmung beim Reh. (M = Molar = Backenzahn.)

Bejagung

In der Schweiz wird der grösste Teil der Rehe auf herbstlichen Bewegungsjagden und mit Schrot erlegt. Ihre Bejagung unterscheidet sich in der zeitlichen Ausdehnung stark zwischen Revier- und Patentkantonen. Im Reviersystem dauert sie meist von Mai bis Dezember, im Patentsystem beschränkt sie sich auf wenige Wochen im Herbst. Durch die vielen deckungsreichen Einstände ist die jagdliche Regulierung der Bestände ohne Stöberhunde kaum möglich. Ausnahmen gibt es in Gebirgsgegenden, wo die Rehwilddichte wesentlich geringer ist.

Abb. 3.12 Die meisten Rehgeissen setzen Zwillinge, doch nicht alle Kitze überleben bis im Herbst.

Abb. 3.13 Im Winter trägt die Rehgeiss eine Schürze beim Spiegel und lässt sich dadurch vom Bock deutlich unterscheiden.

Rothirsch

Nach ihrer Ausrottung wanderten die ersten Rothirsche zwischen 1870 und 1880 aus Österreich wieder nach Graubünden ein. Unter dem Schutz des neu eingeführten eidgenössischen Jagdgesetzes setzte sich die Wiederbesiedlung der Schweiz von Osten nach Westen fort. Heute bewohnt der Rothirsch wieder weite Teile der Schweiz und breitet sich aktuell auch wieder im Mittelland und im Jura aus. Dank gutem Nahrungsangebot und einer artgerechten Bejagung weist er heute schweizweit einen Bestand von ca. 30 000 Tieren auf, von denen jährlich knapp 10 000 Stück erlegt werden. Eine Regulierung der Hirsche ist nötig, weil überhöhte Bestände Schäden an Wald und Kulturen anrichten.

Steckbrief	
Gewicht (ausgewachsen, aufgebrochen mit Haupt)	Männliche Tiere (Stiere) bis 200 kg, weibliche Tiere (Kühe/Tiere) bis 100 kg.
Paarungszeit (Brunft)	Mitte September – Mitte Oktober.
Tragzeit	34 Wochen.
Setzzeit; Anzahl Junge (Kälber)	Mai/Juni; meist 1.
Säugezeit	Ca. 6 Monate.
Geweihzyklus (erwachsene Stiere)	Wachstum: ca. 120 Tage, Februar – Juli; Fegen: Ende Juni – Juli; Abwurf: Februar/März.
Nahrung (Äsungstyp)	Gräser und Kräuter, Blätter, Knospen, grüne Triebe, Obst, Baumfrüchte, Getreide, Rinde (Stangenholz bevorzugt). Mischäser.

Abb. 3.14 Röhrender Rothirsch.   **Abb. 3.15** Typischer Lebensraum des Rothirsches.

G 3.9 Der Jahreszyklus beim Rothirsch.

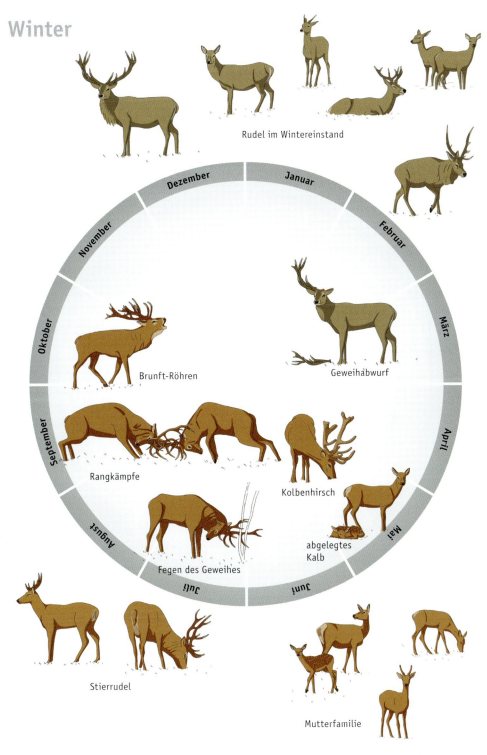

Natürliche Beutegreifer	Wolf; Luchs (nur schwache Tiere).
Häufigste Schäden	Verbiss-, Fege- und Schälschäden.
Verbreitungsgebiet	Ganze Schweiz, vor allem Alpen und Voralpen, vermehrt auch im Jura und Mittelland.

Lebensraum

Das Rotwild ist sehr anpassungsfähig, jedoch störungsempfindlich und daher auf ruhige Einstände angewiesen. In der Schweiz bietet heutzutage meist nur noch der Wald die nötige Sicherheit und Ruhe. Deshalb ist der Hirsch vorwiegend dort zu finden, und zwar am häufigsten in den Voralpen und Alpen bis zur oberen Baumgrenze. Im Sommer steigt der Rothirsch bis in die alpine Zone hoch. In Waldgebieten werden bevorzugt Einstände besiedelt, die mit Waldwiesen und Weiden durchsetzt sind und auf kleinem Raum Deckung und zugleich ausreichend Äsung bieten.

In schneereichen Gegenden wandert der Rothirsch alljährlich von hoch gelegenen Sommereinständen hinunter in klimatisch günstigere Lagen. Das Rotwild konzentriert sich dann oft in wenigen geeigneten Wintereinständen, meist an sonnenexponierten Hanglagen mit schnell ausapernden Wiesen und schützendem Wald. Diese jährlich wiederkehrenden Wanderungen zwischen Sommer- und Wintereinständen können Dutzende von Kilometern betragen. In den letzten Jahrzehnten haben allerdings unüberwindbare Verkehrsachsen und Siedlungen zahlreiche Wanderrouten des Rothirsches unterbrochen, so dass diese ihre traditionellen Wintereinstände nicht mehr erreichen können. Um natürliche Wanderrouten des Wildes durchgängig zu halten, hat man begonnen, Wildtierkorridore auszuscheiden und, wo nötig, die Durchgängigkeit für Wildtiere mit baulichen Massnahmen (z. B. Grünbücken) wieder herzustellen.

Verhalten

Das Rotwild lebt gesellig und die meiste Zeit nach Geschlechtern getrennt in Rudelverbänden. Bei den weiblichen Hirschen ist die kleinste Einheit die Familie, bestehend aus Muttertier (Kuh), ihrem Jungtier (Kalb) sowie ihrem vorjährigen Jungtier (Schmaltier oder Schmalspiesser). Mehrere solcher Familien können sich zu einem Kahlwildrudel zusammenschliessen. Männliche Jungtiere verlassen ihre Mutterfamilie mit 1–2 Jahren, die weiblichen Tiere verbleiben meist bei der Mutter. Somit bestehen Kahlwildrudel aus mütterlicherseits verwandten Kühen mit ihren Jungtieren. Jedes Kahlwildrudel besitzt ein eigenes Streifgebiet. Wenn sich weibliche Rudel oder Familien in ihrem Lebensraum bewegen, werden sie stets von einer führenden Kuh angeführt. Der Jäger erlegt deshalb nie das erste Tier eines anwechselnden Verbandes.

Die männlichen Hirsche (Stiere) bilden im Sommer und Winter lose Rudel unverwandter Tiere.

Diese lösen sich während der Brunft auf, und die Stiere suchen die Nähe von Kahlwildrudeln auf. Da die ökologischen Bedingungen im Winter den Hirschen oftmals wenig Raum lassen, werden auch im Winter gemischte Rudel beobachtet.

Abb. 3.16
Teil eines Brunftrudels.

Aktivitätsmuster

Das Rotwild hat täglich bis zu acht Äsungsperioden, denen stets lange Zeitspannen des Wiederkäuens folgen. Die Verteilung innerhalb der Tageszeiten ist vom Gebiet abhängig. In stark beunruhigtem Gelände verlängert das Rotwild die nächtlichen Äsungsperioden und tritt tagsüber gar nicht aus, sondern äst im Wald.

Das Aktivitätsmuster unterliegt jahreszeitlichen Veränderungen. Die im Winter qualitativ und quantitativ knappe Äsung wird durch Anpassungen im Verhalten, in der Anatomie und der Physiologie wettgemacht. Menschliche Störungen in dieser sensiblen Jahreszeit haben gravierende negative Auswirkungen auf die Kondition der Tiere. Erhöhter Energieverbrauch sowie das Ausweichen in weniger geeignete Lebensräume können zu Schäl- und Verbissschäden im Wald führen.

Fortbewegung

Ursprünglich ein Bewohner offener Steppenlandschaften, entzieht sich der Rothirsch Gefahren durch weiträumige Flucht. Die gerade Rückenlinie zeichnet ihn als guten Läufer aus (Läufertyp). Grosse Distanzen legt er meist im Trab (Troll) zurück.

Geweihentwicklung

Das Geweih wird alljährlich Ende Winter abgeworfen, worauf gleich ein neues im Bast nachwächst und im Sommer vor der herbstlichen Brunft gefegt wird. Der Hirsch im Bastgeweih heisst Kolbenhirsch. Männliche Hirsche tragen ein mehrfach verzweigtes Geweih, welches je nach Zahl der Enden der beiden Stangen benannt wird (z.B. Achtender/Achter, ungerader Vierzehnender/14er, einseitiger Kronenhirsch). Jährlinge bilden fast immer ein Spiessergeweih, welches aufgrund fehlender Rosen von älteren Geweihen zu unterscheiden ist. Einen Jährlingshirsch bezeichnet man als Hirsch vom ersten Kopf. Das Jährlingsgeweih wird erst im Herbst und somit später als jenes der erwachsenen Hirsche gefegt. Als Folgegeweih bildet der Hirsch meist ein Sechser- oder Achtergeweih mit noch dünnen Stangen aus. Mit zunehmendem Alter nehmen Geweihstärke, Endenzahl und Geweihgewicht zu. Alte Hirsche haben wieder Geweihe mit weniger Enden; sie «setzen zurück». Anhand des Geweihs ist keine eindeutige Altersbestimmung möglich, da dessen Ausbildung nicht nur vom Alter, sondern ebenso von den jeweiligen Lebensbedingungen (z.B. Nahrungsangebot) abhängig ist.

Abnorme Geweihformen sind auf Verletzungen des Kolbengeweihs oder auf hormonelle Störungen zurückzuführen.

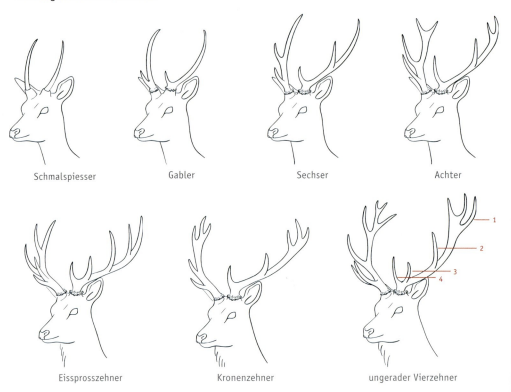

G 3.10 Typische Geweihformen beim Rothirsch. 1 = Kronen-, 2 = Mittel, 3 = Eis-, 4 = Augspross.

Abb. 3.17 Blutende Rosenstöcke eines Rothirsches kurz nach Abwerfen des Geweihs.

Abb. 3.18 Kolbenhirsch: Das Geweih wächst nach dem Abwerfen im Spätwinter den Sommer über und wird vor der herbstlichen Brunft verfegt.

Ernährung

Von Frühjahr bis Herbst äsen Rothirsche gerne auf Wiesen und Weiden, nehmen jedoch auch Getreide, Obst, Blätter, Triebe und Knospen sowie im Herbst Eicheln, Buchnüsse oder Kastanien zu sich. Im Winter können sie auch altes Gras verdauen. Vereinzelt frisst der Hirsch die Rinde von Bäumen (schälen). Auf die winterlichen Nahrungs-Engpässe stellt sich das Rotwild ein, indem es im Sommer seine Energieaufnahme maximiert und viel Fettreserven für den Winter anlegt. Die Menge an Fett entscheidet, wie gut ein Hirsch überwintern kann. Um ein möglichst natürliches Überwintern zu ermöglichen, wird in der Schweiz das Rotwild im Winter kaum gefüttert; vielmehr wird dafür gesorgt, dass die Einstände vor Störungen geschützt bleiben.

Fortpflanzung

Die Brunft des Rotwildes dauert von Mitte September bis Mitte Oktober. Im Brunftrudel übernimmt ein kampfstarker Hirsch (Platzhirsch) das Kahlwildrudel für bestimmte Zeit und verteidigt es heftig gegen andere Stiere. Zu Kämpfen kommt es aber nur zwischen etwa gleich starken Tieren. Die Kampfkraft eines Gegners erkennt ein Hirsch schon von Weitem anhand des Röhrens. Je häufiger ein Stier zu röhren vermag, desto stärker ist er. Erst wenn zwei Hirsche anhand des Röhrens als gleich stark erscheinen, kommt es zur Annäherung und gegebenenfalls zum Kampf. Die Hirsche verhaken dabei ihre Geweihe und schieben sich hin und her (Schiebekampf). Oft kommt es zu Forkelverletzungen. Die Brunft ist für die männlichen Hirsche energiezehrend (massiver Gewichtsverlust) und gefährlich (Verletzungen, Tod).

Weibliche Hirsche werden je nach Kondition schon als Schmaltiere mit 1,5, meist jedoch erst mit 2,5 Jahren befruchtet (beschlagen). Die Kühe setzen im Frühjahr ihr Kalb und sondern sich hierfür an eine trockene Stelle mit guter Deckung ab. Hirschkälber werden durch das Muttertier abgelegt. Dabei bleibt dieses stets in der Nähe, um mögliche Feinde abzuwehren. Die Kälber werden meist nur bis im Herbst gesäugt, sind jedoch bis eineinhalbjährig von der Führung des Muttertiers abhängig. Verwaisen sie im ersten Jahr, haben sie kaum eine Überlebenschance, sondern gehen ein, da sie vom Rudel ausgestossen werden. Deshalb gilt für den Jäger beim Kahlwildabschuss: Kalb vor Kuh.

Abb. 3.19 Das Hirschkalb trägt seine weissen Tupfen bis in den Herbst hinein und ist fast nur in Begleitung des Muttertieres zu beobachten.

Population

Die jährliche Zuwachsrate beträgt 30–35 Prozent. Freilebende Hirschkühe können über 20 Jahre alt werden, Stiere erreichen selten ein Alter über 15 Jahre. Schneereiche, lange und kalte Winter fordern hohe Verluste. Der Wolf ist der wichtigste natürliche Feind des Rothirsches.

Konflikte

Hohe Rotwildbestände verursachen Schäden in der Forstwirtschaft (Verbiss-, Schäl-, seltener Schlagschäden) und in der Landwirtschaft (Heuernteverluste, Schäden an Feldfrüchten und Beerenkulturen). Verbiss- und Schälschäden können vor allem in Wintereinständen entstehen. Zur Schadensverminderung sind tragbare, d. h. durch die Jagd regulierte Bestände sowie Wildruhezonen in den Wintereinstandsgebieten wichtig. Letztere sorgen dafür, dass die Hirsche zum Äsen nicht in den Wald abgedrängt werden.

Ansprechen und Altersbestimmung

Kälber sind bis in den August an ihrer Fleckung, der geringen Grösse sowie am kurzen dreieckigen Haupt zu erkennen. Schmalspiesser und -tiere sind schlank, hochläufig und haben einen dünnen Hals (Träger) mit einem relativ kurzen Kopf. Schmaltiere ohne Begleitung des Muttertieres sind oft schwer ansprechbar.

Erwachsene Kühe haben ein lang gestrecktes Haupt und wirken im Alter oftmals knochig. Das Gesäuge der Kuh gibt Auskunft darüber, ob sie ein Kalb säugt. Erwachsene Stiere werden mit zunehmendem Alter massiger, sie verlagern ihren Körperschwerpunkt nach vorne und tragen das Haupt tief. Ein dicker Träger mit mächtiger Mähne und Wamme (Haut zwischen Unterkiefer und Träger) zeugt ebenfalls von höherem Alter. Die Geweihstärke hingegen ist wie erwähnt, ein schlechtes Altersbestimmungsmerkmal.

Das Rotwild lässt sich in folgende Altersklassen einteilen:

- weibliche Hirsche: Kälber, Schmaltiere, Alttiere;
- männliche Hirsche: Kälber, Schmalspiesser, Jugendklasse (zweiter bis dritter Kopf = bis vierjährig), Mittelklasse (vierter bis neunter Kopf = bis zehnjährig), Altersklasse (ab zehnter Kopf = ab elfjährig).

Am erlegten Tier kann das Alter anhand des Zahnwechsels bis zu einem Alter von rund 25 bis 30 Monaten bestimmt werden: Im ersten Herbst ist der erste Molar (Backenzahn), im zweiten Herbst der zweite Molar und im dritten Herbst der dritte Molar ganz ausgewachsen. Zudem zeigen Schmaltiere und Spiesser im September ein typisches Schneidezahnmuster: Im September wechselt das anderthalbjährige Tier den ersten Schneidezahn, im Oktober den zweiten. Nach Abschluss der Zahnentwicklung lässt sich das Alter anhand des Zahnabschliffs schätzen.

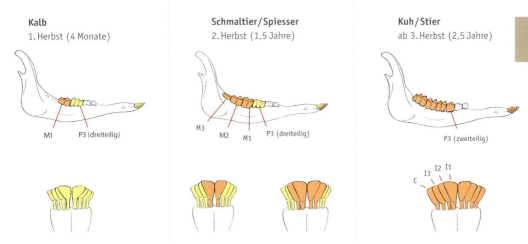

G 3.11 Der Zahnwechsel kann beim Rothirsch zur Altersbestimmung beigezogen werden. (C = Canini; I = Incisivi; M = Molar; P = Prämolar.)

Abb. 3.20 Das Schmaltier (links) ist durch Grösse und Form des Hauptes deutlich von der mehrjährigen Hirschkuh zu unterscheiden.

Bejagung

Die Bejagung des intelligenten und lernfähigen Rothirsches ist anspruchsvoll. Rotwild reagiert sehr empfindlich auf jagdliche Störungen. Hohem Jagddruck weiss sich der Rothirsch durch einen Wechsel des Einstandes und das Aufsuchen von Dickungen zu entziehen. Jagdfreie Gebiete werden schnell erkannt und angenommen. Grosse Jagdbanngebiete können die Jagd daher enorm erschweren, während kleine und regelmässig verteilte unbejagte Gebiete sie effizienter machen. Eine erfolgreiche Bejagung setzt deshalb genaue Kenntnis der Einstände, Wechsel und des Verhaltens des Rotwildes voraus. Im Weiteren kann die gegenseitige Absprache von Jägern einer Region sehr nutzbringend sein.

Gämse (Alpengämse)

Die Gämse überlebte die ungeregelten Jagdverhältnisse während des 19. Jahrhunderts nur knapp, doch blieben kleine Bestände in alpinen Rückzugsgebieten erhalten. Dank der Schutzbestimmungen des eidgenössischen Jagdgesetzes von 1876 konnte sich die Wildart wieder ausbreiten, die ursprünglich auch im Jura heimisch war. Aber dort hatte man sie ebenso ausgerottet, und die heutigen Bestände gehen auf Aussetzungen in den Fünfziger- und Sechzigerjahren des letzten Jahrhunderts zurück. Der Gämsenbestand in der Schweiz hat sich in den letzten Jahren bei geschätzten 95 000 Tieren eingependelt. Der jährliche Abschuss beträgt ca. 14 500 Stück.

Steckbrief	
Gewicht (aufgebrochen mit Haupt)	Böcke bis 35 kg, Geissen bis 25 kg.
Paarungszeit (Brunft)	November(/Dezember)
Tragzeit	26 Wochen.
Setzzeit; Anzahl Junge (Kitze)	Ab Mitte Mai – Mitte Juni; 1.
Säugezeit	Ca. 6 Monate.
Gehörn	Beide Geschlechter tragen rund 25 cm lange hakig gekrümmte Hörner (Krucken). Bockhörner sind dicker und stärker gekrümmt; jährliche Zuwachringe.
Nahrung (Äsungstyp)	Gräser, Kräuter, Triebe und Blätter von Laubhölzern, Sträuchern und Zwergsträuchern, Nadeln von Nadelbäumen, Flechten. Mischäser.

Abb. 3.21 Ein mehrjähriger Gamsbock im Frühwinter.

Abb. 3.22 Reicht von steilen Wäldern bis hoch zu den Gipfeln: der typische Lebensraum der Gämse.

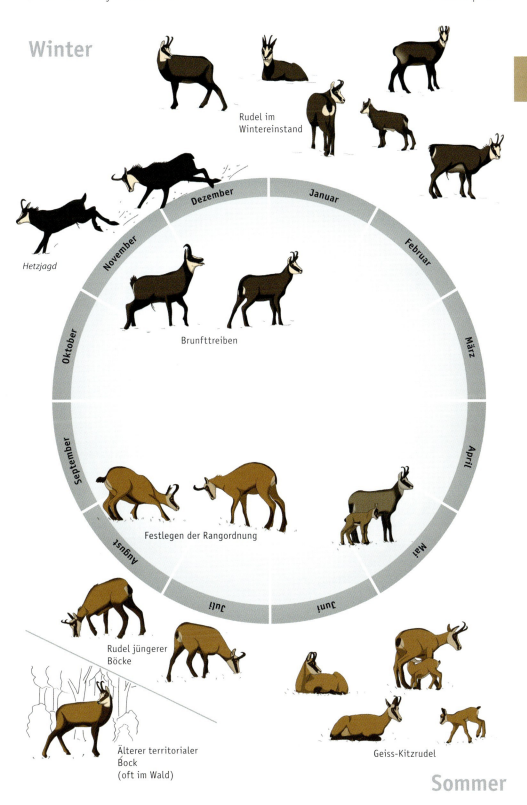

G 3.12 Der Jahreszyklus bei der Gämse. **Paarhufer** | Gämse

Natürliche Beutegreifer	Luchs, Wolf; Steinadler (vor allem Jungtiere).
Häufigste Schäden	Verbissschäden
Verbreitungsgebiet	Ganzer Alpen- und Voralpenraum, Jura sowie kleine Kolonien im Mittelland.

Lebensraum

Ist das Gelände für die Gämsen steil genug, besiedeln sie ganz unterschiedliche Lebensräume: von felsdurchsetzten Wäldern der Tieflagen (Waldgämsen) bis Gipfelregionen der Alpen (Gratgämsen). Ein optimales Gämshabitat besteht aus der Verzahnung von felsigen Rückzugsbereichen mit nahrungsreichen Äsungsgebieten und schattigen, möglichst bewaldeten Ruheplätzen. Gämsen meiden die Sommerhitze und suchen im Wald, in schattigen Felsen oder auf Schneefeldern Abkühlung. Viele von ihnen überwintern in steilen Waldgebieten, es gibt aber auch rein alpine Gämsen, welche sogar oberhalb der Waldgrenze überwintern und dabei auf sonnige, schneearme Hänge und Kuppen zur Nahrungssuche angewiesen sind. Im Frühjahr werden zum Äsen gerne die ausapernden Wiesen aufgesucht. Zum Ruhen wählen Gämsen sommers wie winters gerne übersichtliche Orte. Bevorzugte sommerliche Ruheplätze sind kühl, winterliche besonnt und nach Möglichkeit windfrei.

Verhalten

Gämsen leben ganzjährig gesellig in Rudeln. Geissrudel bestehen aus Muttertieren mit ihren Kitzen, weiblichen Jährlingen und vereinzelten Jungböcken. Weibliche Jungtiere verbleiben häufig auch später im Streifgebiet ihrer Mutter, weshalb sich Geissrudel meist aus mütterlicherseits verwandten Tieren zusammensetzen. Über Jahrzehnte nutzen sie dieselben Einstandsgebiete. Erwachsene Tiere eines Geissrudels bilden unter sich eine recht stabile Rangordnung, weshalb Kämpfe selten sind. Nähert sich eine schwächere Gämse, droht die stärkere durch Senken ihrer Krucken.

Die Böcke wandern meist im Jährlingsalter vom Geissrudel ab. Junge und mittelalte (2–6-jährige) Böcke bilden Bockrudel. Alte Böcke (ab 7–8-jährig) leben ausserhalb der Brunftzeit meist einzelgängerisch und oft im Waldgebiet.

Bei Gefahr werden die Rudelmitglieder mit einem lang gezogenen, scharfen Pfiff oder durch Stampfen mit den Vorderhufen gewarnt.

Aktivitätsmuster

Die Gämse ist vorwiegend tag- und dämmerungsaktiv und verbringt die meiste Zeit mit Äsen und Wiederkäuen. Bei Regenwetter und in störungsarmen Gebieten können Gämsen den ganzen Tag über in Bewegung sein, bei Hitze ziehen sie sich in den Schatten der Felsen und des Waldes zurück. Im Winter schalten sie in einen Energiesparmodus und benötigen vor allem Ruhe. Störungen lassen ihren Energiebedarf sprunghaft ansteigen, was ihre natürlichen Fettvorräte angreift und so ihr Überleben gefährdet.

Abb. 3.23 Waldgämsen kommen auch im Jura vor.

Fortbewegung

Die Gämse ist ein sehr agiler und ausdauernder Kletterer mit grossem Sprungvermögen. Die harten äusseren Schalenränder ermöglichen das Stehen auf winzigen Felsvorsprüngen, die elastischen inneren Sohlenballen erhöhen die Haftung auf glattem Stein. Die ausgeprägt spreizbaren Schalen verhindern übermässiges Einsinken im Schnee.

Gehörn (Krucken / Krickel)

Die hohlen Hornschläuche wachsen tütenartig auf knöchernen Stirnzapfen. Neu gebildetes Hornmaterial schiebt sich von unten her in das bereits bestehende Horn, welches dadurch in die Höhe geschoben wird. Das Hornwachstum nimmt nach dem vierten Lebensjahr deutlich ab. Danach bilden sich nur noch millimetergrosse Jahrringe, anhand derer das Alter des erlegten Tiers meist aufs Jahr genau bestimmt werden kann. Erwachsene Gämsen reiben zum Markieren ihre Krucken, oder genauer gesagt die dahinter liegenden Hautdrüsen (Brunstfeigen) an Stauden, oder sie schlagen mit den Krucken auf Nadelbäume ein. Durch letzteres kann sich ein Harzbelag an den Krucken festsetzen (Pechgehörn). Besondere Kruckenformen entstehen z. B. durch Unfälle und durch krankhaftes Hornwachstum.

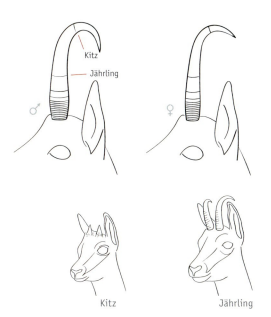

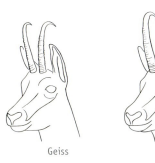

G 3.13 *(links)* Anhand der Jahrringe am Gehörn (Krucke) lässt sich das Alter einer Gämse genau bestimmen.

G 3.14 *(unten)* Typische Gehörnlänge von Kitz, Jährling und mehrjährigen Gämsen. Achtung: Das Wachstum des Gehörns kann je nach Umweltbedingungen stark variieren.

Ernährung

Im Sommer besteht die Nahrung der Gämse zum grössten Teil aus jungen Gräsern und Kräutern (ähnlich jener eines Konzentratselektierers). Dank dieser Sommeräsung kann sie sich einen überlebenswichtigen Fettvorrat für den Winter anfressen. Im Winter passt sich ihr Verdauungssystem der qualitativ schlechten Nahrung an (altes Gras, Flechten, Nadeln von Nadelbäumen und Zwergsträuchern). Deshalb zählt die Gämse zu den Mischäsern.

Fortpflanzung

Die Brunft findet hauptsächlich im November statt. Geissen werden normalerweise mit zwei bis drei Jahren geschlechtsreif, Böcke bereits im Jährlingsalter. Jungböcke bleiben aber meist durch die Anwesenheit älterer Geschlechtsgenossen von der Brunft ausgeschlossen. Die alten Platzböcke verteidigen die Geissrudel und sorgen so dafür, dass die Brunft für die Geissen ruhig verläuft.

Zu Beginn der Brunft besetzen Platzböcke ihre Territorien, die sie gegen andere Böcke heftig verteidigen. Eindringende Konkurrenten werden in wilder Hetzjagd verfolgt und vertrieben. Den Brunftzustand der Geissen riecht der Bock an deren Harn. Die Gamsgeiss duldet nur etwa ein bis zwei Tage den Körperkontakt mit dem Bock. Kommt es nicht zur Befruchtung, wird die Geiss drei Wochen später erneut brunftig. Die Geissen ziehen sich im Frühling zum Setzen der Kitze in traditionelle Setzeinstände zurück. Vorjährige Kitze (Jährlinge) werden zuvor aktiv vertrieben. Schon wenige Stunden nach der Geburt folgt das Kitz der Geiss (Nestflüchter). Rund eine Woche nach dem Setzen finden sich die Geissen mit ihrem Nachwuchs wieder im Rudel ein. Der Kontakt zwischen Geiss und Kitz ist in den ersten Monaten sehr intensiv. Beim Ruhen liegen sie stets Körper an Körper. Kitz und Geiss erkennen sich gegenseitig am Geruch und am meckernden Ruf. Im Alter von 14 Tagen naschen die Kitze bereits erste Kräuter. Ab der fünften Lebenswoche stellt die Grünäsung auch für sie eine wichtige Nahrungsquelle dar. Ab Herbst werden sie nicht mehr gesäugt, sind aber weiterhin auf die Führung der Muttertiere angewiesen. Verwaiste Kitze finden keinen Anschluss, werden vom Rudel ausgestossen und haben deshalb keine Überlebenschance. Der Jäger erlegt deshalb keine Geiss vom Kitz weg.

Abb. 3.24 Der stärkere Bock vertreibt in wilder Hetze einen Konkurrenten während der Brunft.

Abb. 3.25 Gamsgeiss mit zwei Kitzen. Dies bedeutet noch nicht, dass sie von der selben Geiss stammen (Zwillinge sind äusserst selten).

Population

Gämsen haben eine geringe Fortpflanzungsleistung und Einbrüche im Bestand werden nur langsam ausgeglichen. Die jährliche Zuwachsrate einer Population beträgt zwischen 15 und 25 Prozent, je nach Härte der Lebensbedingungen. Diese verhältnismässig geringe Zuwachsrate wird durch die Langlebigkeit und lange Fortpflanzungsfähigkeit des einzelnen Tieres ausgeglichen. Kalte, schnee- und lawinenreiche Winter sowie seuchenartige Krankheiten wie Gämsblindheit oder Gämsräude fordern hohe Verluste. Grossraubtiere, bei uns v. a. der Luchs, können in bewaldeten Gämslebensräumen einen regional spürbaren Rückgang dieser Wildart bewirken.

Die Lebenserwartung ist bei Gämsen relativ hoch: 15 Jahre bei Böcken und 18 Jahre bei Geissen sind keine Seltenheit.

Konflikte

Die Sömmerung von Nutzvieh in Gämslebensräumen kann zu Problemen wie Nahrungskonkurrenz oder Übertragung von Krankheiten führen (z. B. Gämsblindheit durch Hausschafe). Die intensive Freizeitnutzung des Menschen in winterlichen Gämsgebieten kann die Tiere in den Wald abdrängen, was dort zu Verbissschäden führt. Unter Umständen bewegen Störungen die Gämsen sogar dazu, ganze Gebiete zu verlassen. Dies wiederum setzt sie schwerwiegenden Energieengpässen aus, welche tödlich enden können. Wildruhezonen sind geeignet, diese Problematik massgeblich zu entschärfen.

Ansprechen und Altersbestimmung

Böcke sind massiger und schwerer als Geissen und spätestens beim dreijährigen Bock wird der Pinsel sichtbar. Geissen und männliche Jungtiere (bis zum 2½-jährigen Bock) senken das Becken beim Nässen. Bei Böcken fliesst der Harnstrahl aufgrund des Pinsels schräg nach vorne resp. nach unten. Die Krickel der Böcke sind in der Regel dicker und an der Basis runder als bei den Geissen und weisen eine ausgeprägte Krümmung (Hakelung) auf.

Jungtiere können sich im Herbst bereits mehrere Stunden abseits ihrer Mutter aufhalten. Daher ist das Ansprechen der führenden Geiss einzig durch das Erkennen des Gesäuges (leicht geschwollen in Form einer hohlen Hand) von hinten durch ein Spektiv möglich. Laktierende Geissen dürfen nicht erlegt werden, da die Überlebenschancen von verwaisten Kitzen sehr gering ist. Am erlegten Stück kann das Alter anhand der Jahrringe bestimmt werden, bis zum vierten Jahr auch anhand des Zahnwechsels im Unterkiefer.

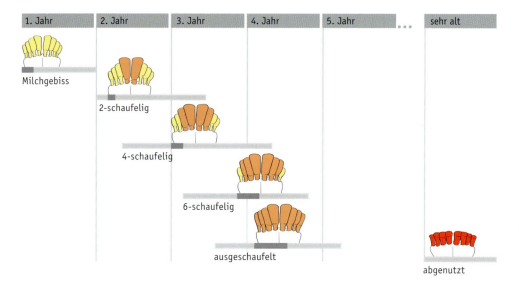

G 3.15 Das Alter jüngerer erlegter Gämsen kann anhand des Zahnwechsels bestimmt werden.

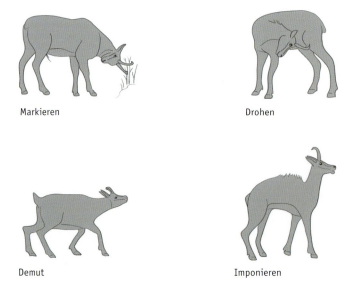

G 3.16 Typische Verhaltensformen bei der Gämse.

Bejagung

Der jagdliche Eingriff beim Gämswild ist durch die vergleichsweise geringe Zuwachsrate und die von Jahr zu Jahr unterschiedlich hohe natürliche Sterblichkeit besonders sorgfältig zu planen. Eine ausreichende Schonung mittelalter Böcke ist wichtig, damit die Brunft kurz, wenig energiezehrend und natürlich verlaufen kann. Jene erfahrenen Böcke halten die aufsässigen Jungböcke von den Geissen fern, diese haben Zeit zum Äsen, um sich die notwendigen Energiereserven anzueignen. Dank frühem Beschlag der Geissen kommen die Kitze im nächsten Frühjahr zum optimalen Zeitpunkt zur Welt.

Gämsen werden ausschliesslich auf dem Ansitz und auf der Pirsch erlegt, und Hunde kommen nur für allfällige Nachsuchen zum Einsatz. Diese Einzeljagd verläuft ruhig und lässt ein gutes Ansprechen und somit gezielte Abschüsse zu. Mithilfe eines Spektivs kann man insbesondere den Abschuss führender Geissen leicht verhindern. Die Jagdzeit für Gämsen beschränkt sich in den gämsreichen Patentkantonen der Alpen ausschliesslich auf den September. In den Revierkantonen dauert die Jagdzeit von August bis Dezember. Der allergrösste Teil der Gämsen wird in der Schweiz im Herbst erlegt, und im Winter haben die Gämsen Jagdruhe. Bei Auftreten von Wildschäden ist besonders die Schwerpunktbejagung erfolgreich um weitere Schäden zu verhindern.

Abb. 3.26 Bereits bei den Jährlingen sind die Böcke meist an den massigeren Krucken (wie hier im Bild) von den Geissen zu unterscheiden.

Steinbock (Alpensteinbock)

Im Mittelalter war der Steinbock über weite Teile der Schweizer Alpen verbreitet. Er verschwand bei uns zu Beginn des 19. Jahrhunderts durch Überbejagung. Die letzten Schweizer Steinböcke konnten zwischen 1800 und 1850 im Wallis beobachtet werden. Der Jagdbegeisterung der damaligen italienischen Könige ist es zu verdanken, dass es den Steinbock heute noch gibt. Er überlebte einzig im königlichen Jagdrevier im Aostatal (Gran Paradiso). Mit Tieren aus dieser Kolonie begann man im Wildpark Peter und Paul in St. Gallen 1906 eine erfolgreiche Zucht. 1911 konnten die ersten Tiere im eidgenössischen Jagdbanngebiet «Graue Hörner» (SG) ausgesetzt werden. Weitere Aussetzungen folgten im ganzen Alpenraum. Basis der heutigen Population waren wenige Gründertiere, weshalb alle der ungefähr 16 000 Steinböcke in der Schweiz eng miteinander verwandt sind. Die bundesrechtlich geschützte Art kann heute unter Auflagen und mit Bewilligung des Bundes gejagt werden. Die jährliche Jagdstrecke beträgt um die 1000 Tiere.

Steckbrief	
Gewicht (aufgebrochen mit Haupt)	Böcke bis 80 kg, Geissen bis 35 kg.
Paarungszeit (Brunft)	Dezember/Januar.
Tragzeit	6 Monate.
Setzzeit; Anzahl Junge (Kitze)	Juni; 1.
Säugezeit	4–6 Monate.
Gehörn	Beide Geschlechter tragen Hörner; Böcke bis ca. 100 cm, Geissen bis ca. 30 cm.
Nahrung (Äsungstyp)	Vorwiegend Gras, aber auch Kräuter, Flechten, Nadeln. Raufutterfresser.
Natürliche Beutegreifer	Steinadler (v. a. Jungtiere), selten Wolf.
Häufigste Schäden	Tritt-, Schlag- und Verbissschäden
Verbreitungsgebiet	Alpengebiet zwischen 1600–3000 m ü. M.; eine kleine Kolonie im Jura (NE).

Abb. 3.27 Die Welt des Steinbocks: karges Berggebiet mit kontinentalem Klima.

G 3.17 Der Jahreszyklus beim Steinbock.

Lebensraum

Der Steinbock bewohnt steile, felsige und reich strukturierte Bergzüge zwischen 1600 und 3000 m ü. M. Man findet ihn aber v. a. im Winter auch unterhalb der Waldgrenze in steilen, felsdurchsetzten Wäldern. Er bevorzugt trockene und, besonders im Winter, sonnige Lagen. Extreme Kältebelastungen hält er problemlos aus, nicht jedoch grosse Schneemengen.

Verhalten

Steinböcke leben in Rudeln, wobei sich Geissrudel mit Jungtieren beiderlei Geschlechts bilden und Bockrudel mit Tieren aller Altersklassen. Alte Böcke sind ausserhalb der Brunftzeit auch einzeln anzutreffen. Innerhalb der gleichgeschlechtlichen Rudel besteht eine Rangordnung, welche bei den Geissen durch das Alter, bei den Böcken durch die Körpergrösse und die Hornlänge bestimmt wird. Durch Hornschlagen, Hornschieben, Imponieren und Drohen wird die Rangordnung im Rudel festgelegt.

Die Bockrudel gesellen sich vor allem während der Brunftzeit zu jenen der Geissen. Bei Gefahr stösst Steinwild einen kurzen, scharfen Pfeifton aus.

Im Frühling nutzt es die Grünäsung in tieferen Lagen und wandert mit der zurückweichenden Schneegrenze wieder in die höher gelegenen Sommergebiete. Hier bevorzugt es felsige Berghänge, die mit Grasbändern durchsetzt sind. Im Spätsommer und Herbst steigt es bis in die höchsten Lagen auf. Die Wintereinstände befinden sich üblicherweise in steilen, südexponierten und deshalb schneearmen Hängen.

Anders als z.B. die Gämse verlässt der Steinbock seinen gebirgigen Lebensraum nicht. Entlang von Gebirgszügen können mittelalte Böcke jedoch während der Brunftzeit weiträumige Wanderungen unternehmen.

Abb. 3.28 Steinböcke bei spielerischem Kräftemessen.

Aktivitätsmuster

Steinböcke sind vorwiegend tagaktiv und äsen im Sommer vor allem frühmorgens und abends. Schattige Plätze schützen sie vor der Tageshitze. Im Winter werden sie spät am Morgen aktiv und nutzen daher fast den ganzen restlichen Tag zur Nahrungssuche.

Fortbewegung

Steinböcke sind hervorragende Kletterer und optimal an die Fortbewegung in felsigem Gelände angepasst. Der harte Hufrand gibt dem Tier festen Halt auf kleinsten Felsrippen. Die weichen Ballen finden auf glattem Gestein Halt, und die Afterklauen erleichtern das Abwärtsklettern. Steinwildhufe sind weniger spreizbar als jene der Gämsen und eignen sich daher schlechter zum Gehen auf Schnee.

Gehörnentwicklung

Beide Geschlechter tragen Hörner, allerdings sind jene des Bockes auffällig grösser als Geisshörner. Beim Bock bilden sich ab dem zweiten Lebensjahr an der Vorderkante auffällige Wülste (Schmuckknoten), meistens sind es zwei pro Jahr. Ab dem sechsten Jahr werden sie unregelmässig, im fortgeschrittenen Alter zu dünnen Leisten. Steingeissen entwickeln nur geringe Schmuckringe. Der Wachstumsunterbruch zwischen November und März zeichnet sich als Einschnürung der Hornschläuche ab. Anhand dieser Jahrringe lässt sich eine zuverlässige Altersbestimmung bei beiden Geschlechtern vornehmen.

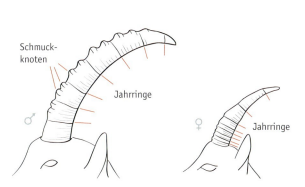

G 3.18 Anhand der Jahrringe am Gehörn lässt sich das Alter eines Steinbocks (Bock und Geiss) exakt bestimmen.

Abb. 3.29 Bockjährlinge (Bild) können mit Steingeissen verwechselt werden, v. a. weil sie sich gerne in Rudeln aufhalten, die sich aus Geissen mit ihren Kitzen zusammensetzen.

Ernährung

Der Steinbock ist aufgrund seines grossen Pansens gut an das Verdauen von zellulosereichem Gras angepasst. Ganzjährig bestehen 80–90% seiner Nahrung aus Gräsern (Raufutterfresser). Im Sommer wird vorab leicht verdauliche Nahrung wie junge Gräser und Kräuter geäst, im Winter dagegen auch schwerverdauliche wie dürres Gras, Zwergsträucher, Nadeln. Der Steinbock muss sich im Sommer grosse Fettreserven für die kalten Monate anfressen.

Abb. 3.30 Dominanter Steinbock umwirbt eine Steingeiss während der Brunft im Dezember.

Abb. 3.31 Steingeiss mit Kitz.

Fortpflanzung

Im Oktober und November lösen sich die grossen Bockrudel auf. In kleinen Trupps stossen die Böcke zu den Geissrudeln. Zu Beginn der Brunft werben mehrere Böcke abwechselnd um die Gunst der Geissen (Gemeinschaftsbrunft). Durch die sommerlichen Kämpfe ist die Rangordnung aber bereits festgelegt, und die Brunft verläuft weitgehend ruhig. Ist die Geiss paarungsbereit, hält der ranghöchste Bock sämtliche Rivalen auf Distanz. In der Regel setzen die Geissen erstmals mit drei bis fünf Jahren, bleiben aber bis ins hohe Alter fortpflanzungsfähig. Vor dem Setzen entfernen sie sich vom Rudel und ziehen sich in unzugängliche Gebiete zurück. Schon wenige Tage nach der Geburt vermögen die Kitze ihrer Mutter zu folgen. Die nun führenden Geissen finden anschliessend wieder zum Rudel zurück. Die Bindung eines Kitzes an seine Mutter ist sehr eng, denn ohne diese wäre es verloren.

Böcke wachsen langsamer als Geissen. Sie erreichen erst mit zehn bis zwölf Jahren den Höhepunkt ihrer körperlichen Entwicklung, können dann aber in einer Population am meisten Geissen beschlagen. Daher ist es wichtig, dass genügend reife Böcke vorhanden sind.

Population

Die jährliche Zuwachsrate einer Steinwildkolonie liegt meist unter 15 %. Dies ist durch die harten Lebensbedingungen im Gebirge zwar erklärbar, schränkt aber die jagdliche Nutzung entsprechend ein. Meist als Folge nasskalten Wetters oder rauer Winter ist die Sterblichkeit bei Steinböcken im ersten Lebensjahr hoch. Einmal erwachsen, sind sie jedoch gegenüber den meisten klimatischen Einflüssen ausgesprochen widerstandsfähig. Schnee- und lawinenreiche Winter sowie seuchenartige Krankheiten, welche von auf den Alpen gesömmertem Kleinvieh übertragen werden (Gämsblindheit, Moderhinke), fordern jedoch oft hohe Verluste. Böcke werden selten über 15 Jahre, Geissen bis 20 Jahre alt.

Konflikte

Der Steinbock verursacht wenig Wildschaden, und erst bei hoher Wildtierdichte werden Tritt-, Verbiss- und Fegeschäden beobachtet. Zur Weide getriebene Schafe und Ziegen können Krankheiten auf das Steinwild übertragen.

Ansprechen und Altersbestimmung

Bei Kitzen und Jährlingen lassen sich Böcke und Geissen anhand der Hörner unterscheiden: Böcke weisen eine dickere Hornbasis und die Hörner eine leichte V-Form auf. Die dünneren Geisshörner stehen fast parallel und weiter auseinander. Bei Böcken lässt sich das Alter anhand der Jahrringe und Hornwülste meist auch im Feld aufs Jahr genau bestimmen. Bei den Geissen ist dies nicht möglich. Anhand von Körper- und Verhaltensmerkmalen lassen sie sich zumindest verschiedenen Altersklassen (Jugend-, Mittel- oder Altersklasse) zuordnen. Wie beim Gämswild ist das Erkennen laktierender Geissen einzig anhand des Gesäuges sicher möglich, wozu der Blick durch das Spektiv von hinten nötig ist.

Bejagung

Der Steinbock ist gemäss eidgenössischem Jagdgesetz geschützt. Die Kantone dürfen die jagdliche Nutzung gemäss der eidgenössischen Steinbockverordnung vornehmen. Jährlich werden rund 1000 Tiere erlegt.

Abb. 3.32 Bockrudel (Bock- und Geissrudel leben im Sommer meist getrennt).

Abb. 3.33 Ein alter Steinbock wärmt sich in der Wintersonne.

Wildschwein

Das Wildschwein (Schwarzwild) lebte natürlicherweise in vielen Teilen Europas und Asiens und ist aufgrund von Aussetzungen heute fast weltweit verbreitet. Dies unterstreicht seine Fähigkeit, sich in verschiedenen Lebensräumen zurechtzufinden. In der Schweiz galt es im 19. Jahrhundert als ausgerottet. Gründe dafür waren einerseits sein Ruf als grosser Schädling in der Landwirtschaft, anderseits der Verlust seines Lebensraumes infolge der intensiven Waldabholzung. Als Kulturfolger mit grosser Mobilität, äusserst vielseitigem Nahrungsspektrum und enormem Fortpflanzungspotenzial konnte sich die Art seit den 1960er-Jahren wieder bei uns ausbreiten. Das Hauptverbreitungsgebiet liegt heute im Mittelland und tieferen Lagen des Juras vom Genfer- bis zum Bodensee, im Unterwallis und im Tessin. Eine Bestandesschätzung ist kaum möglich. Jährlich werden zwischen 4000 bis 8000 Wildschweine geschossen.

Steckbrief	
Gewicht (aufgebrochen mit Haupt)	Keiler bis 150 kg, Bachen bis 90 kg, Überläufer 30–80 kg, Frischlinge bis 40 kg.
Paarungszeit (Rauschzeit)	Hauptrauschzeit November–Februar, ganzjährige Fortpflanzung möglich.
Tragzeit	16–17 Wochen (Kurzregel: 3 Monate, 3 Wochen, 3 Tage).
Wurfzeit (Frischzeit); Anzahl Junge (Frischlinge)	März–Juni; 4–8.
Säugezeit	3–4 Monate.

Abb. 3.34 Zwei Keiler im zeitigen Frühjahr.

G 3.19 Der Jahreszyklus beim Wildschwein.

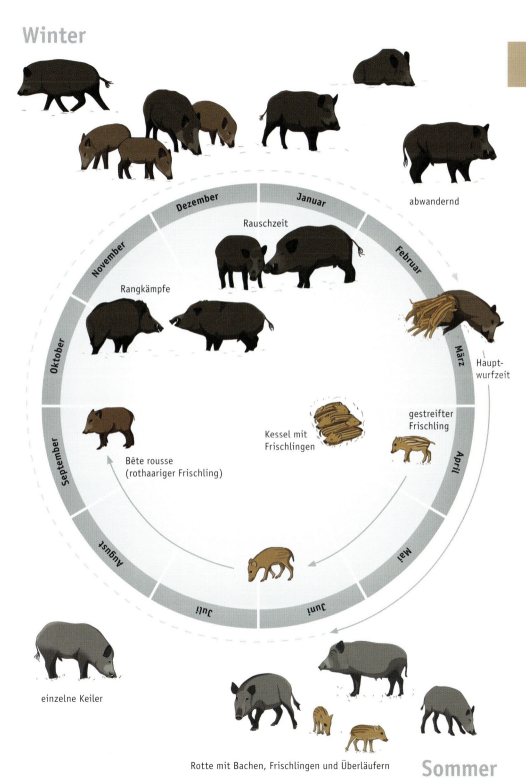

Nahrung	Allesfresser
Natürliche Beutegreifer	Wolf
Häufigste Schäden	Wühlschäden in Weiden, Wiesen und Äckern; Frassschäden in landwirtschaftlichen Kulturen.
Verbreitungsgebiet	Mittelland, Jurabogen, Tessin. In den Alpen kaum Standwild.

Lebensraum

Das Wildschwein bewohnt natürlicherweise Laub- und Laubmischwälder der tiefen Lagen, welche reich an Buchen, Eichen oder Kastanien sind, Sumpf- und Auenwälder sowie Schilfgürtel. Als Kulturfolger kommt Schwarzwild jedoch auch in landwirtschaftlichen Kulturen, in Siedlungsnähe und zunehmend auch in höher gelegenen Gebieten vor. Limitierender Faktor für eine Besiedelung ist das Winterklima (gefrorener Boden, hohe Schneelagen).

Verhalten

Wildschweine leben mit Ausnahme ausgewachsener Keiler gesellig entweder in Familienrotten oder in Rotten aus einjährigen Tieren (Überläuferrotten). Die Familienrotte besteht minimal aus einem Muttertier (Bache) mit ihren Frischlingen, meist bilden aber mehrere verwandte Bachen mit ihren Jungtieren eine Rotte. Keiler werden als Überläufer, also mit rund einem Jahr, aus dem Verband vertrieben. Ältere Keiler leben weitgehend alleine und gesellen sich nur zu den Rotten, um sich fortzupflanzen. Innerhalb der Gemeinschaft besteht eine feste Rangordnung, in der meist die älteste Bache die Führung über die jüngeren Beibachen übernimmt. Diese Leitbache ist für das Funktionieren und die Sicherheit der ganzen Gruppe von grosser Bedeutung. Sie kennt Einstände, Suhlen, Nahrungs- und mögliche Gefahrenquellen. Jede Familienrotte lebt in einem Streifgebiet, aus welchem sie andere Rotten verdrängt. Die Grösse eines Streifgebiets schwankt zwischen einigen Dutzend bis mehreren Tausend Hektar.

Abb. 3.35 Schwarzwildrotte im Frühjahr.

Abb. 3.36 Führende Bache im Sommer.   Abb. 3.37 Keiler im Sommer.

Aktivitätsmuster

Wildschweine sind von Natur aus tag- und dämmerungsaktiv und ruhen nachts. Jagddruck und starke Störung zwingen sie bei uns jedoch zur fast vollständigen Dämmerungs- und Nachtaktivität: Sie verbringen den Tag ruhend in Dickungen und dichten Kulturen, wo sie in flachen Mulden (Kesseln), oft aneinander gedrängt, ruhen. Erst in der Dämmerung brechen sie zur Nahrungssuche auf. Oftmals benutzen sie über längere Zeit stets dieselben Wechsel.

Fortbewegung

Der keilförmige Körperbau mit dichtem, hartem Borstenkleid sowie nach innen versetzte, kleine Augen ermöglichen ihnen die Fortbewegung in dichtesten Dornenverhauen und Dickungen, ohne sich zu verletzen. Wildschweine sind äusserst flink bei Angriff und Flucht, sind jedoch keine Langstreckenläufer.

Ernährung

Wildschweine sind Allesfresser und vertilgen, was aktuell verfügbar ist. Im Sommer fressen sie viel Gras und Kräuter, im Herbst Waldfrüchte (Eicheln, Bucheckern, Beeren, Obst). Das tierische Eiweiss finden sie in Form von Insektenlarven, Mäusenestern, Aas, nesthockenden Jungtieren (Junghase, Rehkitz) oder Nestern von Bodenbrütern. Zur Nahrungssuche brechen sie mit ihrem kräftigen Rüssel den Boden auf. Dies führt im Wiesland zu gefürchteten Wildschäden. Im Wald hingegen fördert das Wühlen die Durchlüftung des Waldbodens und die Pflanzenkeimung. Nach Eichen- und Buchenmastjahren haben besonders viele Bachen Frischlinge. Entsprechend nehmen die Schäden im Wies- und Weideland zu.

Suhlen

Suhlen sind feuchte Schlammlöcher. Wildschweine suchen diese immer wieder auf, um ihre Körpertemperatur zu regulieren und den Parasitenbefall (Mücken, Zecken) zu bekämpfen. Nach dem Suhlen ist oft ihr ganzer Körper mit Schlamm bedeckt.

Malbäume

Nach dem Suhlen scheuern die Wildschweine ihre mit Borsten bewachsene Haut (Schwarte) oft an einzelnen Bäumen (Malbäumen). Schlammrückstände an der Baumrinde zeugen davon. In erster Linie dient dieses Verhalten der Körperpflege, aber auch der Markierung. Vor allem Keiler hinterlassen durch das Reiben des Kopfes (Haupt) Spuren von Speichel und Augendrüsensekret und reissen mit ihren scharfen Hauern tiefe Kerben in die Baumrinde.

Fortpflanzung

Die Hauptfortpflanzung (Rauschzeit) findet im November – Februar statt. Aufgrund unsachgemässer Bejagung (Zerstörung der Rottenstruktur), des grossen Nahrungsangebotes und ganzjähriger Fütterung (übermässiges Kirren) erstreckt sich die Vermehrung heutzutage über das ganze Jahr. Einen nicht zu unterschätzenden Beitrag zum Bestandeszuwachs leistet auch die geringe Frischlingssterblichkeit bei günstiger Witterung.

Alte Keiler schäumen während der Rauschzeit vor dem Maul (Wurf) und verteilen diesen Schaum an Bäumen und auf Bachen. Er enthält Sexuallockstoffe (Pheromone), welche die Bachen fortpflanzungsfähig (rauschig) machen. Auch Leitbachen sondern Duftstoffe ab und versetzen damit die anderen weiblichen Tiere der Rotte ebenfalls in Paarungsbereitschaft.

Nur zur Fortpflanzungszeit kommen die alten Keiler zur Rotte. Dabei kann es zwischen ihnen zu heftigen Kämpfen kommen, wobei sie mit ihren scharfen Eckzähnen des Unterkiefers (Gewehre) den Gegner in die Seite zu schlagen versuchen. Der siegreiche Keiler beschlägt alle Bachen, verlässt die Rotte und beteiligt sich nicht an der Aufzucht der Frischlinge.

Kurz vor der Geburt erstellt die Bache an einem ruhigen, windgeschützten und besonnten Ort einen gepolsterten, meist gedeckten Wurfkessel, da sich die kleinen Frischlinge in den ersten Tagen noch nicht selber warm halten können. Nach einer Woche kehrt sie mit ihrem Nachwuchs zur Rotte zurück. Die Säugezeit endet mit 3–4 Monaten, die Führung durch die Bache dauert aber bis zum Ende des ersten Lebensjahres an. Fehlen alte Bachen, wird die Geschlechtsreife der weiblichen Jungsauen alleine vom Körpergewicht bestimmt. Man trifft dann sogar Tiere an, welche bereits als Frischlinge mit rund 25 kg Körpergewicht beschlagen

Abb. 3.38 Aufgrund des reichen Nahrungsangebotes sind führende Bachen mit gestreiften Frischlingen mittlerweile fast ganzjährig anzutreffen.

Abb. 3.39 Rauschiger Keiler im Winter.

wurden. Die Wurfgrösse und die Überlebenschancen der Jungtiere hängen stark vom Alter und der Erfahrung der Bache, vom Nahrungsangebot und von klimatischen Einflüssen ab. Lange andauernde kalte und schneereiche Perioden zur Frischlingszeit führen zu grossen Verlusten.

Population

Wildschweine sind aufgrund ihrer heimlichen und nachtaktiven Lebensweise zahlenmässig kaum erfassbar. Abschuss- und Fallwildstatistiken geben Aufschluss über Bestände und deren Entwicklung. In Mitteleuropa hat sich das Schwarzwild in den letzten 20 Jahren stark vermehrt, was auf das mildere Klima (wenig Schnee, wenig gefrorener Boden, mildes Frühjahrswetter), das Nahrungsangebot (gehäufte Buchen- und Eichenmastjahre) und zu niedrigen Jagddruck zurückzuführen ist. Unter normalen Nahrungsbedingungen rechnet man in der Schweiz mit einer durchschnittlichen jährlichen Zuwachsrate von rund 100–150%, wobei diese Zahl bei sehr guten Bedingungen bis auf 200% anwachsen kann (d.h., dass unter optimalen Umständen aus 100 Wildschweinen im Frühjahr bis zum Herbst 200 bis 300 werden!). Wie bei kaum einer anderen Wildart wird der Bestandesanstieg direkt durch überreichliches Nahrungsangebot beeinflusst: Es erzeugt schwerere Bachen, die mehr Frischlinge werfen als normalgrosse. Ihre Nachkommen weisen überdies eine geringere Sterblichkeit auf und sind zudem früher geschlechtsreif. Schöpft die Jagd diesen Zuwachs nicht ab, wächst ein Wildschweinbestand rasch. Nur Krankheiten und Grossraubtiere (Wolf) können in einem solchen Fall eine übermässige Zunahme der Wildschweinpopulationen bremsen.

Konflikte

Das anpassungsfähige Wildschwein weiss die landwirtschaftlichen Kulturen als ergiebigste Nahrungsquellen zu nutzen. Neben der frischen Saat im Frühling und den reifen Kulturen im Sommer und Herbst (Weizen, Mais, Trauben usw.) sind die Schäden auf Weiden und Wiesen beträchtlich. Die wirkungsvollste Verhütungsmassnahme stellt der rechtzeitig erstellte und gut unterhaltene Elektrozaun dar. Umfangreiches Einzäunen von Weide- und Wiesland ist jedoch problematisch, da damit auch der Lebensraum anderer Wildtiere eingeschränkt und zerschnitten wird. Gerade im Wiesland ist das Zäunen oft nicht sinnvoll, weshalb die Jagd eine zentrale Bedeutung erhält. Durch den Abschuss von Jungtieren wird das Schwarzwild von schadengefährdetem Wiesland vergrämt. Geführt durch die überlebende Leitbache, meidet die Rotte anschliessend das Gebiet für längere Zeit.

Schwarzwild kann Seuchen wie die klassische Schweinepest auf Hausschweine übertragen und umgekehrt. Durch die Regulierung der Bestände, insbesondere durch eine intensive Bejagung der Frischlinge, vermag der Jäger mitzuhelfen, einen Seuchenausbruch zu verhindern. In diesen Zusammenhang gehört auch der Verzicht der Jägerschaft, Fleischabfälle im Revier auszubringen.

Ansprechen und Altersbestimmung

Erwachsenes Schwarzwild ist schwierig anzusprechen. Das Geschlecht der erwachsenen Tiere lässt sich im Feld anhand der sichtbaren Zitzen (Gesäuge) der führenden Bache sowie anhand von Pinsel und Hoden beim Keiler, ferner von langen Gewehren beim mehrjährigen

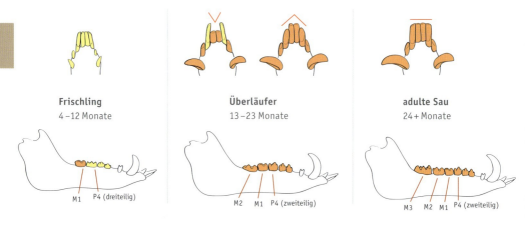

G 3.20 *(oben)* Der Zahnwechsel kann beim Wildschwein zur Altersbestimmung beigezogen werden. (M = Maler; P = Prämolar)

G 3.21 *(unten)* Wildschweinschädel.

Keiler abschätzen. Einfach ist dagegen das Ansprechen der Jungtiere: Frischlinge haben während rund fünf Monaten eine gestreifte, später eine rötlich-braune Schwarte und es fehlt ihnen die Quaste, die langen Haare an der Spitze des Schwanzes (= Pürzel). Die Schwarte älterer Wildschweine ist silbern-beige oder schwarz, und ihr Pürzel weist die erwähnte Quaste auf. Beim erlegten Tier lassen sich anhand des Zahnwechsels Frischlinge (1. Lebensjahr), Überläufer (2. Lebensjahr) und ältere Sauen leicht unterscheiden.

Bejagung

Die Bejagung des Wildschweins erfolgt durch Einzeljagd (Ansitz, Pirsch) und durch Bewegungsjagden mit Hunden. Die Kombination verschiedener Jagdmethoden ist besonders effizient: Die Einzeljagd ermöglicht den gezielten Abschuss (z. B. von Beibachen) und den Vergrämungsabschuss auf dem Kulturland, während die Bewegungsjagden v. a. der Bestandesregulierung dienen. Die Einzeljagd fällt fast ausschliesslich in die Nachtstunden, am Tag werden Bewegungsjagden durchgeführt. Der Grossteil unserer Wildschweine wird mit der Kugel oder allenfalls dem Flintenlaufgeschoss erlegt, einzelne Kantone erlauben den Abschuss von Frischlingen mit Schrot. Die Wildschweinjagd muss verschiedene Ziele erfüllen: Sie soll den Bestand regulieren (Reduktion) und Schäden vermindern (Vergrämungsabschüsse), ohne aber die artgerecht strukturierten Bestände zu zerstören (insbesondere Schonung der Leitbachen).

Abb. 3.40 Wildschweinrotte im Spätherbst.

Kirrungen

Das Anlocken von Wildschweinen mit Futter (Kirren) erleichtert eine gezielte Bejagung. Die Kirrjagd birgt jedoch auch Gefahren. Sobald zu viel Futter ausgebracht wird, droht ein erneuter Bestandeszuwachs. Überdies werden Wildschweine auf diese Weise unter Umständen an Orte gelockt, wo sie wiederum Schäden verursachen. Und durch das Auslegen von Fleischprodukten kann die Schweinepest in den Wildschweinbestand gebracht werden. Keinesfalls dürfen diese Risiken die Vorzüge des Kirrens überwiegen.

Abb. 3.41 Kirrung oder Fütterung?

Beutegreifer (Karnivoren)

Raubtiere werden in der Regel als Fleischfresser wahrgenommen, obschon viele Raubtierarten wie Steinmarder, Fuchs und Dachs Allesfresser sind und nebst Fleisch auch viel pflanzliche Nahrung zu sich nehmen. Einige Raubtiere sind gar vorwiegend Pflanzenfresser (Braunbär), andere tatsächlich reine Fleischfresser (Luchs, Wildkatze und Wiesel). Einige Raubtierarten fressen nur selbst erbeutetes Fleisch (z. B. der Luchs), andere vertilgen auch zufällig gefundenes Aas (z. B. der Fuchs). Körperbau, Verhalten und Sinne der Raubtiere sind perfekt an ihre jagende Lebensweise angepasst. Die blind zur Welt kommenden jungen Raubtiere sind Nesthocker und werden mehrere Wochen gesäugt. Die verschiedenen Raubtierarten unterscheiden sich in Grösse, Gewicht und Erscheinung sehr deutlich (Mauswiesel rund 100 g schwer; Wolf bis 40 kg). Was alle Raubtiere verbindet, ist ihr Gebiss. Dolchartige Eckzähne dienen ihnen als Fangzähne. Ihre scherenartig ineinandergreifenden Backenzähne (Reisszähne) bilden eine Reiss-Brechschere, mit der sie Fleisch hervorragend zerschneiden oder Knochen zerbrechen können (siehe Abbildung im Kapitel «Jagdhunde»). Dank ausgeprägten Kiefern und starken Kaumuskeln besitzen sie eine enorme Beisskraft.

Rotfuchs

Der Rotfuchs ist über die ganze nördliche Erdhalbkugel in gemässigtem Klima verbreitet. Er ist der häufigste Beutegreifer weltweit und so auch in der Schweiz. Als Nahrungsgeneralist und Kulturfolger fühlt er sich überall wohl und passt seine Lebensweise rasch den gegebenen Umständen an. Zunehmend ist er in Siedlungsgebieten und selbst im Inneren von Städten anzutreffen (Stadtfüchse). Seit Urzeiten wurde er vor allem seines wunderschönen Pelzes wegen gejagt. Jährlich werden in der Schweiz ca. 35 000 Füchse erlegt.

Abb. 3.42 In Gebieten mit geringem oder fehlendem Jagddruck sind Füchse auch tagaktiv.

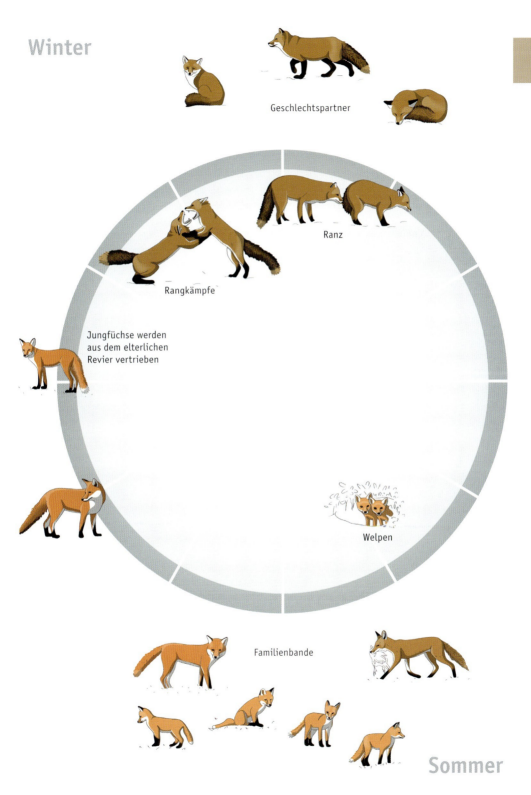

G 3.22 Der Jahreszyklus beim Fuchs.

Steckbrief

Gewicht (Lebendgewicht)	Rüden bis 9 kg, Fähen bis 6 kg.
Paarungszeit (Ranz)	Januar/Februar.
Tragzeit	7–8 Wochen.
Wurfzeit; Anzahl Junge (Welpen)	März/April; 4–7.
Säugezeit	7 Wochen.
Haar	Rötlich braunes Fell (Balg) mit weisser Unterseite; viele Farbvarianten; langer, buschiger Schwanz (Lunte) mit weisser Spitze. Ausgeprägter Winterpelz mit viel Unterwolle.
Nahrung	Allesfresser
Natürliche Beutegreifer	Steinadler, Luchs, Wolf.
Verbreitungsgebiet	Ganze Schweiz (unterhalb 2500 m ü. M.).

Lebensraum

Dank enormer Anpassungsfähigkeit besiedelt der Rotfuchs die verschiedensten Lebensräume von den Tälern bis in Höhenlagen von rund 2500 m ü.M. Als Allesfresser und Kulturfolger findet er überall und ganzjährig ausreichend Nahrung sowie Tagesverstecke und Baue für die Aufzucht der Jungen (Welpen).

Verhalten

Erwachsene Füchse sind ortstreu. Sie grenzen ihr beanspruchtes Territorium gegenüber Rivalen mit Harnmarken oder Kot (Losung) ab und verteidigen es durch Kämpfe. Die Grösse der Aktionsräume variiert je nach Bestandesdichte und Nahrungsangebot. Jungfüchse bleiben bis in den Herbst im Revier und wandern nachher ab, um ein eigenes Territorium zu besetzen.

Bei geringer Bejagung sind Füchse auch tagaktiv. Dies besonders während der Welpenaufzucht, weil dann konstant Nahrung herbeigeschleppt werden muss. Werden Füchse bejagt, entziehen sie sich der Beobachtung durch den Menschen, indem sie ihre Hauptaktivität in die Nachtstunden verlegen. Ihre nächtlichen Streifzüge zur Nahrungssuche können bis zwanzig Kilometer betragen. Am Tag ruhen sie meist in irgendwelchen besonnten Gestrüppen, Hecken, Getreidefeldern oder an anderen ungestörten Orten, wie z.B. in Gartenhäuschen.

Der Fuchsbau

Im Gegensatz zum Dachs ist der Fuchs kein sehr aktiver Gräber und bewohnt häufig Dachsbauten, wobei beide Tierarten nebeneinander vorkommen können. Er kann auch unter einem Gartenschuppen seinen Bau anlegen oder natürliche Felshöhlen, trockene Drainagerohre oder Kunstbauten der Jäger nutzen. Übers Jahr hält er sich selten im Bau auf. Am regelmässigsten findet man ihn dort zur Ranzzeit, bei nasskaltem Wetter und während der Welpenaufzucht.

Abb. 3.43 Schnürender Rotfuchs im Winter.

Gebiss

Das Gebiss des Fuchses ist seiner Nahrung angepasst und daher für verschiedenste Aufgaben gerüstet:

- feine Schneidezähne: Kleintiere und Früchte aufnehmen;
- dolchartige Eckzähne: Festhalten und Töten der Beute;
- Backenzähne (Reisszähne): Muskelfleisch zerschneiden, dünne Knochen brechen.

Ernährung

Füchse sind Allesfresser und nutzen immer zuerst einfach zu erbeutendes Futter mit hohem Nährwert. Kleinnager, v. a. Feldmäuse, sind ihre wichtigsten Beutetiere. Als Vertilger junger und schwacher Rehe sind sie nicht zu unterschätzen. Zu Versorgungsengpässen kommt es, wenn Nahrungsquellen schlecht erreichbar sind (Frost, Schnee) oder das Mäuseangebot fehlt. In menschlichen Siedlungen ernährt sich der Fuchs mehrheitlich von Kompost, Abfall und Haustierfutter.

Fortpflanzung

Der Fuchs wird schon im ersten Lebensjahr geschlechtsreif. Fähen besetzen zu Beginn der Ranzzeit im Dezember die Baue, welche sie zur Welpenaufzucht benötigen. Sie sind rund drei Wochen läufig, allerdings nur wenige Tage empfängnisbereit. Sexuallockstoffe der Fähe (Pheromone) locken Rüden der Umgebung an. Bei Anwesenheit mehrerer Rüden kann es zu heftigen Rivalenkämpfen kommen, wobei sich eine Fähe durchaus mit mehreren Rüden paart. Die frisch geborenen Welpen sind dunkel behaart und ca. während der ersten zwei Lebenswochen blind. In der ersten Zeit nach der Geburt verlässt die Fähe die Jungen kaum, und es ist der Geschlechtspartner, der das Futter zuträgt. Nach drei Wochen kommen die Welpen

Abb. 3.44 Junger Fuchswelpe auf seinem ersten Ausflug vor dem Bau.

Abb. 3.45 Spielende Welpen im Juni.

erstmals aus dem Bau und mit sieben Wochen werden sie von der Muttermilch entwöhnt. Während drei bis vier Monaten sind die Eltern noch um ihre Fütterung besorgt. Sie suchen aber zusehends auch selber nach Nahrung.

Population

Bestandszählungen sind beim Fuchs nicht möglich. Populationsschwankungen lassen sich anhand der Jagd- und Fallwildstatistik erkennen. Seit den 1980er-Jahren nimmt der Fuchsbestand zu. Gründe dafür sind das Verschwinden der Tollwut, das Fehlen natürlicher Feinde, ein ganzjährig gutes Nahrungsangebot, hohe Anpassungsfähigkeit und nachlassender Jagddruck.

Die Zuwachsrate variiert je nach Populationsdichte deutlich. Im Sommer und Herbst sind die Abgänge bei Jungtieren durch Unfälle und Krankheit besonders zahlreich. Ein hoher Fuchsbestand führt zu Konkurrenzsituationen. Das kann eine Selbstregulierung zur Folge haben. Aktuell setzen die Fuchsräude und die Staupe den Füchsen regional stark zu. Eine intensive Bejagung des Fuchses senkt das Risiko einer weiteren Ausbreitung dieser Krankheiten.

Konflikte

Füchse können auf verschiedene Weise mit dem Menschen in Konflikt geraten: durch das Fressen von kleinen Haustieren, die Verbreitung von Krankheiten (z. B. Tollwut, Staupe, Fuchsbandwurm) oder störendes Auftreten in Wohngebieten. Auch im Naturschutz ergeben sich Probleme. Die Bestandseinbrüche oder gar das Verschwinden vieler Bewohner des Kulturlandes (Feldhasen, Bodenbrüter wie Rebhuhn, Kiebitz, Feldlerche) sind zwar primär durch die sinkende Lebensraumqualität (Intensivierung der Landwirtschaft) verursacht. Hohe Fuchsdichten haben jedoch einen nicht zu unterschätzenden Einfluss auf diese Beutetiere, speziell in ausgeräumten, d. h. strukturarmen Landschaften.

Abb. 3.46 Füchse haben sich längst die Siedlungen des Menschen zu ihrem eigenen Lebensraum gemacht.

Ansprechen und Altersbestimmung

Beim lebenden Tier ist eine Altersbestimmung ab Herbst nicht mehr möglich, da der Jungfuchs im Juli bereits die Grösse des erwachsenen erreicht hat. An der Art des Nässens kann man die Fähe vom Rüden unterscheiden. Am toten Tier ist die Bestimmung anhand der Geschlechtsmerkmale (Penis und Hodensack beim Rüden, Scheide bei der Fähe) möglich. Da der Zahnwechsel spätestens nach sechs Monaten abgeschlossen ist, können nur Jung- von Altfüchse unterschieden werden: Im ersten Lebensjahr weisen die Schneidezähne eine deutliche Dreilappung und eine weisse Kaufläche auf. Mit fortschreitendem Alter nutzen sie sich ab, wodurch die Dreilappung verschwindet.

Bejagung

Der Fuchs ist intelligent, aufmerksam und sehr vorsichtig, was seine Bejagung erschwert. Er wird auf dem Ansitz am Bau, am Luderplatz, mit Lockinstrumenten und am Pass, auf Bewegungsjagden sowie mithilfe von Erdhunden auf der Baujagd erlegt. In bewohnten Gebieten kommt auch die Kastenfalle (Lebendfang) zum Einsatz. Normalerweise wird der Fuchs mit Schrot oder einer kleinen Kugel zur Strecke gebracht. Als Pelz nutzen kann man nur seinen reifen Winterbalg. Die konsequente Bejagung des Fuchses ist eine bedeutsame Massnahme zum Schutz bodenbrütender Vögel (Rebhuhn, Kiebitz, Waldschnepfe) und abgelegter Jungtiere (Feldhasen, Rehkitze).

Dachs

Der Dachs ist in der Schweiz weit verbreitet, bevorzugt jedoch das Mittelland und die Voralpengebiete. In den Alpen wurden Baue bis 1800 m ü. M. gefunden. Nach dem tollwutbedingten Tiefpunkt (1980er-Jahre) weist die Jagdstatistik auf eine stete Erholung der Bestände hin. 3000 Dachse werden in der Schweiz jährlich erlegt und über 3500 weitere Tiere erscheinen in der Fallwildstatistik. Die Dachsjagd dient heute hauptsächlich der lokalen Bekämpfung von Schäden in landwirtschaftlichen Kulturen.

Vorderpfote

Hinterpfote

G 3.23 Dachspfoten (-branten): Unterschiedliche Krallenlängen.

Abb. 3.47 Der Dachs besitzt nur kleine Augen, weil er sich primär anhand von Gerüchen orientiert.

Steckbrief	
Gewicht (Lebendgewicht)	Rüden bis 16 kg und mehr, Fähen etwas leichter.
Paarungszeit (Ranz)	Hauptranzzeit Februar – Mai; Fortpflanzung ganzjährig möglich.
Tragzeit	Keimruhe 2 – 9 Monate (bis Dezember/Januar); effektive Tragzeit 40 – 50 Tage.
Wurfzeit; Anzahl Junge (Welpen)	Januar – März; 2 – 5.
Säugezeit	Bis 5 Monate.
Nahrung	Allesfresser
Natürliche Beutegreifer	Wolf
Verbreitungsgebiet	Ganze Schweiz (unterhalb der Waldgrenze).

Abb. 3.48 Bei hohen Populationsdichten leben Dachse in grossen sozialen Verbänden.

Abb. 3.49 Ein von Dachsen befahrener Bau lässt sich anhand der kanalförmigen Vertiefung vor dem Eingang erkennen. Diese entsteht, wenn der Dachs rückwärts kriechend Erdmaterial aus dem Bau scharrt.

Lebensraum

Dachse sind in der Wahl des Lebensraumes sehr anpassungsfähig. Reich strukturierte Landschaften mit Wäldern und landwirtschaftlich genutzten Flächen bieten ihnen beste Bedingungen. Die Bauten werden meist in bewaldeten Hanglagen und in leicht grabbaren Böden angelegt, in den Alpen zum Teil auch unter Alphütten.

Verhalten

Der Dachs lebt in Familiengruppen. Da er nachtaktiv ist, setzt er hauptsächlich Lautäusserungen und Gerüche zur Verständigung ein. Der Kot sowie eine Duftdrüse unter dem Schwanz (Bürzel) dienen zum Markieren (Stempeln) des Territoriums. Der Kot wird immer wieder an dieselben Stellen (Dachslatrinen) abgelegt. Dachse verteidigen ihre Territorien das ganze Jahr hindurch und es kann sogar zu tödlichen Beissereien kommen. Der Dachs verlässt den Bau bei fortgeschrittener Dämmerung und kehrt am frühen Morgen zurück. Pro Nacht legt er zur Futtersuche grosse Distanzen zurück. Je bessere Nahrungsbedingungen er vorfindet, desto kleiner ist sein Streifgebiet.

In den Wintermonaten reduziert er seine Aktivität deutlich. Er hält eine Winterruhe (keinen Winterschlaf!), während der er vor allem von seinen Fettreserven zehrt. Über Tage oder gar Wochen unterbricht er seine Ruhezeit nur gelegentlich, und zwar vorab zur Urin- oder Kotabgabe.

Der Dachsbau

Dieser wird ganzjährig bewohnt, und anders als der Fuchs verbringt der Dachs den Tag immer dort. Der Bau dient auch als Wurfstätte und als Quartier für die Winterruhe. Er wird über Generationen genutzt, stetig ausgebaut und hat meist mehrere Eingänge. Er kann sich über eine Fläche von mehreren hundert Quadratmetern ausdehnen. Die gesamte Tunnellänge beträgt unter Umständen einige hundert Meter. Mit seinen langen Krallen an den Vorderpfoten (-branten) gräbt der Dachs seine Baue selber. Er scharrt und schleudert das ausgehobene

Erdmaterial rückwärtsgehend aus dem Bau. Der Dachsbau unterscheidet sich vom Fuchsbau u. a. durch die oft grossen Kegel an Aushubmaterial sowie die hohlwegartige Rinne (Geschleif) vor dem Eingang.

Gebiss und Schädel

Deren Aufbau zeigt deutliche Anpassungen an die Lebensweise des Dachses. Der Schädel mit ausgeprägtem Scheitelkamm ist unverkennbar. An diesem sind seitlich die kräftigen Kaumuskeln befestigt. Das Gebiss weist kurze, dicke Eck- oder Fangzähne auf. Reisszähne sind nicht richtig ausgebildet. Die Backenzähne sind hingegen deutlich verbreitert und für das Zermalmen pflanzlicher Nahrung abgeflacht.

G 3.24 Dachsschädel mit charakteristischem Scheitelkamm.

Ernährung

Der Dachs ist ein Allesfresser. Je nach Gebiet und Jahreszeit ändert sich sein Speisezettel. Besonders häufig frisst er Regenwürmer oder gräbt mit seinen Pfoten im Boden nach Insektenlarven und Wespen- oder Mäusenestern. Im Sommer und Herbst nimmt er auch viel pflanzliche Nahrung aus landwirtschaftlichen Kulturen auf (Getreide, Mais, Fallobst, Beeren).

Fortpflanzung

Dachse sind ganzjährig fortpflanzungsfähig. Die Hauptbegattungszeit (Ranz) dauert von Februar bis März. Das befruchtete Ei geht in eine Keimruhe über, welche bis Dezember/Januar dauert. Danach setzt die Weiterentwicklung des Embryos ein. Da während der Keimruhe weitere Eizellen befruchtet werden können, sind im gleichen Wurf unter Umständen Welpen aus verschiedenen Paarungen möglich. Im Alter von acht Wochen verlassen die Jungtiere den Bau zum ersten Mal. Sie gehen schon bald mit der Mutter auf nächtliche Nahrungssuche. Nach fünf Monaten sind sie entwöhnt.

Population

Eine Bestandeszählung ist beim Dachs nicht möglich. Dachspopulationen wachsen stets langsam, weshalb sie sich nach krankheitsbedingten Einbrüchen (z. B. Tollwut oder Staupe) nur sehr zögerlich erholen. Ausser dem Menschen und dem Wolf besitzt der Dachs kaum Feinde. Der Strassen- und Schienenverkehr verursacht allerdings hohe Verluste.

Konflikte

Dachse können Wildschäden anrichten, besonders an milchreifen Maisfeldern, an Weintrauben und Beerenkulturen. Die Wildschadenverhütung erfolgt mit sehr tiefen, 2-litzigen Elektrozäunen und durch gezielte Abschüsse.

Abb. 3.50 Zwei Jungdachse vor dem Bau.

Ansprechen und Altersbestimmung

Das Geschlecht ist nur am toten Tier anhand der äusseren Geschlechtsmerkmale erkennbar. Durch ihre Grösse unterscheiden sich Jungdachse von ausgewachsenen (adulten) Tieren.

Bejagung

Die Dachsjagd ist nur in der späten Dämmerung und zur Nachtzeit möglich. Dachse werden heute hauptsächlich auf dem Ansitz am Bau oder Pass erlegt. Seltener kommen sie auf Bewegungsjagden oder auf der nächtlichen Pirsch bei Mondlicht auf Weiden und Wiesen zur Strecke. Bejagt werden sie mit Schrot oder Kugel.

Baummarder

Der Baummarder bewohnt Wälder und meidet Siedlungen. Als Schlaf- und Ruheplätze dienen ihm erhöht liegende Verstecke (z. B. alte Spechthöhlen, Krähenhorste, Eichhörnchenkobel), im Winter manchmal auch Erdhöhlen. Im Gegensatz zum Steinmarder ist er ein Kulturflüchter. Er ist vor allem nachtaktiv, im Sommer und Herbst kann man ihn jedoch auch tagsüber antreffen. Als Einzelgänger legt er zur Nahrungssuche grosse Distanzen zurück und bewegt sich in einem viel grösseren Streifgebiet als etwa der Steinmarder. Obwohl er geschickt in Bäumen klettern kann, bewegt er sich vorwiegend am Boden. Der Baummarder ist ein Allesfresser. Seine Hauptnahrung besteht aus Mäusen, jedoch auch reife Früchte sind ihm stets willkommen. Er ist gemäss eidgenössischem Jagdgesetz jagdbar, jedoch in einigen Kantonen geschützt. Die Jagd erfolgt auf dem Ansitz und mit der Kastenfalle (Lebendfang). Die Jagdstrecken haben in den letzten 50 Jahren deutlich abgenommen und sind heute sehr gering (rund 100 Tiere pro Jahr).

Steckbrief	
Gewicht (Lebendgewicht)	Rüden bis 1,8 kg, Fähen bis 1,2 kg.
Paarungszeit (Ranz)	Juni – August.
Tragzeit	8 – 9 Monate, jedoch mit Keimruhe.
Wurfzeit; Anzahl Junge	März/April; 1 – 6.
Nahrung	Allesfresser
Natürliche Beutegreifer	Habicht
Verbreitungsgebiet	Ganze Schweiz (bis zur Baumgrenze)

Abb. 3.51 Merkmale des Baummarders: schokoladebraune Nasenspitze, grosse Ohren, gelber Kehlfleck.

Beutegreifer (Karnivoren) | Baummarder

Abb. 3.52 Die heimlichen und nachtaktiven Baummarder lassen sich am einfachsten mit Fotofallen nachweisen.

Abb. 3.53 Steinmarder auf nächtlichem Streifzug (Fotofallenaufnahme).

Unterscheidungsmerkmale von Steinmarder und Baummarder

Körperteil	Steinmarder	Baummarder
Fell (Balg)	Grau-braun, grob	Dunkel bis kastanienbraun, Haarspitzen seidig
Ohren	■ Breit, kurz und abgerundet; ■ Ohrenrand nicht farblich abgesetzt.	■ Ohren länglich, stehen deutlich ab; ■ Ohrrand deutlich heller als Innenohr.
Nasenspitze	Fleischfarben, hell	dunkelbraun
Kehlfleck	■ Weiss, selten gelblich; ■ in der Regel gegen die Vorderläufe gegabelt.	■ Gelblich bis orange; ■ in der Regel ungegabelt, abgerundet (Gelbkehlchen).
Pfoten (Branten)	Vorderpfote	Vorderpfote

Abb. 3.54 Merkmale des Steinmarders: fleischfarbene Nasenspitze und weisser Kehlfleck.

Steinmarder

Steckbrief

Gewicht (Lebendgewicht)	Rüden bis 2 kg, Fähen bis 1,7 kg.
Paarungszeit (Ranz)	Juli / August.
Tragzeit	8–9 Monate; Keimruhe bis Dezember.
Wurfzeit; Anzahl Junge	März–Mai; 2–5.
Nahrung	Allesfresser
Natürliche Beutegreifer	Fuchs, Habicht.
Verbreitungsgebiet	Ganze Schweiz; kommt auch im Gebirge bis über 2000 m ü. M. vor.

Der Steinmarder lebt sowohl in Wäldern als auch in Siedlungen. Als typischer Kulturfolger profitiert er vom Menschen. Marder, die in Dachstöcken von Altbauten leben oder Kabel in Autos zerbeissen, sind stets Steinmarder. Sie bewohnen z. B. grosse Vogelnester, Steinhaufen, Holzstösse, Erdhöhlen, Scheunen und Dachböden. Man trifft sie zwar im Sommer manchmal bereits in der Dämmerung an, aber im Gegensatz zum Baummarder sind Steinmarder rein nachtaktiv. Sie leben einzelgängerisch in wesentlich kleineren Streifgebieten als Baummarder. Territorien werden durch Drüsensekrete und Kot markiert. Steinmarder sind geschickte Kletterer und können selbst senkrechte Mauern erklimmen. Als Allesfresser wählen sie ihre Nahrung der Verfügbarkeit entsprechend (z. B. Kleinnager, Vögel, Regenwürmer, Früchte, Beeren, Vogeleier und Küchenabfälle). Dies erklärt ihre Anpassungsfähigkeit und somit grosse Verbreitung. Viele Steinmarder fallen dem Strassenverkehr zum Opfer.

Abb. 3.55 Steinmarder sind klassische Kulturfolger. Sie können beträchtliche Schäden, v. a. an Motorfahrzeugen, anrichten.

In Siedlungen verursacht der Steinmarder Konflikte durch das Zerbeissen von Plastik- und Gummiteilen an Autos, durch das Durchlöchern von Hausisolationen oder das Erbeuten von Haustieren (z. B. Meerschweinchen, Kaninchen, Kleingeflügel). Gelegentlich wird er auch lästig durch seine Kothinterlassenschaften und den nächtlichen Lärm vor allem in älteren Gebäuden. Einzig wirksame Verhütungsmassnahmen sind das Verschliessen von Öffnungen in Dächern und Unterdächern sowie Vorkehrungen, die das Hochklettern der Tiere an Fassaden verhindern. So löst man die Probleme nachhaltiger als durch das Einfangen der Tiere, da leere Territorien schnell wieder besetzt werden. Auch das Verstänkern oder das Anbringen von technischen Geräten (akustischer Marderschreck im Ultraschallbereich) an Eintrittslöchern bringen meist nur kurzen Erfolg.

Steinmarder werden in Siedlungen mit Kastenfallen (Lebendfang), auf der Ansitzjagd an der Kirrung und mit gezieltem Aufstöbern im Tagesversteck (z. B. Ausfährten im Schnee) erlegt. In der Schweiz beträgt die Jagdstrecke pro Jahr rund 1500 Tiere.

Iltis

Steckbrief

Gewicht (Lebendgewicht)	Rüden bis 1,5 kg, Fähen bis 1 kg.
Paarungszeit (Ranz)	März / April.
Tragzeit	42 Tage; keine Keimruhe.
Wurfzeit; Anzahl Junge	Mai – Juni; 3 – 7.
Nahrung	Fleischfresser (Frösche, Mäuse, Aas). Legt Nahrungsdepots für den Winter an.
Natürliche Beutegreifer	Fuchs, Marder, Uhu.

Abb. 3.56 Iltis mit typischer Gesichtsmaske.

Verbreitungsgebiet	Ganze Schweiz bis ca. 1300 m ü. M.; Waldränder, Hecken, Ufergehölze.

Der Iltis ist im Vergleich zu den vorher genannten beiden Marderarten wesentlich kleiner, hat einen kürzeren, kaum buschigen Schwanz und ein dunkelbraunes Fell (Balg) mit hell durchscheinender Unterwolle. Er trägt keinen Kehlfleck, dafür eine auffällige Gesichtsmaske. Beachtenswert beim toten Iltis ist sein ausgeprägt unangenehmer, charakteristischer Geruch.

Iltisse leben an Waldrändern, in gebüschreichen Uferzonen, in Hecken und kommen auch in Gärten vor. Sie meiden dichte Wälder und landwirtschaftlich genutzte Flächen. Tagsüber schlafen sie in Ast- oder Komposthaufen und im Winter auch in Feldscheunen. Im Gegensatz zu Baum- oder Steinmarder klettern Iltisse kaum, und ihre Fortbewegung wirkt weniger elegant, ja fast träge.

Der Iltis ist ein Fleischfresser, der sich fast ausschliesslich von Fröschen und Mäusen ernährt. Seltener frisst er reife Früchte. Im Herbst und Winter legt er oft in Verstecken Nahrungsdepots an (z. B. Frösche, Kröten und Mäuse). Der Iltis ist eine eidgenössisch geschützte Art. Deshalb ist es besonders wichtig, dass ihn der Jäger von den anderen Mardern unterscheiden kann.

Abb. 3.57 Hermelin mit arttypischer schwarzer Schwanzspitze.

Hermelin

Steckbrief	
Gewicht (Lebendgewicht)	Männchen bis 300 g, Weibchen bis 200 g.
Paarungszeit (Ranz)	April–Juli.
Tragzeit	280 Tage; sehr lange Keimruhe (250 Tage).
Wurfzeit; Anzahl Junge	April–Mai; 3–7.
Nahrung	Fleischfresser, v. a. Mäuse.
Natürliche Beutegreifer	Fuchs, Marder, grössere Greifvögel.
Verbreitungsgebiet	Ganze Schweiz bis 3000 m ü. M.; Wiesen, Gebüsche, Lesesteinhaufen; meidet Wälder.

Mit seinem lang gestreckten, dünnen Körper ist das Hermelin perfekt für das Jagen von Feldmäusen geschaffen, denen es in ihre Gänge folgen kann. Von ihnen lebt es auch weitgehend und gilt deshalb als Nahrungsspezialist. Es wechselt jahreszeitlich in der Regel die Farbe seines Fells (Balg): Im Sommer ist dieses oberseits braun und auf der Bauchseite weiss, im Winter dagegen vollständig weiss. Einzig die Schwanzspitze bleibt ganzjährig schwarz.

Das Hermelin meidet den geschlossenen Wald, und ebenso fehlt es in der ausgeräumten Agrarlandschaft, wo weder Hecken noch Lesesteinhaufen oder Brombeergebüsche vorkommen. Es ist sowohl tag- als auch nachtaktiv und lebt in ständiger Bewegung. Am häufigsten bekommt man es als Strassenopfer zu Gesicht. Gemäss eidgenössischem Jagdgesetz ist das Hermelin geschützt.

# Luchs

Im 19. Jahrhundert wurde der Luchs in der Schweiz ausgerottet. Gründe dafür waren neben der direkten Nachstellung (Abschussprämien) die Lebensraumzerstörung und das fast gänzliche Verschwinden der Beutetiere (Reh und Gämse). Im Jahre 1970 gab der schweizerische Bundesrat erstmals dem Kanton Obwalden auf dessen Antrag die Bewilligung zum Aussetzen von Luchsen. Dazu wurden Tiere aus den slowakischen Karpaten eingeführt. In der Folge entwickelte sich in den Alpen langsam wieder eine kleine Luchspopulation. Fast gleichzeitig siedelten die Jurakantone den Luchs wieder an, und in jüngster Zeit gründeten die Nordostschweizer Kantone ihren eigenen Luchsbestand (Umsiedlungsprojekt LUNO). Um das langfristige Überleben des Luchses zu gewährleisten, müsste seine Verbreitung im gesamten Alpenraum zunehmen. Anderseits sollte er dort reguliert werden dürfen, wo sein Vorkommen die Reh- und Gämswildbestände allzu stark zu senken droht.

Steckbrief	
Gewicht (Lebendgewicht)	Kuder bis 32 kg, Kätzin/Luchsin bis 21 kg.
Kennzeichen	Etwa 4 cm lange Haarbüschel auf den Ohrspitzen («Pinsel»), kurzer Schwanz.
Paarungszeit (Ranz)	Februar–April.
Tragzeit	10 Wochen.
Wurfzeit; Anzahl Junge (Katzluchse)	Ende Mai/Anfang Juni; 2–4.
Säugezeit	9 Wochen.
Nahrung	Fleischfresser; v. a. Rehe, Gämsen, vereinzelt auch Hasen, Füchse, Schafe, Ziegen.
Natürliche Beutegreifer	Wolf
Verbreitungsgebiet in der Schweiz	Jura, Alpenraum.

Lebensraum

Der Luchs ist weitgehend ein Waldbewohner. Für seine Jagdart (Überraschungsjäger) braucht er deckungsreiches Gelände. Im schweizerischen Mittelland fehlt er als Standwild.

Verhalten

Luchse leben als Einzelgänger und territorial, d. h. in festen Revieren. Luchsweibchen (Kätzinnen) verteidigen ihre Gebiete gegen andere Luchsweibchen, Luchsmännchen (Kuder) gegen andere Luchsmännchen. Die Territorien der beiden Geschlechter überlagern sich, wobei jenes eines Kuders etwa doppelt so gross ist wie jenes einer Kätzin. Reviergrössen hängen stark vom Nahrungsangebot und von der Populationsdichte ab und erstrecken sich über mehrere Dutzend bis mehrere Hundert km^2.

Abb. 3.58 Zieht mittlerweile seine Spur im Jura, in den Voralpen und Alpen: der Luchs.

Ein Luchs kann zu allen Tageszeiten aktiv sein, jagt jedoch mehrheitlich in der Dämmerung. Meist ruht er mit frischer Beute im Tageslager, frisst am Abend und streift in der Nacht umher, bevor er am Morgen in sein Lager zurückkehrt. Er ist ein Pirschjäger. Durch Anschleichen und Lauern gelangt er nah ans Beutetier und erlegt es in einem Überraschungsangriff. Gelingt dieser nicht auf Anhieb wird die Beute nur ganz kurz verfolgt. Sein Opfer greift er mit den Krallen der Vorderpranken und tötet es mit einem gezielten Kehlbiss.

Das Luchsweibchen zieht seine Jungen alleine gross. Die Familie bleibt die ersten zehn Monate (bis zur folgenden Ranz) zusammen. Nach der Säugezeit begleitet der Nachwuchs seine Mutter auf ihren Streifzügen. Durch ihre Markierungen an den Reviergrenzen zeigt diese dem Männchen an, wann sie erneut paarungsbereit ist.

Ernährung

Als reine Fleischfresser verzehren Luchse täglich rund zwei Kilogramm Fleisch, was pro Woche rund einem Reh oder einer Gämse entspricht. Pro Jahr benötigt also ein erwachsenes Tier etwa 60 Rehe. Normalerweise frisst der Luchs an einem Riss während drei bis sieben Tagen. Wird er nicht gestört, so lässt er von seinen Beutetieren nur das Fell und die groben Knochen, den Kopf und den Magen-Darm-Trakt übrig. Oft bleiben die Laufknochen an den Gelenken unzertrennt, d. h., sie hängen noch zusammen, und die Knochen selbst sind von der rauen Katzenzunge blank geleckt. Typisch für einen Luchsriss ist auch die von hinten nach vorne umgestülpte Haut des Beutetieres. Und im Gegensatz zu Fuchs und Hund lässt der Luchs den Verdauungstrakt immer unberührt.

Wie alle Katzenartigen weist der Luchs im Vergleich mit Hundeartigen, wie z. B. Fuchs oder Wolf, einen verkürzten Ober- und Unterkiefer auf. Dadurch erhält der Biss mehr Kraft, was dem Luchs erlaubt, auch grössere Beutetiere durch einen einzigen gezielten Tötungsbiss in die Kehle abzuwürgen.

Abb. 3.59 Überreste einer vom Luchs gerissenen und gefressenen Gämse.

Abb. 3.60 Luchse ernähren sich in der Schweiz mehrheitlich von Rehen und Gämsen (Fotofallenaufnahme).

Fortpflanzung

Die Ranz findet von Februar bis April statt. Die Luchsmännchen erhöhen bereits ab Januar ihre Bewegungsaktivität, sind vermehrt tagaktiv und rufen häufiger. Die Jungen werden meist im Juni an einem wettergeschützten Ort (Felshöhle, umgestürzter Baum) zur Welt gebracht. Nach der Säugezeit folgen sie der Mutter zum Riss. Erst dann erhalten sie feste Nahrung. Nach zehn Monaten werden die Jungen selbständig und verlassen das mütterliche Revier.

Population

Ein junger, selbständig gewordener Luchs hat nur geringe Überlebenschancen, wenn er nicht innerhalb eines Jahres ein eigenes Revier besetzen kann. Die meisten Luchse sterben schon, wenn sie noch bei der Mutter sind oder im ersten Jahr ihrer Unabhängigkeit. Häufigste Todesursache ist der menschliche Einfluss (Verkehr, Wilderei). Weil sich Rehe und Gämsen bei Anwesenheit von Luchsen vorsichtiger verhalten und darum schwieriger zu bejagen sind, heisst das noch nicht, dass ihr Bestand gesunken ist. Erst bei hohen Luchsdichten kann die Zahl seiner Beutetiere deutlich abnehmen. Als Folge des verminderten Nahrungsangebots wird sich dann aber auch die Luchspopulation wieder verringern.

Ansprechen und Altersbestimmung

In der Natur kann man weder Geschlecht noch Alter eines einzelnen Luchses mit Sicherheit feststellen. Einzig bei einer führenden Kätzin in Begleitung ihrer Jungtiere besteht Klarheit über ihre Geschlechtszugehörigkeit. Luchse haben aber individuell gefleckte Felle, woran man sie auf Fotos voneinander unterscheiden kann.

Bejagung

Der Luchs ist in der Schweiz geschützt. Die kantonalen Behörden dürfen Abschüsse von Einzeltieren vornehmen, wenn diese spezialisiert Nutztiere reissen. Luchsrisse werden den Landwirten entschädigt.

Braunbär

Zusammen mit dem Wolf ist der Braunbär das Grossraubtier mit der weltweit grössten natürlichen Verbreitung. Obwohl er zu den Fleischfressern (Karnivoren) gehört, lebt er grösstenteils vegetarisch.

Im 19. Jahrhundert war er noch im ganzen Alpenbogen vertreten. Seine intensive Verfolgung führte dazu, dass im Jahr 1904 der letzte Schweizer Bär im Unterengadin erlegt wurde. Unweit unserer Landesgrenze, im italienischen Trentino, konnten einzelne Individuen überleben. Um die Population dort zu stärken, setzte man zwischen 1999 und 2002 Tiere aus Slowenien aus. Gelegentlich wandern seither einzelne Bären in die Schweiz ein, haben sich hier aber noch nicht niedergelassen. Einer von ihnen entwickelte sich zum «Risikobären», der trotz wiederholter Vergrämung keine Menschenscheu zeigte. Aus Sicherheitsgründen musste er 2008 durch die Behörden erlegt werden.

Steckbrief

Gewicht (Lebendgewicht)	Männchen 120–350 kg, Weibchen 80–160 kg.
Paarungszeit (Ranz)	Mai–Juli.
Tragzeit	Keimruhe bis November; effektive Tragzeit 6–8 Wochen.
Wurfzeit; Anzahl Junge	Januar–Februar; 2–3.
Führungszeit	1,5–2,5 Jahre.
Nahrung	Pflanzliche (Beeren, Nüsse, Wurzeln, Kräuter, Gräser) und tierische Nahrung (Insekten, Aas, grosse und kleine Säuger).

Abb. 3.61 Nach 100 Jahren Abwesenheit wandern Braunbären aus Norditalien gelegentlich wieder in die Schweiz ein.

Natürliche Beutegreifer	Bären-Männchen fressen arteigene Jungtiere
Verbreitungsgebiet	Heute kein Bärenbestand in der Schweiz, wandernde Einzeltiere.

Lebensraum

Der Bär ist sehr anpassungsfähig und kann unterschiedlichste Gebiete vom Flachland bis in die Alpen bewohnen. Nebst ausreichender Nahrung braucht er einen möglichst menschenfreien Lebensraum sowie störungsfreie Höhlen für die Winterruhe.

Verhalten

Bären leben einzelgängerisch in Streifgebieten, deren Grösse vom Nahrungsangebot abhängt. Eine längere Bindung besteht lediglich zwischen Muttertier und Jungbären. Junge Männchen wandern nach der Trennung von der Mutter über grosse Strecken in neue Gebiete ab. Braunbären sind nicht standorttreu, sondern unternehmen saisonale Wanderungen zu Orten mit grossem Nahrungsreichtum oder passenden Überwinterungsmöglichkeiten.

Prägend im Leben der Bären ist ihre Winterruhe: Ein halbes Jahr lang verschlafen sie die kalte Jahreszeit in einer Höhle, um dem Nahrungsengpass zu entgehen. Herzschlag und Körpertemperatur fallen während dieser Zeit nicht so stark ab wie bei echten Winterschläfern (z. B. Murmeltier). Bei mildem Winterwetter können Bären ihr Lager kurzfristig verlassen.

Ernährung

Die Nahrung variiert saisonal und hängt massgeblich vom Lebensraum ab. Sie besteht vor allem aus Pflanzen, aber auch aus Insekten und Aas. Während ihrer Winterruhe zehren Braunbären einzig von ihren Fettreserven, die sie sich im Sommer angefressen haben. Diese machen im Herbst rund ein Drittel ihres Körpergewichts aus. Völlig ausgehungert treten sie

Abb. 3.62 *(links)* Braunbärin mit drei Jungen (Slowenien).

Abb. 3.63 *(rechts)* Der narkotisierte Braunbär JJ3 wird mit einem Sender ausgestattet (Kanton Graubünden).

im Frühjahr wieder in Erscheinung und sind auf Fallwild des vergangenen Winters angewiesen, um möglichst rasch zu Kräften zu kommen.

Fortpflanzung

Mitten im Winter, während der Winterruhe also, kommen die Jungen als extreme Nesthocker zur Welt, nämlich blind, taub und nur rund 500 g schwer. Der Körper der Bärenmutter muss für sie aus seinen Fettreserven fortwährend sehr energiehaltige Milch produzieren. Im April oder Mai verlassen die Jungbären erstmals die schützende Höhle und sind während rund zweier Jahre auf die Führung und den Schutz (vor Fressfeinden) durch das Muttertier angewiesen.

Bejagung

Der Bär ist in der Schweiz gemäss eidgenössischem Jagdgesetz geschützt. Einzelne Bären, welche die Scheu vor dem Menschen verloren haben und so zur Gefahr werden (Risikobären), werden auf Verfügung der kantonalen Behörden erlegt. Schäden durch Bären werden den Landwirten vergütet.

Wolf

Einst bevölkerte der Wolf die ganze Nordhalbkugel. Als Folge direkter Nachstellung, fehlender Beutetierbestände und extremer Entwaldungen war er im 19. Jahrhundert aus der Schweiz verschwunden. Das letzte Exemplar wurde 1872 im Kanton Tessin erlegt. In Mitteleuropa konnten sich Wölfe einzig in den italienischen Abruzzen halten. Dank der Unterschutzstellung des Wolfs in Italien in den 1970er-Jahren begann er sich langsam nach Norden auszubreiten. Erste Wölfe kehrten 1995 in die Schweizer Alpen zurück. Mittlerweile dürften zwischen zehn und 20 von ihnen dauernd in der Schweiz leben. Einige Tiere verursachten Schäden an Nutztieren und wurden daher durch die Behörden aus der Wildbahn entfernt.

Abb. 3.64 Auch der Wolf zählt wieder zur einheimischen Fauna. In zahlreichen Kantonen konnte er meist durch Rissfunde oder Fotofallenaufnahmen nachgewiesen werden. Hier eine solche Aufnahme aus dem Simmental (Kanton Bern).

Steckbrief

Gewicht (Lebendgewicht)	25–45 kg.
Paarungszeit (Ranz)	Januar–März.
Tragzeit	2 Monate.
Wurfzeit; Anzahl Junge (Welpen)	Ende März–Mai; 3–8.
Säugezeit	6–8 Wochen.
Nahrung	Fleisch, aber auch Früchte.
Natürliche Beutegreifer	keine
Verbreitungsgebiet	Im Alpen- und Voralpenraum.

Lebensraum

Der Wolf ist sehr anpassungsfähig, bevorzugt aber grundsätzlich vom Menschen wenig gestörte Lebensräume. Die Anwesenheit des Hirsches als Beutetier wirkt sich positiv auf seine Besiedlung aus. Gelegentlich kommen Wölfe auch in Siedlungsnähe und auf landwirtschaftlichem Kulturland vor. Sie leben aber sehr heimlich. Solange sie selten sind und keine Schäden an Nutztieren verursachen, wird ihre Anwesenheit kaum bemerkt.

Verhalten

Wölfe leben in Rudeln, die in den Alpen üblicherweise klein sind: Sie setzen sich meist zusammen aus einem erwachsenen Paar mit seinen Nachkommen des laufenden und des vorangegangenen Jahres. Es besteht eine klare Rangordnung, wobei es sich beim Fortpflanzungspaar stets um die ranghöchsten Tiere handelt. Rudel leben innerhalb eines festen Streifgebietes nomadisch und legen täglich bis zu 30 km zurück. Wölfe sind nur während der Welpenaufzucht standorttreu. Jungwölfe wandern meist nach 1–2 Jahren vom Rudel ab, v. a. die Rüden. Dabei können sie auf der Suche nach einem eigenen Territorium und einem Fortpflanzungspartner Strecken von mehreren Hundert Kilometern zurücklegen. Dies erklärt auch das ständige Einwandern von Einzelwölfen in die Schweiz. Bei uns dürften sich in den nächsten Jahren die ersten Wolfsrudel bilden, da mittlerweile auch einzelne Wolfsfähen nachgewiesen wurden.

Wolf und Herdenschutz

Der Wolf greift gerne besonders leicht zu erbeutenden Nutztiere wie Schafe und Ziegen an. Landwirte können aber ihre Herden mithilfe von Herdenschutzhunden schützen. Diese leben Tag und Nacht bei der Herde und verteidigen sie gegen alle Angreifer, sei er nun ein Wolf, Luchs, Bär oder einfach ein wildernder Hund. Herdenschutzhunde werden schon seit Jahrtausenden erfolgreich eingesetzt, wo Wolf und Viehzucht von jeher nebeneinander existieren.

Ernährung

Der Wolf jagt bevorzugt Hirsche, Rehe, Gämsen und selten Wildschweine (Frischlinge). Eine beliebte Beute sind aber auch Haustiere, besonders eben Schafe und Ziegen. Auch kleinere Tiere wie Hasen, Kaninchen, Murmeltiere, Füchse und Kleinsäuger verschmäht er nicht. Ergänzt wird der Speisezettel durch Früchte, Insekten und gelegentlich Vögel. Wölfe fressen zuweilen auch Aas und in einigen siedlungsnahen Gebieten sogar Abfall.

Fortpflanzung

Das ranghöchste Weibchen bringt seine Welpen in einer Wurfhöhle zur Welt. Sie sind anfänglich blind und taub. Mit 20 Tagen verlassen sie erstmals den Bau und beginnen nun bereits feste Nahrung aufzunehmen, werden aber bis in die achte Lebenswoche gesäugt.

Bejagung

Der Wolf ist gemäss eidgenössischem Jagdgesetz in der Schweiz geschützt. Einzelne Exemplare, welche übermässige Schäden an Nutztieren verursachen, können von den kantonalen Behörden erlegt werden. Schäden durch Wölfe an Nutztieren werden den Landwirten vergütet.

Abb. 3.65 Dank hoher Fortpflanzungsraten wächst die Wolfspopulation in Norditalien. Auswanderer besiedeln seit einigen Jahren die Schweiz.

Abb. 3.66 Herdenschutzhunde wachen über die Schafherden. Schäden durch Grossraubtiere an Nutzvieh kann man mit ihrer Hilfe möglichst gering halten.

Hasenartige und Nagetiere

Feldhase

Steckbrief	
Gewicht (Lebendgewicht)	3–6 kg.
Anzahl Würfe	3–4 pro Jahr.
Tragzeit	42 Tage.
Setzzeit; Anzahl Junge	Februar–September; 2–3.
Nahrung	Gräser, Kräuter, Kulturpflanzen.
Natürliche Beutegreifer	Fuchs, Rabenvögel, verwilderte Hauskatzen, Tag- und Nachtgreifvögel.
Verbreitungsgebiet	Ganze Schweiz bis auf ca. 2000 m ü. M.; besonders Ackerbaugebiete im Mittelland.

Abb. 3.67 Für viele Jäger heutzutage selten zu sehen: ein hoppelnder Feldhase.

Abb. 3.68 Ein idealer Lebensraum für den Feldhasen (Kanton Schaffhausen).

Lebensraum

Als ursprünglicher Steppenbewohner traf der Feldhase nach den Waldrodungen und der Ausweitung des Ackerbaus im 19. Jahrhundert bei uns auf gute Bedingungen. Sein bevorzugtes Habitat sind landwirtschaftliches Kulturland mit wenig Niederschlag, relativ hohen mittleren Jahrestemperaturen, kleinräumig vielfältigem Angebot an Strukturen und Deckung sowie geringen Beutegreiferbeständen. Seit dem zweiten Weltkrieg haben sich die Ackerbaugebiete als Lebensraum durch die Intensivierung der Landwirtschaft und die steigende Zahl an Prädatoren für ihn ständig verschlechtert. Wurden 1947 in der Schweiz noch 75 000 Feldhasen erlegt, waren es 1960 noch 36 000 und 2009 gerade noch 2000.

Verhalten

Feldhasen leben einzelgängerisch und vorwiegend dämmerungs- und nachtaktiv, tagsüber ruhen sie. Einzig während der Fortpflanzungszeit (Rammelzeit) sind sie auch den Tag hindurch auf den Läufen und in Gruppen auf den Feldern zu sehen. Zum Ruhen scharren sie sich im offenen Gelände eine Mulde (Sasse). Der Feldhase ist ein Fluchttier. Seine Überlebensstrategien sind das frühzeitige Entdecken eines Feindes, das bewegungslose Verharren in der Sasse oder das schnellstmögliche hakenschlagende Flüchten. Die seitlich am Kopf liegenden Augen sorgen für eine Rundumsicht, die grossen Pupillen für gutes Dämmerungssehen, die langen Ohren (Löffel) ermöglichen das gezielte Hören auf Distanz.

Ernährung

Der Feldhase ernährt sich von Gräsern, Kräutern und Kulturpflanzen. Beliebt im Sommer sind Löwenzahn, Klee, Schafgarbe, Hahnenfuss, Kohl- und Rübenarten. Im Winter sind es vor allem Blätter von Wintergetreide, Gräser, gelegentlich Knospen, Weichhölzer und Rinde sowie Äste von Jungbäumen.

Hasen sind Pflanzenfresser und können die Zellulose nicht einfach verdauen. Sie haben ein spezielles doppeltes Verdauungssystem entwickelt. Pflanzennahrung verarbeiten sie unter anderem im Blinddarm mithilfe spezieller Bakterien. Da sich der Blinddarm aber nach dem Magen befindet, würden die Abbauprodukte mit dem Kot verloren gehen. Aus diesem Grund frisst der Hase den hochwertigen Blinddarmbrei direkt vom After weg. Der eigentliche Kot aus dem normalen Darm hingegen wird als runde Kotpille ausgeschieden.

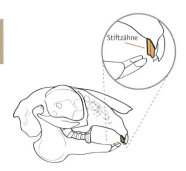
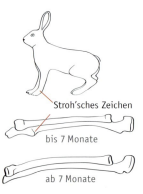

G 3.25 Hasenschädel mit charakteristischen Stiftzähnen.

G 3.26 Das Stroh'sche Zeichen dient zur Altersbestimmung.

Fortpflanzung

Bei günstigen klimatischen Verhältnissen beginnt die Paarungszeit bereits im Januar und erstreckt sich bis in den September. In dieser Zeit können Häsinnen bis viermal gebären (setzen). In der Regel werden drei Junghasen sehend und behaart zur Welt gebracht (Nestflüchter). Zum Schutz vor Raubfeinden werden sie nur einmal nachts während weniger Minuten gesäugt. Die Jugendsterblichkeit ist trotzdem hoch. Vor allem kalte und feuchte Witterung, landwirtschaftliche Maschinen und eine hohe Räuberdichte setzen den Junghasen zu. Bereits mit 6–8 Monaten sind sie geschlechtsreif, pflanzen sich aber erst im kommenden Jahr fort.

Population

In optimalen Lebensräumen erreichen Feldhasen Populationsdichten von 40 bis 70 Individuen pro 100 ha. Im Schweizer Mittelland leben im Schnitt gerade noch 2–5 Hasen auf dieser Fläche. Zu den Faktoren, die den Bestand beeinflussen, gehören Grösse und Struktur des Lebensraumes, Lokalklima, Art und Intensität der Landwirtschaft, Krankheiten, Raubfeinde und Verkehr. Grossflächige, intensive Grasbewirtschaftung mit häufigem Schnitt vermindert die Überlebenschancen von Junghasen. Eine hohe Räuberdichte kann sich in Lebensräumen von geringer Qualität zusätzlich negativ auf den Hasenbestand auswirken. Eine konsequente Bejagung von Fuchs und Krähe unterstützt allfällige Schutzmassnahmen in der Landwirtschaft (Biotophege).

Altersbestimmung

Junghasen kann man von ausgewachsenen Artgenossen lediglich anhand der Grösse unterscheiden. Am erlegten Tier ist das Stroh'sche Zeichen ein guter Altershinweis. Es handelt sich um eine Verdickung des Knochens an der Aussenseite des Vorderlaufs, die sich beim Junghasen bis zum Alter von sieben Monaten deutlich fühlen lässt. Bis zum neunten Monat verschwindet es. Anhand des Stro'schen Zeichens lässt sich sicher feststellen, ob nicht zu viele Althasen erlegt worden sind. Dies wiederum würde auf einen rückläufigen Hasenbesatz hinweisen.

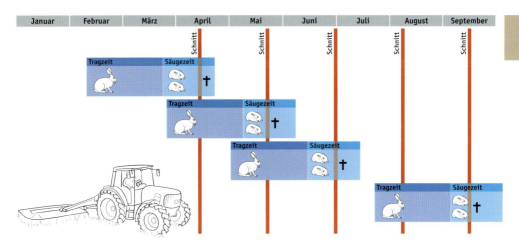

G 3.27 Das Mähregime in der intensiven Grasbewirtschaftung erlaubt kein Aufkommen von Junghasen.

Bejagung

Der Feldhase wird in der ganzen Schweiz zurückhaltend bejagt. In einzelnen Kantonen ist er gesetzlich geschützt und in manchen wird er freiwillig geschont. Die Hasenjagd kann auf verschiedene Arten ausgeübt werden: auf dem Ansitz, mit dem buschierenden Vorsteh- oder Stöberhund, auf Bewegungsjagden oder mit dem brackierenden Laufhund. Eine angemessene Bejagung senkt den Bestand nicht. Voraussetzung aber ist dessen fachgerechte Überwachung mittels Scheinwerfertaxation.

Schneehase

Steckbrief

Gewicht (Lebendgewicht)	Ca. 3 kg (etwas leichter als Feldhase).
Fortpflanzung	2–3 Würfe pro Jahr.
Tragzeit	Ca. 50 Tage.
Setzzeit; Anzahl Junge	April–August; 2–5.
Nahrung	Gräser, Kräuter; Gehölz und Rinde im Winter.
Natürliche Beutegreifer	Fuchs, Luchs, Uhu, Kolkrabe, Steinadler.
Verbreitungsgebiet	Alpen und Voralpen; fehlt im Jura.

Abb. 3.69 Schneehasen sind im Winter bis auf die schwarzen Ohrenspitzen im Schnee perfekt getarnt.

Abb. 3.70 Schneehase im Fellwechsel.

Lebensraum

Der Schneehase lebt im Sommer im baumlosen, offenen und halboffenen Gelände der Alpen, vorzugsweise über 1500 m ü. M. Im Winter kann er in tiefere Lagen ziehen, ohne jedoch unter 800 m ü. M. abzusteigen.

Verhalten

Er lebt als Einzelgänger vorwiegend dämmerungs- und nachtaktiv. Tagsüber versteckt er sich in Zwergsträuchern, unter Wurzeln oder grossen Steinen. Im Winter gräbt er Löcher in den Schnee, um Nahrung und Schutz zu suchen. Möglichen Fressfeinden erschwert er es, ihn zu verfolgen, indem er auf der eigenen Spur zurückhoppelt, also einen sogenannten Widergang anlegt, um dann seitlich abzuspringen. Seine Haarfarbe passt er der Jahreszeit an. Die stark behaarten Pfoten erlauben ihm eine bessere Fortbewegung auf dem Schnee. Der Abdruck der behaarten Hinterpfoten ist so gross, dass er oft mit jenem anderer Wildarten verwechselt wird (z. B. mit dem Luchs).

Ernährung

Die Nahrung variiert nach Jahreszeit und Lebensraum. Im Sommer äst der Schneehase vor allem Gräser, Wiesenkräuter und Zwergsträucher, im Winter Rinde, Zweige und Triebe von Erle, Weide, Birke, Vogelbeere und Legföhre, solange sie unter dem Schnee zugänglich sind.

Fortpflanzung

Schon im März beginnt der Schneehase zu rammeln. Die Jungen werden behaart und sehend (Nestflüchter) an verschiedene Plätze gesetzt. Die Häsin kehrt einmal pro Tag zum Säugen zu den Jungen zurück. Nach fünf bis acht Monaten sind diese geschlechtsreif, pflanzen sich aber erst im Frühjahr nach ihrer Geburt fort.

Population

Die Bestandesdichte schwankt stark je nach Region und Lebensraumqualität. Die Sterberate ist allgemein hoch. Gründe dafür sind Räuber, Nahrungsknappheit und Krankheiten.

Bejagung

Der Schneehase ist in einzelnen Kantonen geschützt. Die jährliche Jagdstrecke liegt gesamtschweizerisch bei rund 1400 Tieren. Die Abschüsse erfolgen mehrheitlich durch die Jagd mit dem Laufhund (Brackieren) und durch das Ausfährten im Neuschnee auf der Einzelpirsch.

Alpenmurmeltier

Steckbrief

Gewicht (Lebendgewicht)	3–6 kg.
Paarungszeit	April/Mai.
Tragzeit	33 Tage.
Wurfzeit; Anzahl Junge (Affen)	Mai/Juni; 2–3.
Säugezeit	4–5 Wochen.
Nahrung	Pflanzenfresser
Natürliche Beutegreifer	Steinadler, Fuchs.
Verbreitungsgebiet	Weiden der alpinen und subalpinen Stufe; einzelne Vorkommen im Jura durch Aussetzungen.

Abb. 3.71 Murmeltiere stossen je nach Gefahr unterschiedliche Warnpfiffe aus. Bei einem angreifenden Steinadler reicht es oft nur für einen einzigen, aber schrillen Pfiff, währenddem ein herumsuchender Jungfuchs anhaltend «ausgepfiffen» wird.

Lebensraum

Das Murmeltier lebt natürlicherweise im baumlosen Grasland oberhalb der Waldgrenze. Geschlossenen Wald und durchnässte Standorte meidet es. Sein Hauptvorkommen liegt in einem Gürtel von 400 bis 600 Metern oberhalb der Waldgrenze. Es sind aber Tiere bis auf 2800 m ü. M. anzutreffen. Im Lebensraum des Murmeltiers fehlen gute Deckungsmöglichkeiten, deshalb gräbt es Erdbaue zum Schutz vor Feinden und Witterungseinflüssen.

Verhalten

Murmeltiere leben in Familien, bestehend aus dem Elternpaar, dessen Jungtieren früherer Jahre und den diesjährigen Jungen. Grosse Familienverbände bringen Vorteile beim Überwintern. Insbesondere alte Tiere im Bau sorgen mit ihrer Körpergrösse dafür, dass der Wärmehaushalt der winterschlafenden Familie funktioniert. Im Sommer ist eine grosse Familie hingegen eher ein Nachteil, da Futterkonkurrenz entsteht. Deshalb wandern überzählige Tiere mit etwa drei Jahren ab und versuchen ein geeignetes Gebiet und einen Partner zu finden. Die Sterblichkeit während dieser Wanderungen ist sehr hoch. Ein Familienterritorium wird vor allem vom Vatertier verteidigt. Dieses wird durch das Abstreichen des Sekrets der Wangendrüsen an Steinen und Pflanzenteilen markiert.

Murmeltiere sind tagaktiv. Am lebhaftesten zeigen sie sich frühmorgens und gegen Abend. Bei hohen Temperaturen (Mittag) ziehen sie sich in den Bau zurück. Tasthaare an den Beinen, im Gesicht und auf dem Rücken dienen der Orientierung im dunkeln Bau. Mit Pfiffen (Schreien) alarmieren sie bei Gefahr ihre Artgenossen: Der einmalige Schrei gilt dem Adler, der mehrfach wiederholte Schrei gilt Bodenfeinden.

Von Ende September bis Mitte April halten die Murmeltiere gemeinsam in einem dick mit Heu gepolsterten Kessel ihres Baus Winterschlaf. In dieser Zeit sparen sie Energie und verlieren bis 50 Prozent ihres Körpergewichts (v. a. Fettreserven). Die Körpertemperatur sinkt bis auf 3°C ab, Herztätigkeit und Atmung sind stark reduziert. Etwa alle zwei Wochen erwachen die Tiere, um ihren Kreislauf und ihre Körpertemperatur für rund einen Tag fast ganz auf die Sommerwerte hochzufahren. Das Aufwachen geschieht gleichzeitig innerhalb einer Familiengruppe durch Muskelzittern. Die Tiere können auf diese Weise voneinander profitieren und Energie sparen.

Ernährung

Das Murmeltier ernährt sich ausschliesslich von Pflanzen. Den kurzen Bergsommer muss es effizient nutzen, um den Fettvorrat für den langen Winterschlaf aufzubauen.

Fortpflanzung

Unmittelbar nach dem Erwachen im Frühling setzt die Paarungszeit ein. Die Jungen (Affen) werden nackt, blind und zahnlos geboren. Erst mit 2–4 Jahren werden Murmeltiere geschlechtsreif.

Population

Schlechtes Wetter im Sommer, die Jagd und Raubfeinde können den Murmeltieren zusetzen. Früher wurden sie oft stark überjagt. Dank entsprechender Regelungen haben ihre Be-

Abb. 3.72 Mit der Schneeschmelze beginnt die Fortpflanzungszeit der Murmeltiere.

stände seit der Mitte des letzten Jahrhunderts im ganzen schweizerischen Alpenraum wieder zugenommen. Soziale Mechanismen, wie der Familienaufbau und die Abgrenzung von Territorien, verhindern jedoch ein übermässiges Ansteigen von Populationen.

Konflikte

Hohe Murmeltierbesätze können zu Schäden an Wiesen und Weiden führen. Die Folgen ihrer Grabtätigkeit sind eine erschwerte Landbewirtschaftung und erhöhte Unfallgefahr für das Vieh. Durch die Unterhöhlung ihrer Fundamente werden gelegentlich auch Alpgebäude in Mitleidenschaft gezogen. In solchen Fällen sind Populationen lokal zu reduzieren.

Bejagung

Murmeltiere jagt man primär zur Gewinnung von Fleisch und Fett. Aus dem Murmeltierfett werden Salben zur Behandlung rheumatischer Erkrankungen hergestellt. Die jährliche Jagdstrecke beträgt in der Schweiz zwischen 7000 und 8000 Tiere.

Biber

Steckbrief	
Gewicht (Lebendgewicht)	20–30 kg.
Kennzeichen	Hinterfüsse mit Schwimmhäuten, flacher breiter Schwanz.
Paarungszeit	Januar/Februar.
Tragzeit	106 Tage.
Wurfzeit, Anzahl Junge	April–Juni; 2–3.
Säugezeit	Ca. 8 Wochen.
Nahrung	Pflanzenfresser
Natürliche Beutegreifer	Wolf, Bär, Hunde.
Verbreitungsgebiet	Gewässer unter rund 700 m ü. M.

Abb. 3.73 Der Biber war in der Schweiz ausgerottet. Nach Aussetzungen hat er sich in den letzten Jahren deutlich vermehrt und ausgebreitet.

Abb. 3.74 Biberdamm an einem Bach im Mittelland.

Lebensraum

Ideale Lebensräume für Biber sind stehendes und langsam fliessendes Wasser mit weichholz- und krautreichen Wäldern in der Uferzone. Hart verbaute Gewässer mit stark schwankenden Wasserspiegeln sind ungeeignet. Für das Anlegen von Bauten (Burgen) ziehen die Biber lehmige Uferbereiche vor.

Verhalten

Biber leben in Familien, welche aus dem Elternpaar sowie den vorjährigen und diesjährigen Jungen bestehen. Jede Familie besitzt ein eigenes Revier und beansprucht eine Uferlänge von einigen Hundert Metern bis mehreren Kilometern. Ein Biber bewegt sich nur selten weiter als 20–30 m vom Ufer weg. Zur Reviermarkierung dienen die Bibergeildrüsen im Afterbereich. Die Biberburg ist das Zentrum des Reviers und hat im Innern oberhalb des Wasserspiegels einen geräumigen Kessel, wo die Tiere tagsüber geschützt schlafen. Je nach Bodenstruktur bauen sie auch Erdbaue ins Ufer. Werden solche zu nahe an die Oberfläche gebaut, können Fahrzeuge oder Spaziergänger die Höhle zum Einsturz bringen.

Biber bauen zudem Dämme, um schwankenden Wasserstand zu regulieren und eine minimale Wassertiefe von 60 cm zum Schwimmen und Tauchen zu erreichen. Sie können auf diese Weise sogar kleinste Bäche bewohnbar machen. Als Baumaterial dienen selbst gefällte Bäume und Äste, die mit Lehm und anderem Erdmaterial abgedichtet werden. Die positiven Auswirkungen solcher Einstauungen auf den Gewässerlebensraum sind zahlreich: ausgeglichener Wasserhaushalt, hohe Artenvielfalt, Nahrungsreichtum für Fische.

Ernährung

Im Sommer ernähren sie sich Biber hauptsächlich von Kräutern, Wurzeln von Wasserpflanzen sowie von landwirtschaftlichen Kulturen (Mais, Zuckerrüben). Die Winternahrung besteht vor allem aus Rinde von Ästen oder aus Wurzeln von Wasserpflanzen. Ganzjährig werden die Zweige und die Rinde von Sträuchern und Bäumen (v. a. Weide, Pappel, Esche, Schwarzerle) genutzt.

Fortpflanzung

Geschlechtsreif werden Bibermännchen mit eineinhalb, Weibchen mit zweieinhalb Jahren. Die Jungen werden behaart und sehend geboren, müssen aber erst schwimmen lernen und bleiben deshalb während der ersten zwei Wochen im Bau. Im dritten Lebensjahr werden sie aus der Familie vertrieben und legen anschliessend teilweise sehr grosse Strecken zurück, um ein eigenes Revier zu gründen.

Population

Der Biber wurde des Bibergeils, des Felles und auch des Fleisches wegen intensiv bejagt, denn in der katholischen Kirche galt er als Fisch und durfte zur Fastenzeit verspeist werden. Im 19. Jahrhundert war er in der Schweiz ausgerottet. Dank erfolgreicher Wiederansiedlungs- und Vernetzungsprojekte hat er sich in der Schweiz jedoch wieder gut etabliert und einen grossen Teil der Gewässer besetzt. Zurzeit besiedeln ca. 1600 Biber unser Land. Häufige Todesursachen sind Unfälle aller Art (Kollisionen mit Fahrzeugen, Unfälle bei Wasserkraftwerken). Starke Hochwasser können im Frühjahr zum Ertrinken oder Abschwemmen von Jungtieren führen.

Bejagung

Der Biber ist in der Schweiz geschützt. Die kantonalen Behörden können einzelne Tiere entfernen lassen, wenn sie erheblichen Schaden an Wald und Kulturen verursachen. Betroffene werden entschädigt.

Abb. 3.75 *(links)* Biber fällen im Winter Bäume, um an die Knospen und die Rinde des Astwerks zu gelangen.

Abb. 3.76 *(unten)* Biber sind Landschaftsgestalter: Hier ein von Bibern «bearbeitetes» Stück Auenwald.

Trittsiegel, Fährten, Spuren, Losungen

Das Erkennen indirekter Wildtier-Nachweise wie Trittsiegel (Fussabdrücke), Fährten- und Spurenbilder sowie Losungen (Kot) ist sowohl für die Jagd (Ausfährten, Pirsch) als auch für die Wildbestandeserhebung (Fährten- und Spurentaxation) und das Zuordnen von Wildschäden zu einer Wildart (Wildschadenvergütung) wichtig. Form, Farbe und Konsistenz der Losung einer Tierart verändern sich je nach aufgenommener Nahrung (abhängig z. B. von Höhenstufe und Jahreszeit) sowie nach Geschlecht und Alter (Grösse der Losung). Ausmass und Deutlichkeit von Trittsiegeln unterscheiden sich je nach Untergrund (Schnee, Sand, Erde) und je nach Geschwindigkeit des Wildtieres. Im Folgenden werden Trittsiegel, Fährten, Spuren und Losungen dargestellt. Die angegebenen Schrittlängen beziehen sich auf ziehendes, langsam flüchtendes oder hoppelndes Wild. Alle aufgeführten Tierarten weisen hochflüchtig weit grössere Schrittlängen auf.

Abb. 3.77 Frische Spuren verraten die Anwesenheit von Schneehase und Schneehuhn.

Trittsiegel, Fährten, Spuren, Losungen

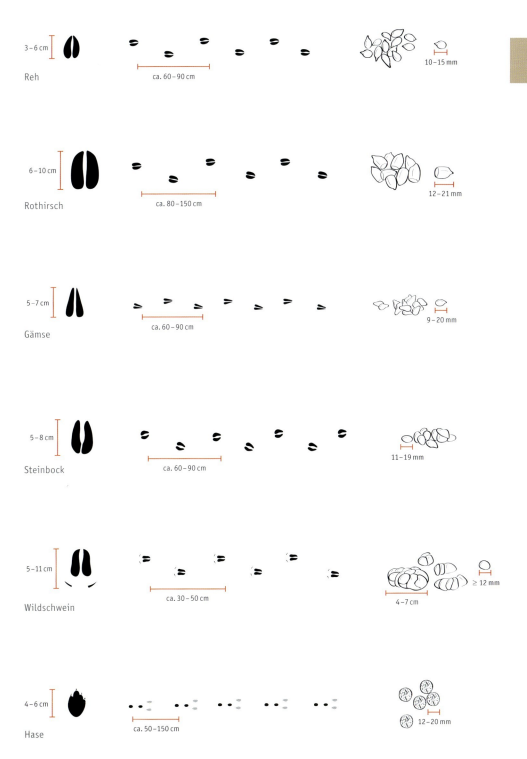

G 3.28 Fährten und Spuren sowie Losungen einiger Säugetierarten mit Grössenangaben.

3 Wildtierbiologie

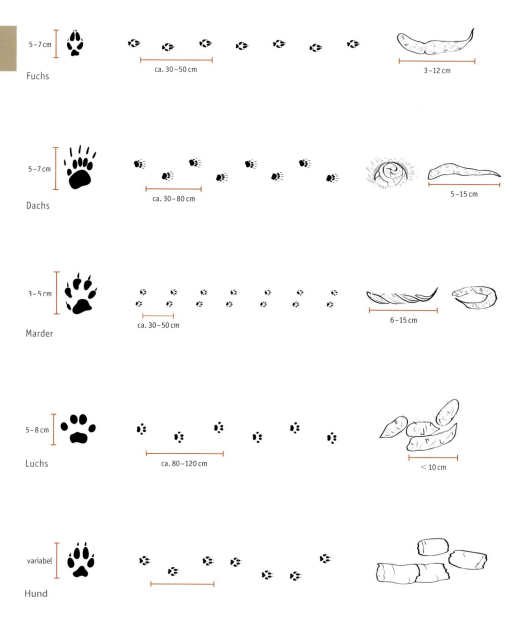

Wasservögel

Wasservögel verbringen einen Grossteil ihres Lebens auf dem Wasser schwimmend. Sie gehören verschiedenen Familien an und weisen gewisse Gemeinsamkeiten im Körperbau auf.

Die Schweiz verfolgt bei der Wasservogeljagd nicht die Artenschutzstrategie (= nur gewisse Arten jagdbar), sondern die Gebietsschutzstrategie. Mit 36 vom Bund ausgeschiedenen Wasser- und Zugvogelreservaten sind die wichtigsten Rast- und Überwinterungsgebiete von Wasservögeln per Bundesverordnung («Verordnung über die Wasser- und Zugvogelreservate von internationaler und nationaler Bedeutung») mit einem generellen Jagdverbot belegt. Dadurch bleiben diese Gebiete von jeglicher jagdlichen Beunruhigung verschont, während ausserhalb dieser Gebiete die meisten Wasservogelarten bejagt werden dürfen. Deshalb sind in der Schweiz von den regelmässig auftretenden Wildenten nur die Kolbenente und die Moorente geschützt. Die Bedeutung der Wasservogeljagd und die Abschusszahlen haben in den letzten Jahrzehnten abgenommen. Einzige Wasservogelart, von welcher pro Jahr mehrere Tausend Tiere erlegt werden, ist die Stockente. Schon bei der Reiher- und der Tafelente sind es jährlich nur noch wenige Hundert. Voraussetzungen für eine verantwortungsvolle Jagd auf Wasservögel sind ein gut ausgebildeter Apportierhund sowie die Verwendung von bleifreier Munition. Aus Sicherheitsgründen (Abpraller) und aus Rücksichtnahme auf die Bevölkerung muss in Siedlungsnähe besonders umsichtig und zurückhaltend gejagt werden. Im Gegensatz zur Bejagung anderer Wildtiere besteht für die Jagd auf Wasservögel keine Notwendigkeit. Als nachhaltige Nutzung einer Tiergruppe, die in den letzten Jahrzehnten grosse Bestandeszunahmen verzeichnet hat, ist sie aber durchaus verantwortbar. Überdies stellt sie auch für die Küche eine Bereicherung dar.

Lappentaucher

Zu den in der Schweiz vorkommenden Lappentauchern gehören der Haubentaucher und der Zwergtaucher.

Ihre Nester bauen sie aus Pflanzenmaterial und befestigen sie auf der Wasseroberfläche an der Ufervegetation. Die Zehen der Lappentaucher sind nicht mit durchgehenden Schwimmhäuten, sondern mit Schwimmlappen ausgestattet.

Haubentaucher

Steckbrief

Abb. 3.78 Prachtkleid (Sommer).

Abb. 3.79 Schlichtkleid (Winter).

Kennzeichen	Langer Hals, spitzer Schnabel. Im Sommer braun-beige mit grosser Haube; im Winter grau-weiss.
Verbreitung	Ganze Schweiz; Jahresvogel; häufiger Brutvogel in Tieflagen mit ca. 5000 Brutpaaren.
Lebensraum	Seen, grosse Teiche und langsam fliessende Gewässer mit Schilfgürteln.
Nahrung	Vorwiegend Fische. Nahrungssuche oft weit vom Ufer entfernt bis in Seemitte.
Fortpflanzung	Auffällige Balz des Brutpaares mit Kopfschüttel-Zeremonie. Nester teilweise in Kolonien.
Besonderheiten	Nach starkem Rückgang im 19. Jahrhundert (Verfolgung als Fischräuber) wieder starke Zunahme. Winterbestand in der Schweiz ca. 30 000 Individuen.

Kormorane

Kormorane können sowohl am Meer als auch am Süsswasser, an Seen und Flüssen, leben. Das Gefieder ist nicht wasserdicht wie bei Tauchenten, die ihr Gefieder mit Fett imprägnieren. Durch diese Wasserdurchlässigkeit erhält der Kormoran beim Tauchen weniger Auftrieb, was den Fischfang unter Wasser erleichtert. Nach Tauchgängen muss er sich jedoch mit gespreizten Flügeln am Ufer trocknen lassen. Die grosse Zahl überwinternder Kormorane und die Etablierung von Brutkolonien können zu ökonomischen Konflikten mit der Berufsfischerei an Seen (v. a. Netz- und Reusenschäden) führen. Zudem bestehen an gewissen Flüssen Artenschutzprobleme, wo der Kormoran bedrohte Fischarten (Äsche, Nase) fängt und deshalb bejagt wird. Von den verschiedenen Kormoranarten kommt in der Schweiz nur eine vor.

Kormoran

Steckbrief

Abb. 3.80 Kormorane müssen nach jedem Tauchgang ihr Gefieder trocknen lassen.

Kennzeichen	Grosser, schwarzer Vogel mit Hakenschnabel; nackte gelbe Hautstelle am Schnabelgrund; im Brutkleid weisslicher Kopf; Jungvögel dunkelbraun mit heller Unterseite.
Verbreitung	Häufiger Durchzügler und Wintergast; seit 2001 Brutvogel mit starkem Bestandeszuwachs.
Lebensraum	Seen und Flüsse.
Nahrung	Fische bis 40 cm. Jagt effizient in Gruppen.
Fortpflanzung	Horste auf Bäumen oder am Boden in Kolonien. Junge sind Nesthocker.
Besonderheiten	Bis Mitte des 20. Jahrhundert als Fischräuber intensiv verfolgt. Nach Schutz der Brutkolonien Zunahmen in ganz Europa. Winterbestand in der Schweiz ca. 6000 Individuen.

Schwimmenten

Schwimm- oder Gründelenten suchen ihre Nahrung hauptsächlich im Flachwasser. Dabei tauchen sie nur ihren Vorderkörper ins Wasser ein (sie «gründeln»). Mit ihrem speziellen Schnabel filtern sie die Nahrung heraus: Die Nahrungspartikel bleiben an den Schnabelrandlamellen hängen, während das Wasser ausfliesst. Dadurch sind Schwimmenten einer erhöhten Vergiftungsgefahr durch von der Wasservogeljagd stammendes Bleischrot ausgesetzt. Da bereits wenige aufgenommene Schrotkörner zum Tod führen, verwenden Wasservogeljäger weltweit immer häufiger bleifreie Munition. Schwimmenten starten von der Wasseroberfläche ohne Anlauf steil nach oben. Ihr Körper ragt höher aus dem Wasser als jener von Tauchenten. Im Folgenden werden nur zwei der zahlreichen einheimischen Schwimmentenarten vorgestellt.

Stockente

Steckbrief

Abb. 3.81 Erpel im Prachtkleid (Winter).

Kennzeichen	Beide Geschlechter blau schillernder, weiss eingerahmter Flügelspiegel; Erpel mit blaugrünem Kopf und weissem Halsring sowie gebogenen Schwanzfedern als «Erpellocke»; Ente braun gesprenkelt. Erpel im Schlichtkleid (Sommer) dem Weibchen ähnlich, aber mit mattgelbem Schnabel.

Abb. 3.82 Weibchen

Verbreitung	Ganze Schweiz; häufiger Brutvogel; auch Durchzügler und Wintergast. Dringt vermehrt in Alpentäler vor.
Lebensraum	Alle Gewässer inkl. in Siedlungen.
Nahrung	Pflanzen, Sämereien, wirbellose Tiere, Brot und weitere Speiseabfälle.
Fortpflanzung	Nest am Boden, auf Bäumen, an Gebäuden, in alten Vogelnestern usw.; auch abseits von Gewässern. Weibchen zieht Junge alleine auf.
Besonderheiten	Weltweit häufigste Schwimmente; Stammform der Hausente; oft Hybridisierungen mit Hausente. Kulturfolger. Winterbestand in der Schweiz ca. 50 000 Individuen.

Krickente

Steckbrief

Abb. 3.83 Erpel

Abb. 3.84 Weibchen

Kennzeichen	Kleinste Ente Europas. Erpel kastanienbrauner Kopf mit metallischgrünem Band, Weibchen braun gesprenkelt; beide Geschlechter grüner Spiegel. Schneller, wendiger Flug.
Verbreitung	Häufiger Durchzügler und Wintergast in Tieflagen, seltener Brutvogel.
Lebensraum	Seen und Flüsse, überschwemmte Wiesen, kleine Teiche.
Nahrung	Sämereien und wirbellose Tiere in Flachwasserzonen und auf Schlickbänken.
Fortpflanzung	Brütet an Seen und Kleingewässern mit dichter Vegetation.
Besonderheiten	Winterbestand in der Schweiz 4000–8000 Individuen. Wegen hohen Jagddrucks in Europa oft scheu.

Tauchenten

Tauchenten finden ihre Nahrung auf dem Grund von Gewässern. Dabei handelt es sich um Schnecken, Muscheln, Wasserinsekten und Unterwasserpflanzen. Diese Enten liegen tiefer im Wasser als Schwimmenten und können darum von der Wasseroberfläche erst starten, nachdem sie ein längeres Stück flatternd über das Wasser gerannt sind. Die Winterbestände der Reiher- und Tafelente haben in den 1970er-Jahren stark zugenommen. Dies ist auf die Einwanderung und schnelle Ausbreitung der nicht einheimischen Wandermuschel in der Schweiz zurückzuführen. Im Folgenden werden nur drei von zahlreichen weiteren Tauchentenarten vorgestellt.

Tafelente

Steckbrief

Abb. 3.85 Erpel

Abb. 3.86 Weibchen

Kennzeichen	Erpel kastanienbrauner Kopf, hellgrauer Rücken; Weibchen grau-braun.
Verbreitung	Häufiger Wintergast, seltener Brutvogel.
Lebensraum	Im Winter Seen und grössere Flüsse; während der Brutzeit auch kleinere Gewässern mit dichtem Uferbewuchs.
Nahrung	Vorwiegend Pflanzen und Muscheln.
Fortpflanzung	Alljährlicher Brutvogel mit wenigen Paaren.
Besonderheiten	Im Winter in der Schweiz zweithäufigste Entenart mit 60 000 – 110 000 Individuen.

Kolbenente

Steckbrief

Abb. 3.87 Erpel

Kennzeichen	Erpel mit orangerotem, buschigem Kopf, leuchtend rotem Schnabel; Weibchen grau-braun.
Verbreitung	Brutvogel, Durchzügler, Wintergast.
Lebensraum	Seen und Flüsse in Tieflagen; zur Brutzeit flache Seen mit dichter Unterwasser- und Ufervegetation.

3 Wildtierbiologie

Abb. 3.88 Weibchen

Nahrung	Pflanzen, die aus einer Tiefe von 2–4 Metern heraufgeholt werden.
Fortpflanzung	Brut in dichter Ufervegetation. Bruterfolg stark vom Wasserstand abhängig,
Besonderheiten	Schweizer Winterbestand in den letzten Jahren von einigen hundert auf ca. 30 000 Individuen angestiegen, u. a. wegen verbesserter Wasserqualität, was die Armleuchteralge (Hauptnahrung der Kolbenente) förderte. Eidg. geschützt.

Reiherente

Steckbrief

Abb. 3.89 Erpel

Abb. 3.90 Weibchen

Kennzeichen	Erpel schwarz mit weisser Flanke, deutlicher Nackenschopf; Weibchen braun mit kurzem Nackenschopf.
Verbreitung	Häufiger Wintergast, seltener Brutvogel.
Lebensraum	Seen und langsam fliessende Flüsse.
Nahrung	Hauptsächlich Muscheln.
Fortpflanzung	Alljährlicher Brutvogel mit 100–200 Paaren an Seen und Weihern. Brütet oft erst im Sommer.
Besonderheiten	Im Winter häufigste Entenart in der Schweiz mit 150 000–200 000 Individuen. In der Schweiz beringte Reiherenten wurden bis nach Ostsibirien nachgewiesen.

Säger

Säger sind grosse und schlanke Fisch fressende und mit einer Federhaube am Hinterkopf geschmückte Entenvögel. Ihr schlanker, mit randständigen Zähnen bewehrter Schnabel ist für den Fischfang bestens geeignet. Der Gänsesäger ist der einzige in der Schweiz brütende Säger und ist eidg. geschützt.

Gänsesäger

Steckbrief

Abb. 3.91 Männchen

Abb. 3.92 Weibchen

Kennzeichen	Grosser, lang gestreckter Entenvogel mit schlankem, rotem Hakenschnabel; Geschlechter verschieden gefärbt.
Verbreitung	Hauptverbreitung in der Westschweiz; im Winter auf grossen, eisfreien Gewässern. Jahresvogel und Wintergast.
Lebensraum	Seen und Flüsse.
Nahrung	Meist Kleinfische, in Siedlungsnähe auch Brot.
Fortpflanzung	Höhlenbrüter in Bäumen, Felsnischen, Gebäuden, Nistkästen in Gewässernähe. 50% der mitteleuropäischen Alpenpopulation brüten am Genfersee.
Besonderheiten	Hauptverbreitungsgebiet in Skandinavien und Sibirien. Die rund 500 Brutpaare in der Schweiz gehören zu einer grossen Alpenpopulation, die sich genetisch vom restlichen europäischen Brutbestand unterscheidet. Bestand und Verbreitungsgebiet in der Schweiz zunehmend. Artenschutzkonflikte (in gewissen Kantonen Einzelabschüsse zugunsten bedrohter Fischarten).

Rallen

Rallen sind Uferbewohner von Sümpfen und Seen. Sie bewegen sich bei der Nahrungssuche über Schlammflächen und Schwimmblattzonen. Die mit Abstand häufigste Ralle in der Schweiz ist das Blässhuhn.

Blässhuhn

Steckbrief

Abb. 3.93 Männchen und Weibchen nicht unterscheidbar.

Kennzeichen	Schwarz mit weissem Schnabel und Stirnschild; grünliche Füsse mit Schwimmlappen.
Verbreitung	Zusammen mit der Stockente häufigster einheimischer brütender Wasservogel. Jahresvogel, Durchzügler und Wintergast (im Winter um 100 000 Individuen).

Lebensraum	Stehende und langsam fliessende Gewässer; geringe Lebensraumansprüche.
Nahrung	Allesfresser (Pflanzen, wirbellose Tiere, Muscheln, Fische, Vogeleier, Abfälle).
Fortpflanzung	Schwimmnest in Ufervegetation, an Bootsstegen usw. Oft heftige Revierkämpfe.
Besonderheiten	Kulturfolger, trotz Bejagung wenig scheu.

Greifvögel

Greifvögel haben einen kräftigen, nach unten gebogenen Schnabel und zum Beutegreifen mit scharfen Krallen bewehrte Füsse (Fänge). Ihr Schnabelansatz ist mit einer weichen, oft auffälligen Wachshaut überzogen. Je nach Art reicht das Nahrungsspektrum von Aas über Kleinsäuger, Vögel, Fische, Reptilien bis hin zu Insekten. Greifvögel haben einen Kropf und können somit grössere Nahrungsmengen auf einmal zu sich nehmen. Unverdauliche Nahrungsbestandteile würgen sie als Gewölle aus dem Schlund. Diese enthalten im Unterschied zu Eulengewöllen kaum Knochenreste. Wir unterscheiden:

- Grifftöter (alle Greifvögel ohne die Falken). Sie töten ihre Beute mit dem Klammergriff ihrer Fänge.
- Bisstöter (Falken): Sie töten ihre Beute durch Schnabelbiss. Ihr charakteristisches Merkmal ist der Falkenzahn, eine Ausbuchtung am Oberschnabel.
- Aas- und Knochenfresser (Geier).

Bei der Jungenaufzucht herrscht bei den meisten Arten Arbeitsteilung. Das Weibchen brütet und das Männchen schafft die Nahrung heran. Junge Greifvögel sind ausnahmslos Nesthocker. Ausser den Falken bauen Greifvögel Horste, die sie teilweise von Jahr zu Jahr wieder beziehen. Falken benutzen Horste anderer Vogelarten oder Felsnischen zum Brüten. Nistmaterial wird nicht eingetragen. Sämtliche Greifvögel sind eidg. geschützt.

Greifvögel | Geier

Falke   Weihe   Bussard   Milan

Sperber und Habicht   Adler   Bartgeier

G 3.30 Anhand der Flugbilder lassen sich die Gruppen einheimischer Greifvögel bestimmen.

Geier

Geier sind hoch spezialisierte, grosse Aasfresser mit langen, breiten Flügeln. Sie sind hervorragende Segler. In der Schweiz brütet nur der Bartgeier als einheimische Art.

Bartgeier

Steckbrief

Abb. 3.94	Kennzeichen	Grösster bei uns vorkommender Greifvogel mit einer Spannweite bis 2,9 m; langer Keilschwanz (-stoss). Jungvögel dunkelbraun mit aufgehelltem Bauchgefieder, Altvögel (ab dem 5. Lebensjahr) mit weisslichem bis kräftig rostrotem Bauch- und Brustgefieder.
	Verbreitung	Nach Ausrottung im 19. Jahrhundert Wiederansiedlung in den Alpen ab 1986. Seit wenigen Jahren jährlicher Brutvogel in den Schweizer Alpen.
	Lebensraum	Felsige, schluchtenreiche Gebirgslagen mit günstigen Aufwindverhältnissen und ausreichendem Schalenwildbestand (Kadaver). Kann Hunderte Kilometer fliegend umherstreifen.

Nahrung	Reiner Aasfresser. Knochen bis 25 cm werden ganz verschluckt, längere aus grosser Höhe auf felsigen Grund fallen gelassen, damit sie zersplittern.
Fortpflanzung	Mit 6–8 Jahren geschlechtsreif. Brutbeginn im Januar.
Besonderheiten	Die rostrote Färbung des Bauchgefieders entsteht beim Altvogel durch Schlammbaden in einer Substanz, die rote Eisenoxide enthält.

Adler

Adler sind grosse, kräftige Greifvögel mit langen, breiten Flügeln und mittellangem Schwanz (Stoss). Der einzige in der Schweiz brütende Adler ist der Steinadler.

Steinadler

Steckbrief

Abb. 3.95

Kennzeichen	Spannweite bis 2,30 m. Altvögel (ab 4–5 Jahren) dunkelbraun gefärbt. Jungvögel an weisslichen Flügelflecken und weisser Stossbasis im Flug gut erkennbar.
Verbreitung	Jahresvogel, ganzjährig territorial; besiedelt als Brutvogel den gesamten Alpen- und Voralpenraum; neuerdings auch im Jura (über 300 Brutpaare in der Schweiz).
Lebensraum	Offene und halb offene Landschaften im Bereich von 1500–3000 m ü. M. Horste meist etwas unterhalb der Waldgrenze.
Nahrung	Mehrheitlich Murmeltiere, zudem u. a. Hasen, Füchse, junges Schalenwild; im Winter und Frühling auch Aas.
Fortpflanzung	Brutort in Felsnischen, selten auf hohen Bäumen. Legt 2 Eier, wobei meist nur 1 Jungvogel überlebt. Brütet oft über Jahre im selben Horst.
Besonderheiten	Natürliche Dichteregulierung durch häufige Revierkämpfe, was den Bruterfolg reduziert.

Milane

Milane sind bussardgrosse, elegant wirkende Greifvögel mit langen, schlanken Flügeln und langem, gegabeltem Stoss. Sie können häufig in niederem Segelflug beobachtet werden. Die Flügel sind im Flug oft angewinkelt.

Rotmilan

Steckbrief

Abb. 3.96

Kennzeichen	Rotbraunes Gefieder, stark gegabelter Stoss; im Flug helle Handschwingen erkennbar.
Verbreitung	Mehrheitlich Standvogel auf der ganzen Alpennordseite. Brütet in tiefer gelegenen Gebieten meist unter 800 m ü. M. Schweizer Brutbestand stark gewachsen und von europäischer Bedeutung.
Lebensraum	Abwechslungsreiche, aber offene Landschaften mit Feldgehölzen.
Nahrung	Vielseitig: Kleintiere, Aas, Insekten.
Fortpflanzung	Brütet in lichten Wäldern.
Besonderheiten	Im Winter oft in grösseren Ansammlungen (Schlafplätze).

Schwarzmilan

Steckbrief

Abb. 3.97

Kennzeichen	Dunkelbraun mit leicht gegabeltem Stoss.
Verbreitung	Durchzügler und verbreiteter Brutvogel im Mittelland und Jura bis 900 m ü. M.; seltener in Alpentälern.
Lebensraum	Besonders in der Nähe von Seen und Flüssen.
Nahrung	Überwiegend Aasfresser, nimmt auch Fische von der Wasseroberfläche auf.
Fortpflanzung	Benutzt oft alte Greifvogel- und Rabenvogelnester. Brütet häufig in Kolonien.
Besonderheiten	Ausgesprochener Zugvogel; überwintert in Afrika.

Bussarde

Bussarde sind mittelgrosse, breit- und rundflügelige Greifvögel mit ziemlich kurzem abgerundetem Stoss. Sie sind gute Segler. Der Mäusebussard ist der häufigste Vertreter der Bussarde in der Schweiz.

Mäusebussard

Steckbrief

	Kennzeichen	Gefieder variantenreich, von dunkelbraun bis überwiegend weiss, Stoss stark quer gebändert, meist dunkle Augen.
	Verbreitung	Jahresvogel, Durchzügler und Wintergast; in der ganzen Schweiz weit verbreitet, mehrheitlich bis 1500 m ü. M. Im Winter Zuzug von nordischen Wintergästen.
	Lebensraum	Ohne Präferenzen von Wald bis offenes Kulturland; Tieflagen bis Bergregionen.
	Nahrung	Am Boden erbeutete Kleintiere vom Wurm bis zum jungen Feldhasen.
Abb. 3.98	Fortpflanzung	Horst meist am Waldrand oder in Feldgehölzen. Auffälliger Balzflug mit miauenden Rufen im zeitigen Frühjahr.
	Besonderheiten	Augenfarbe ist bei Jungvögeln heller.

Sperber und Habichte

Sperber und Habicht haben kurze, runde Flügel und einen langen Stoss. Weibchen sind deutlich grösser als Männchen. Beide Arten jagen aus der Deckung heraus (Überraschungsjäger) und ernähren sich grösstenteils von Vögeln. Die Bestände haben sich nach den starken Einbrüchen in den 1970er-Jahren, verursacht durch Umweltgifte und direkte Verfolgung, wieder erholt.

Sperber

Steckbrief

Abb. 3.99

Kennzeichen	Viel kleiner und zierlicher als der Habicht; gelbe Augen.
Verbreitung	Jahresvogel und Durchzügler; starker Zuzug im Winter. Brutvogel in der ganzen Schweiz von Tieflagen bis obere Baumgrenze.
Lebensraum	Typischer Waldbewohner; jagt in halb offenen Landschaften mit Waldrändern und Hecken; auch in Siedlungsgebieten.
Nahrung	Vorwiegend kleine Singvögel.
Fortpflanzung	Nistet mit Vorliebe auf Fichten.
Besonderheiten	Verunglückt auf der Jagd nach Vögeln in Siedlungsgebieten häufig an Glasscheiben.

Habicht

Steckbrief

Abb. 3.100

Kennzeichen	Wendiger, kräftiger Flieger. Gelbe Augen; Altvögel unterseits grau-weiss quer gebändert, Jungvögel unterseits mit grober brauner Längsstreifung.
Verbreitung	Jahresvogel und Durchzügler; ganze Schweiz von Tieflagen bis obere Waldgrenze.
Lebensraum	Brutvogel in grossen Wäldern.
Nahrung	Überraschungsjäger im Tiefflug; sehr breites Beutespektrum (Vögel und Säuger bis Hasengrösse).
Fortpflanzung	Nistet in Altholzbeständen.
Besonderheiten	Konflikte wegen Findringen in Hühner- und Taubenzuchten. In der Schweiz oft zur Beizjagd auf Rabenkrähen verwendet.

Falken

Falken sind kleine bis mittelgrosse Greifvögel mit spitzen Flügeln, schnellem Flügelschlag, einem langen Stoss und schwarzen Augen. Die Schneidekante des Oberschnabels weist eine Ausbuchtung auf (Falkenzahn). Beutetiere werden durch Genickbiss getötet. Falken bauen kein eigenes Nest. Im Folgenden werden zwei Arten vorgestellt.

Turmfalke

Steckbrief

	Kennzeichen	Männchen mit grauem Kopf und Schwanz, Weibchen tarnfarbig braun. Jagt oft im Rüttelflug mit breit gefächertem Stoss.
	Verbreitung	Jahresvogel und Durchzügler; verbreiteter Brutvogel von Tallagen bis auf alpine Stufe.
Abb. 3.101	Lebensraum	Offene und halboffene Landschaften, flaches Kulturland bis Geröllhalden und Alpweiden; auch in Siedlungen anzutreffen.
	Nahrung	Hauptsächlich Mäuse.
	Fortpflanzung	Brütet in alten Vogelnestern, Ruinen, Felswänden, Kirchtürmen, Nistkästen.
	Besonderheiten	Förderung durch Aufhängen von Nistkästen an Gebäuden und Anlegen von Brachen und Hecken.

Wanderfalke

Steckbrief

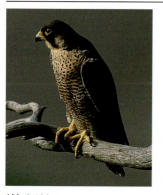

Abb. 3.102

Kennzeichen	Grösster einheimischer Falke; ausgeprägter, schwarzer «Backenbart», Altvögel mit intensiver Querbänderung.
Verbreitung	Jahresvogel; brütet mehrheitlich in tieferen Lagen bis ca. 800 m ü. M.
Lebensraum	Felsdurchsetzte Gebiete; zunehmend auch Städte und Industrieanlagen («Kunstfelsen»).
Nahrung	Fast ausschliesslich Vögel, die er im Flug schlägt. Fluggeschwindigkeit im Sturzflug bis 200 km/h.
Fortpflanzung	Brütet in Felsen, Nischen, Gebäuden und Nistkästen.

Besonderheiten	In den 1970er-Jahren war die Art weltweit vom Aussterben bedroht. Verbote von Umweltgiften und Horstbewachungen gegen illegales Aushorsten führten zur Erholung der Bestände. In der Schweiz oft zur Beizjagd auf Rabenkrähen verwendet.

Hühnervögel

Hühnervögel sind ausgesprochene Bodenvögel. Die meisten suchen ihre Nahrung dort, brüten ohne Ausnahme am Boden und ernähren sich – mit Ausnahme der Jungvögel – vorwiegend von Pflanzen. Die Jungen sind Nestflüchter, fressen zu Beginn mehrheitlich Insekten und sind bereits mit zwei Wochen flugfähig. Die meisten Arten leben gesellig und bilden ausserhalb der Brutzeit kleine Trupps. Bei Gefahr verlassen sie sich in erster Linie auf ihre Tarnung. Zu den einheimischen Hühnervögeln zählen vier Raufusshuhnarten, drei Feldhuhnarten (Wachtel, Steinhuhn, Rebhuhn) sowie der Fasan.

Raufusshühner

Die Familie der Raufusshühner hat ihren Namen von der Befiederung der Läufe erhalten. Sie besitzen alle über den Augen nackte, farbige Hautschwellkörper (Rosen). Diese werden während der Balz mit Blut gefüllt und schwellen stark an. Raufusshühner sind durch folgende Anpassungen gegen ein lebensfeindliches Klima im Bergwald und über der Baumgrenze gewappnet:

- dichtes Gefieder mit kleinen daunenartigen Nebenfedern (Afterfeder) verhindert Wärmeverlust;
- dichte Befiederung der Läufe als Kälteschutz;
- Hornstifte an den Zehen sind im Winter schneeschuhartig verbreitert;
- selbst gegrabene Schneehöhlen als Kälteschutz;
- muskulöser Kaumagen, in welchem die harte Winternahrung (Nadeln, Triebe, Knospen) zerkleinert wird;
- zwei lange Blinddärme, in welchen die energiearme, schwer verdauliche Nahrung mithilfe von Bakterien aufgeschlossen wird.

Abb. 3.103 Die kleinen dunigen Afterfedern neben der Hauptfeder sind für Raufusshühner charakteristisch.

In der Schweiz kommt neben den untenstehend beschriebenen drei Raufusshühnern noch das Haselhuhn vor, welches als einziges ganzjährig in Paaren lebt. Auer- und Haselhuhn sind eidg. geschützt. Schneehühner und Birkhähne sind in einigen Bergkantonen jagdbar. Die Jagd erfolgt im Herbst mit dem Vorstehhund oder auf der Pirsch.

Auerhuhn

Steckbrief

Abb. 3.104 Hähne und Hennen bei der Balz.

Kennzeichen	Hahn erreicht Grösse eines Truthahns, dunkel gefärbt mit schillernd grüner Brust. Henne um ein Drittel kleiner; tarnfarben mit orangebrauner Brust.
Verbreitung	Jura, nördliche Voralpen, zentrale und östliche Alpen; Standvogel.
Lebensraum	Ruhige, zusammenhängende, lichte Bergwälder von 900 m ü. M. bis zur Waldgrenze. Bevorzugt Heidelbeerunterwuchs. Ist sehr störungsanfällig.
Nahrung	Im Sommer Heidelbeeren, Blätter und Insekten; im Winter Nadeln, Triebe, Knospen. Küken Insekten.
Fortpflanzung	Gruppenbalz im April/Mai. Auf dem Balzplatz verteidigt jeder Hahn sein Mini-Territorium.
Besonderheiten	Eidg. geschützt; anhaltender Bestandesrückgang seit Jahrzehnten.

Birkhuhn

Steckbrief

Abb. 3.105 Hahn

Abb. 3.106 Henne

Kennzeichen	Etwa Haushuhngrösse; Hahn schillernd blauschwarz, Henne kleiner als Hahn mit graubrauner Tarnfärbung.
Verbreitung	Voralpen und Alpen meist zwischen 1500–2000 m ü. M.; Standvogel.
Lebensraum	Aufgelockerte Wälder und Krummholzzone an der oberen Waldgrenze mit reichlich vorhandener Zwergstrauchvegetation.
Nahrung	Blätter, Knospen, Beeren (besonders Heidelbeeren); im Winter auch Nadeln. Küken v. a. Insekten.
Fortpflanzung	Gruppenbalz im April/Mai. Nachbalz im Herbst ohne Hennen.
Besonderheiten	Hahn in wenigen Kantonen jagdbar.

Schneehuhn (Alpenschneehuhn)

Steckbrief

Abb. 3.107 Henne (Sommer).

Abb. 3.108 Hahn (Winter).

Kennzeichen	Kleiner als Birkhuhn; Hahn und Henne fast gleich aussehend. Winterkleid: weiss mit schwarzem Stoss, Hahn mit schwarzen Zügeln zwischen Auge und Schnabel; Sommerkleid: Hahn grau marmoriert, Henne gelbbraun gesprenkelt; Übergangszeit: weisse Federn im Gefieder.
Verbreitung	Jahresvogel; zwischen 1900 und 2800 m ü. M. weit verbreitet; kleine saisonale Verschiebungen in den Höhenstufen.
Lebensraum	Reich strukturierte Hänge oberhalb der Waldgrenze mit Kuppen, Geröll, Schneetälchen, Mulden und Graten.
Nahrung	Triebe, Knospen, Beeren und Samen. Küken v. a. Insekten.
Fortpflanzung	Paarbildung im Frühjahr; Balzflug des Hahns in seinem Territorium.

3 Wildtierbiologie

Besonderheiten	Zur optimalen Tarnung wechselt das Schneehuhn das Gefieder im Jahr dreimal. Rückgänge im Bestand und in der Verbreitung als Folge der Klimaerwärmung. In wenigen Kantonen jagdbar.

Schnepfen

Schnepfen sind gut getarnte Watvögel mit einem langen, feinen Schnabel (Stecher) und leben meist in Feuchtgebieten. Die Waldschnepfe ist als einzige Watvogelart nicht an Gewässer gebunden. Die meisten Schnepfenarten sind in der Schweiz nur auf dem Durchzug oder als Wintergäste zu beobachten.

Waldschnepfe

Mit ihrem braun-schwarz gesprenkelten Gefieder ist die Waldschnepfe als Bodenbrüter auf dem Waldboden bestens getarnt. Die Schnabellänge (im Verhältnis zum Kopf) und die Kopfzeichnung (schwarze Querbänder auf dem Scheitel) sind zuverlässige Bestimmungsmerkmale und unterscheiden sie von der kleineren Bekassine, die eine längsgebänderte Kopfzeichnung aufweist. Jährlich durchquert eine grosse Zahl von Waldschnepfen zur Zugzeit (Oktober bis Dezember sowie Februar/März) die Schweiz, einzelne überwintern bei uns in Tieflagen. Waldschnepfen sind in wenigen Kantonen, primär in der französischen und italienischen Schweiz, jagdbar. Die Jagd erfolgt im Herbst mithilfe von Vorstehhunden. Naturschützerisch ist sie unproblematisch, weil dabei durchziehende Vögel aus den sehr grossen ost- und nordeuropäischen Brutpopulationen erlegt werden, ohne diese Bestände zu gefährden.

Abb. 3.109 Die Schnepfenjagd hat in der Süd- und Westschweiz grosse Bedeutung.

Steckbrief

	Kennzeichen	Braun-schwarz gesprenkeltes Gefieder mit schwarzer Querbänderung auf dem Scheitel; langer Schnabel.
	Verbreitung	In der Schweiz Brut- und Zugvogel. Als Brutvogel hauptsächlich in den Waldlandschaften des Juras und der nördlichen Voralpen.
Abb. 3.110 Männchen und Weibchen nicht unterscheidbar.	Lebensraum	Ausgedehnte, feuchte, lichte und störungsarme Wälder vom Tiefland bis zur Waldgrenze. Brut in gut ausgebildeter Kraut- und Strauchschicht.
	Nahrung	Primär Regenwürmer und Insektenlarven.
	Fortpflanzung	Auffälliger Balzflug (Schnepfenstrich) März–Juli entlang von Waldrändern/Lichtungen: Fliegen in der Dämmerung ausgedehnte Runden über ihrem Revier und geben «puitzende» und «quorrende» Laute von sich. Bodenbrüter. Fast nur durch Balzflug nachzuweisen.
	Besonderheiten	Bewegliche Schnabelspitze ist mit feinen Nerven ausgestattet, die es ermöglichen, Regenwürmer und Insektenlarven in der Tiefe des Bodens zu ertasten und zu greifen. Begehrte Jagdbeute in Europa mit jährlicher Jagdstrecke von 2–3 Mio. Vögeln (Schweiz ca. 2000).

Tauben

Die einheimischen Wildtauben sind drossel- bis fast krähengrosse Vögel mit kleinem Kopf, charakteristischem Schnabel und einem schnellen Flug. Im grossen Kropf wird ein milchartiges, fettreiches Sekret gebildet, das zur Aufzucht der Jungvögel in den ersten Tagen dient. Beide Geschlechtspartner sind an der Aufzucht der Jungen beteiligt. Tauben können ausserhalb der Brutzeit in grossen Schwärmen auf Feldern beobachtet werden. Von den einheimischen Taubenarten sind die Ringeltaube, die Türkentaube und die verwilderte Haustaube jagdbar; die anderen Arten sind eidg. geschützt (u.a. die Hohltaube).

Ringeltaube

Steckbrief

Abb. 3.111

Kennzeichen	Grösste und häufigste einheimische Taube. Hals seitlich mit weissen Flecken (bei Jungvögeln fehlend), Flügel mit breitem weissem Band, Stoss mit dunkler Endbinde.
Verbreitung	Brutvogel in bewaldeten Gebieten, bevorzugt unter 1000 m ü. M. Im Herbst in grosser Zahl im Jura und Mittelland als Durchzügler; in zunehmender Zahl als Überwinterer.
Lebensraum	Wälder, Gärten, Parks und Alleen; vermehrtes Vordringen in Siedlungen.
Nahrung	Sämereien, Bucheckern, Eicheln.
Fortpflanzung	Nest mit 2 Eiern auf Bäumen und hohen Büschen; mehrere Bruten pro Jahr. Beim Balzflug steigt das Männchen hoch in die Luft und klatscht laut mit den Flügeln.
Besonderheiten	Begehrte Jagdbeute in Europa mit jährlicher Jagdstrecke von ca. 9,5 Mio. Vögeln.

Türkentaube

Steckbrief

Abb. 3.112

Kennzeichen	Graubraunes Gefieder mit schwarzem Nackenstreifen, langer Stoss mit weisser Endbinde.
Verbreitung	Jahresvogel; vorwiegend in Siedlungen unterhalb 700 m ü. M., spärliche Ausbreitung in Alpentälern.
Lebensraum	Kulturfolger; baumreiche Siedlungen.
Nahrung	Sämereien, Abfälle.
Fortpflanzung	Nest mit 2 Eiern auf Bäumen, in Büschen und an Gebäuden; mehrere Bruten pro Jahr.
Besonderheiten	Von der Türkei und vom Balkan eingewandert; erste Brut in der Schweiz 1955; seither stark zunehmend.

Eulen

Eulen besitzen wie Greifvögel einen gekrümmten Schnabel und dolchartige Krallen. Sie sind vorwiegend dämmerungs- und nachtaktiv. Die grossen, lichtstarken Augen sind nach vorne gerichtet und haben nur ein kleines Sehfeld. Durch das Drehen des Kopfes bis zu 270° kann dieses nicht nur kompensiert, sondern sogar erweitert werden. Ein ausgezeichnetes Gehör ermöglicht den Eulen das exakte Lokalisieren einer Maus auch in stockfinsterer Nacht. Das sehr weiche Gefieder mit gezähnten Armschwingen ermöglicht einen geräuschlosen Flug. Die Beute wird durch einen Griff mit den Krallen oder durch einen Schnabelbiss getötet. Da Eulen der Kropf fehlt, können sie nur wenig Nahrung auf einmal aufnehmen. Sie legen zur Brutzeit kleine Nahrungslager an. Die Gewölle der Eulen enthalten neben Federn und Haaren meist auch Knochen der Beutetiere. Die meisten Eulenarten sind sehr standorttreu und halten sich als Jahresvogel immer in der Nähe ihres Brutortes auf. Alle Eulenarten sind eidg. geschützt, drei davon werden im Folgenden vorgestellt.

Uhu

Steckbrief

Abb. 3.113

Kennzeichen	Grösste einheimische Eule mit orangefarbenen Augen und auffälligen Federohren.
Verbreitung	Jahresvogel; in der Schweiz sehr lückenhaft verbreitet.
Lebensraum	Vom Tiefland bis über die Waldgrenze; offene und halboffene Landschaften mit Felsen oder Steinbrüchen.
Nahrung	Ratten, Mäuse, Igel und andere Säuger bis zum Jungfuchs und Hasen; Vögel bis Graureiher und Enten.
Fortpflanzung	Charakteristischer Balzruf «uhu» Januar–März; brütet ausschliesslich auf Felssimsen/Nischen. 2–4 Junge, welche nach 5 Wochen das Nest zu Fuss verlassen.
Besonderheiten	Hohe Mortalität durch Kollisionen mit Leitungen und Verkehrsmitteln. Ruhebedarf an Brutfelsen (dort Kletterverbot für Freizeitsportler erwünscht).

Waldkauz

Steckbrief

Abb. 3.114

Kennzeichen	Schwarze Augen, Gefieder braun oder grau (2 Farbvarianten).
Verbreitung	Jahresvogel; häufigste einheimische Eulenart unter 1000 m ü. M.
Lebensraum	Bevorzugt lichte Laub- und Mischwälder; auch in Parkanlagen mit alten Bäumen in Städten zu finden.
Nahrung	Vielfältig; v. a. Kleinsäuger (Mäuse), Vögel, Amphibien.
Fortpflanzung	Brütet in Baumhöhlen, Gebäuden, Nistkästen; Gelegegrösse je nach Nahrungsangebot. Auffälliger Balzruf v. a. Februar / März.
Besonderheiten	Extrem standorttreu; 90% der Schweizer Ringfundmeldungen aus max. 20 km Umkreis vom Beringungsort.

Waldohreule

Steckbrief

Abb. 3.115

Kennzeichen	Etwas kleiner und graziler als Waldkauz; orangerote Augen, lange Federohren, Gefieder rotbräunlich gefleckt.
Verbreitung	Häufiger Jahresvogel im Mittelland und Jura; in den Alpen bis subalpine Stufe.
Lebensraum	Halboffene strukturierte Landschaften mit Wäldern, Baumgruppen, Wiesen; bevorzugt nadelbaumreiche Wälder.
Nahrung	Primär Mäuse, seltener Vögel oder andere Kleintiere.
Fortpflanzung	Brütet in verlassenen Nestern von Raben- oder Greifvögeln.
Besonderheiten	Im Mai / Juni auffällig fiepende Jungvögel (ähnlich Rehkitz); im Winter Gruppenschlafplätze. Bestandesrückgänge aufgrund ausgeräumter Landschaften.

Rabenvögel

Rabenvögel sind die grössten Singvögel. Sie sind überwiegend schwarz, grau oder kontrastreich gefärbt und haben einen kräftigen Schnabel. Sie sind intelligent und sehr lernfähig und können sogar Stimmen nachahmen. Ihre Nahrung ist vielseitig.

Einheimische Vertreter sind: Kolkrabe, Aaskrähe (zwei Formen: Raben- und Nebelkrähe), Saatkrähe, Dohle, Alpendohle, Eichelhäher, Tannenhäher, Elster und Alpenkrähe. Eidg. geschützt sind Dohle, Alpendohle, Tannenhäher und Alpenkrähe. Von Aaskrähe, Elster und Eichelhäher werden mehrere Tausend Vögel pro Art und Jahr erlegt. Abschüsse von Kolkraben sind seltener. Die Reduktion der Aaskrähen erfolgt in erster Linie zur Minderung von Schäden an landwirtschaftlichen Kulturen. Neben Einzelabschüssen wird die Lockjagd auf alle jagdbaren Rabenvögel betrieben. Mithilfe entsprechender Ausrüstung und Erfahrung kann eine solche sehr ergiebig sein. Falsches Verhalten dagegen macht die schlauen Vögel sehr vorsichtig und dadurch schwer bejagbar.

Kolkrabe

Steckbrief

Abb. 3.116

Kennzeichen	Bussardgross, deutlich grösser als Rabenkrähe; einfarbig schwarz, klobiger Schnabel, Stossende keilförmig; charakteristischer Ruf.	
Verbreitung	Jahresvogel; ganze Schweiz; in den Alpen häufiger als im Mittelland.	
Lebensraum	Offene Landschaften mit Felsen oder hohen Bäumen als Horststandort. Nahrungssuche im offenen Gelände, auch oberhalb der Baumgrenze.	
Nahrung	Allesfresser, primär Aas.	
Fortpflanzung	Brütet sehr früh im Jahr, oft schon im Februar.	
Besonderheiten	Flugakrobat	

Aaskrähe (Raben- und Nebelkrähe)

Steckbrief

Abb. 3.117

Kennzeichen	Rabenkrähe einfarbig schwarz, Nebelkrähe grau-schwarz; Bastarde als Mischformen.
Verbreitung	Jahresvogel; ganze Schweiz bis Baumgrenze; im Flachland häufiger als im Gebirge. Territoriale Brutpaare und grosse Schwärme mit Nichtbrütern. Alpennordseite: Rabenkrähe; Alpensüdseite und im Osten Graubündens: Nebelkrähe.
Lebensraum	Kulturland inkl. Städte mit Bäumen und Parkanlagen; meidet grosse Wälder.
Nahrung	Sehr vielseitig, örtlich und zeitlich variierend: Jungvögel, Insekten, tierischer und pflanzlicher Abfall usw.
Fortpflanzung	Einzelnester auf Bäumen; keine Kolonien.
Besonderheiten	Schäden durch grosse Nichtbrüter-Schwärme an Maiskeimlingen, Gemüsesetzlingen und Siloballen. Abschreckung durch Gasballone und imitierte Krähenrupfungen. Vogelscheuchen oder Schreckschussanlagen sind meist wirkungslos.

Saatkrähe

Steckbrief

Abb. 3.118

Kennzeichen	Ähnlich Rabenkrähe einfarbig schwarz; bei Altvögeln weissliche, federlose Hautstellen am Schnabelgrund.
Verbreitung	Lokaler Brutvogel in den Niederungen (in der Schweiz erstmals 1963); Bestand stark zunehmend. Primär Standvogel; grosse Schwärme mit Wintergästen.
Lebensraum	Offene Landschaften der Tieflagen, Siedlungen.
Nahrung	Hauptsächlich Regenwürmer und Insekten; im Winter Samen.
Fortpflanzung	Nistet sehr gesellig auf hohen Bäumen in dichten Brutkolonien; meist in Parkanlagen oder Feldgehölzen.

Besonderheiten	Bestandszunahme in weiten Teilen Mittel- und Osteuropas inkl. Schweiz; Probleme in Wohngebieten wegen Verkotung und Lärm.

Elster

Steckbrief

Abb. 3.119

Kennzeichen	Schwarz-weisser Vogel mit langem Stoss.
Verbreitung	Jahresvogel; verbreiteter Brutvogel von den Tieflagen bis ca. 1400 m ü. M.
Lebensraum	Offenes Gelände mit Gebüsch- und Baumgruppen, Siedlungen.
Nahrung	Allesfresser, im Frühjahr mehr tierische Nahrung (Anteil Jungvögel und Eier jedoch nur 2–3 %).
Fortpflanzung	Überdachtes Nest in Gebüschen oder Bäumen.
Besonderheiten	Typischer Kulturfolger.

Eichelhäher

Steckbrief

Abb. 3.120

Kennzeichen	Unverkennbarer bunter Vogel mit auffällig weissem Bürzel und blau-schwarz gebänderten Flügeldecken.
Verbreitung	Jahresvogel; in einzelnen Jahren grosse Invasionen aus Nord- und Osteuropa; von Tallagen bis 1400 m ü. M.
Lebensraum	Typischer Waldvogel; bevorzugt lichte Laub- und Mischwälder, Parkanlagen, Obstgärten.
Nahrung	Frühjahr–Herbst v. a. tierische Nahrung (Gelege, Jungvögel, Insekten usw.); später primär Samen und Beeren.
Fortpflanzung	Nest in Gebüsch oder Bäumen; zur Brutzeit heimlicher Waldvogel.
Besonderheiten	Sammelt Eicheln, Buchen- und Haselnüsse und legt damit Wintervorräte in Bodenverstecken an. Daher von ökologischer Bedeutung für den Wald durch Ausbreitung von Samen.

Ausgestorbene Arten

Wisent

Der Wisent ist Europas grösster Vertreter der Hornträger (Boviden) und auf unserem Kontinent das einzige heute noch lebende Wildrind. Das zweite, der Auerochse, wurde bereits vor vierhundert Jahren ausgerottet. Der Wisent kann ein Gewicht von 1000 kg erreichen und ist nah mit dem noch grösseren nordamerikanischen Bison verwandt. Wisente besiedelten früher die Tieflagen Europas und trugen zusammen mit weiteren grossen Pflanzenfressern, wie dem weltweit ausgestorbenen Auerochsen oder dem Elch, zur natürlichen Waldstrukturierung bei.

Elch

Der Elch ist die grösste Hirschart überhaupt und wurde im westlichen Mitteleuropa ausgerottet. Die Vorkommen in Skandinavien und im östlichen Mitteleuropa sind steigend. Vermehrt wandert der Elch aus Polen und Tschechien auch in Deutschland und Österreich wieder ein.

Fischotter

Aufgrund seiner Ernährung (Fische, Amphibien, Krebse usw.) ist der Fischotter auf naturnahe, saubere und fischreiche Gewässer angewiesen. Um die Fischfangerträge zu heben, wurde gegen Ende des 19. Jahrhunderts seine Ausrottung vorangetrieben, so auch in der Schweiz. Seit der letzten Sichtung eines Fischotters am Neuenburgersee 1989 gilt er in der Schweiz als ausgestorben. Bei seither beobachteten Fischottern handelt es sich vermutlich bei allen um entwichene Gehegetiere. Eine natürliche Wiedereinwanderung ist in den kommenden Jahrzehnten jedoch absehbar.

Abb. 3.121 *(links)* Der Wisent war einst auch in der Schweiz verbreitet.

Abb. 3.122 *(rechts oben)* Europäischer Elch.

Abb. 3.123 *(links unten)* Der Fischotter: Wann wird er in die Schweiz zurückkehren?

Nicht einheimische Arten (Neozoen)

Das Schweizer Jagdrecht hat u. a. den Erhalt der einheimischen Säugetiere und Vögel zum Ziel. Deshalb ist es eine gesetzliche Pflicht, die Ansiedlung oder weitere Ausbreitung nicht einheimischer Arten zu verhindern. Konflikte mit gewissen Neozoen, ob ökologischer oder ökonomischer Natur, kann man oft erst feststellen, wenn sich die betreffende Art bereits weit verbreitet hat.

Rostgans und weitere nicht einheimische Wasservögel

Die Rostgans stammt aus Zentralasien, wo sie an Steppenseen brütet. Als Volierenflüchtling erscheint sie bei uns seit den 1960er-Jahren in freier Wildbahn und breitet sich zunehmend aus. Konflikte ergeben sich aus Konkurrenzsituationen mit einheimischen Vogelarten.

Sikahirsch

Der Sikahirsch ist im östlichen Asien (China, Vietnam, Japan, Korea) natürlicherweise in zahlreichen Unterarten verbreitet. Stiere tragen ein kronenloses Geweih mit maximal vier Enden pro Stange. In Mitteleuropa gelangte er durch Ausbrüche aus Gehegen und durch Aussetzungen in die freie Wildbahn. Seit einigen Jahrzehnten kommen aus Baden-Württemberg eingewanderte Sikahirsche wild lebend in der Schweiz vor (regelmässig in den Kantonen Schaffhausen und Zürich, unregelmässig im Aargau). Der Sikahirsch kann sich mit dem Rothirsch verpaaren, was zu Hybridisierung führt. Eine Ausbreitung dieser Wildart ist daher unerwünscht, was eine intensive Bejagung notwendig macht.

Damhirsch

Die ursprüngliche Heimat des Damhirsches ist das östliche Mitteleuropa. Im Gegensatz zu unseren Nachbarländern gibt es in der Schweiz keine wild lebenden Populationen.

Mufflon

Das Mufflon ist weltweit das kleinste und in Europa das einzige Wildschaf. Die heutigen Vorkommen in Mitteleuropa wurden mit Tieren aus frei lebenden Populationen Korsikas und Sardiniens vor rund 100 Jahren begründet. Die Männchen (Widder) tragen ein charakteristisch gebogenes Gehörn («Schnecke»), anhand dessen eine genaue Altersbestimmung möglich ist. Weiblichen Tiere (Schafe) haben keine oder nur rudimentäre Hörner. In der Schweiz hat sich das Mufflon im Unterwallis vor rund 40 Jahren aufgrund von Aussetzungen im benachbarten Frankreich in zwei Populationen angesiedelt.

Abb. 3.124 *(oben links)* Männliche Rostgänse sind am schwarzen Halsring zu erkennen.

Abb. 3.125 *(oben rechts)* Sikahirsch: Sein Geweih besitzt nie eine Krone.

Abb. 3.126 *(unten links)* Damhirsch-Schaufler in der Sommerdecke.

Abb. 3.127 *(unten rechts)* Mufflon-Widder.

Bisamratte

Die Bisamratte ist ein Vertreter der Wühlmäuse und stammt aus Nordamerika. Aus Zuchtfarmen gelangte sie in die europäische Wildbahn, wo sie sich in der Schweiz aktuell vom Rhein und Bodensee her gegen Süden ausbreitet.

Nutria

Die ans Wasser gebundene Nutria (Biberratte, Sumpfbiber) ist eine aus Südamerika stammende und in Mitteleuropa eingebürgerte, fast bibergrosse Nagetierart. Nachweise in der Schweiz sind Ausnahmen. Eine vermehrte Einwanderung kann über den Rhein aus dem Elsass erwartet werden.

Nicht einheimische Arten (Neozoen)

Abb. 3.128 *(oben links)* Die nordamerikanische Bisamratte hat sich bereits in zahlreichen Gewässern der Schweiz angesiedelt.

Abb. 3.129 *(unten links)* Wurde erst ganz selten in der Schweiz nachgewiesen: der Marderhund.

Abb. 3.130 *(oben rechts)* Die südamerikanische Nutria trägt im Gegensatz zum Biber einen runden Schwanz.

Abb. 3.131 *(unten rechts)* Nordamerikanischer Waschbär: Bei allen in unserem Land beobachteten Tieren handelt es sich vermutlich um Gehegeflüchtlinge.

Marderhund

Der Marderhund ist ein Mitglied der Hundefamilie und stammt aus Ostasien. Gehegeflüchtlinge und ausgesetzte Tiere aus dem westlichen Russland wanderten über die letzten Jahrzehnte nach Mitteleuropa ein und breiten sich in Deutschland zurzeit deutlich spürbar aus. 1997 erfolgte der erste Nachweis in der Schweiz (als Fallwild im Kanton Aargau). Seither sind weitere dazugekommen, und eine Ausbreitung in unserem Land wird man kaum verhindern können.

Waschbär

Der nordamerikanische Waschbär ist ein Vertreter der Kleinbären und gelangte durch ausgebrochene Farmtiere in Europa in die Wildbahn. In Deutschland nimmt die frei lebende Population ständig zu. In der Schweiz erlegte Waschbären waren bis jetzt im Gegensatz zu den Marderhunden vermutlich landesinterne Gehegeflüchtlinge. Bei uns besteht zurzeit noch keine wild lebende Population.

Lernziele «Säugetiere»

Der Jäger/die Jägerin
- kennt und erkennt die beschriebenen Säugetierarten und kann jagdbare von nicht-jagdbaren unterscheiden;
- kann die aufgeführten Säugetierarten in einem Steckbrief beschreiben;
- kann die drei Äsungstypen bei den Paarhufern unterscheiden;
- kann die wichtigsten biologischen und ökologischen Eigenschaften (Lebensraum, Verhalten, Aktivitätsmuster, Fortbewegung, Ernährung, Fortpflanzung, Population) von Reh, Gämse, Rothirsch, Steinbock, Wildschwein und Rotfuchs nennen und dabei auch wichtige Unterschiede festhalten;
- kann Reh, Gämse, Rothirsch und Steinbock anhand der sichtbaren Merkmale am lebenden Tier nach Geschlecht und nach Hauptalterskategorien einteilen;
- kann am erlegten Tier bei den einheimischen Schalenwildarten sowie beim Rotfuchs eine Alters- und Geschlechtsbestimmung vornehmen;
- kann die Geweihbildung von der Hornbildung unterscheiden;
- kann den Geweihzyklus bei den Geweihträgern (Cerviden) erklären;
- kennt allfällige Konflikte zwischen einer Säugetierart und dem Menschen und kann Massnahmen zur Konfliktlösung aufzählen;
- kann einige bei uns ausgestorbene Säugetierarten sowie einige in der Schweiz lebende Neozoen aufzählen.

Lernziele «Vögel»

Der Jäger/die Jägerin
- kennt und erkennt die beschriebenen Vogelarten und kann jagdbare von nicht jagdbaren unterscheiden;
- kennt die Verbreitung sowie den Lebensraum der beschriebenen Vogelarten;
- kann bei den Greifvögeln Griff- von Bisstötern unterscheiden;
- kennt verschiedene Anpassungen der Raufusshühner an den Winter;
- kennt Anpassungen der Eulen an deren nächtliche Lebensweise.

4 Wildtierökologie

144 Grundlagen der Ökologie
149 Zusammenspiel von Umwelt, Lebensraum und Wildtier
156 Saisonale Überlebensstrategien
160 Lebensräume und Massnahmen
    zu deren Schutz und Aufwertung
171 Wildschaden

Grundlagen der Ökologie

Definition

Ökologie bedeutet «Lehre vom (Natur)Haushalt». Sie befasst sich mit den Beziehungen zwischen den Lebewesen sowie den Wechselbeziehungen zwischen denselben und der unbelebten Umwelt wie Klima, Boden, Wasser, Luft.

G 4.1 Die Ökologie befasst sich mit den Zusammenhängen zwischen den Lebewesen und mit jenen zwischen belebter und unbelebter Umwelt.

Jedes Lebewesen hat seine Funktion im Gefüge der Natur. Dies gilt für den Enzian ebenso wie für den Wolf. Manche, wie z. B. die Biene (Bestäubung der Nutzpflanzen) oder der Hirsch (Fleischlieferant), spielen daneben auch eine wirtschaftliche Rolle. Da der Mensch selbst Teil dieser Umwelt ist, sind für ihn Ökologie wie Ökonomie gleichermassen lebenswichtig.

Ökologische Grundkenntnisse helfen ihm, die mannigfaltigen Abläufe in seiner Umwelt zu verstehen. Und gerade der Jäger erhält mit ihrer Hilfe einen vertieften Einblick ins Leben der Wildtiere und in die von ihnen bewohnten Räume. Er weiss,

- warum wir die Bedürfnisse der Tiere respektieren müssen;
- warum sich Wildtierdichten ändern;
- warum Wildschäden auftreten;
- wie Räuber (Tier oder Mensch) in Tierpopulationen eingreifen;
- welche Funktion Grossraubtiere haben;
- die Massnahmen zur Lebensraumaufwertung gezielt und ökologisch sinnvoll anzuwenden;
- wie er erfolgreich jagen kann.

Stoff- und Energiekreisläufe

Das Leben auf der Erde ist primär von den grünen Pflanzen abhängig. Während der Fotosynthese produzieren die Pflanzen mit Hilfe des Sonnenlichts (Energie) Zucker (Kohlenhydrate) aus Wasser und Kohlendioxid (CO_2). Die Energie der Sonne wird so gebunden und gespeichert

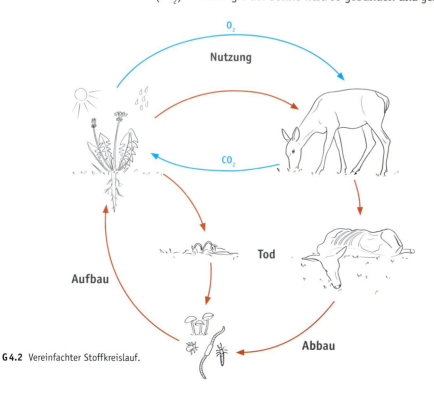

G 4.2 Vereinfachter Stoffkreislauf.

und ein Pflanzenwachstum wird möglich. Man nennt die Pflanzen deshalb Produzenten. Als «Nebenprodukt» geben die Pflanzen bei der Fotosynthese Sauerstoff (O_2) an die Umgebung ab.

Im Stoffkreislauf wirken Pflanzenfresser (Herbivoren) als Konsumenten. Durch die Verdauung der Pflanzen nutzen sie die Kohlenhydrate für ihren Energiebedarf und ihr Wachstum. Gewisse Bestandteile der Pflanzen (v. a. Zellulose) sind schwer verdaulich. Einige Pflanzenfresser können diese dank spezialisierter Verdauungssysteme aufspalten und verwerten. Dazu sind mehrteilige Mägen mit einem Pansen (bei Wiederkäuern) oder grosse Blinddärme (bei Pferden, Feldhasen und Auerhühnern) als Gärkammern notwendig, wo die Pflanzenzellen mit Hilfe von Bakterien aufgebrochen werden.

Die Pflanzenfresser werden von Fleischfressern (Karnivoren) gefressen. Diese nehmen wiederum einen Teil der Energie, die im Körper der Pflanzenfresser enthalten ist, für ihr eigenes Wachstum auf. Totes Material von Pflanzen und Tieren wird durch Zersetzer (Bakterien, Pilze) wieder in die ursprünglichen Stoffe zerlegt und steht den grünen Pflanzen anschliessend als Nährstoffe wieder zur Verfügung. Damit ist der Kreislauf geschlossen.

Von Pflanze zu Pflanzenfresser und von Pflanzenfresser zu Fleischfresser werden jeweils nur etwa 10–30 Prozent der Energie weitergegeben. Der Rest wird in deren Organismus selbst verbraucht oder als Wärme an die Umwelt abgegeben. Deshalb benötigen die grossen Räuber (Prädatoren) wie z. B. Wölfe ein riesiges Streifgebiet, um genügend Pflanzenfresser zu erbeuten, die ihrerseits wiederum ein grosses Volumen an Pflanzen aufnehmen müssen.

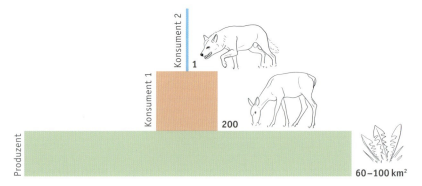

G 4.3 Die Energiepyramide zeigt die Verhältnisse der Energiemengen, die entlang von Nahrungsketten weitergereicht werden. Dieses Beispiel erklärt, warum Grossraubtiere riesige Streifgebiete benötigen.

Nahrungsketten und Bio-Akkumulation

Das Fressen und Gefressen-Werden nennt man eine Nahrungskette.

Jedes Glied in der Kette hält sich einerseits durch die ihm zur Verfügung stehenden Nährstoffe am Leben, stellt aber ebenso Nährstoffe für das nächst höhere Glied bereit.

Mehrere ineinander verflochtene Nahrungsketten bilden ein kompliziertes Nahrungsnetz. Ökosysteme mit einer hohen biologischen Vielfalt haben ein dichteres Nahrungsnetz und sind entsprechend stabiler gegen Störungen.

Grundlagen der Ökologie | Nahrungsketten und Bio-Akkumulation

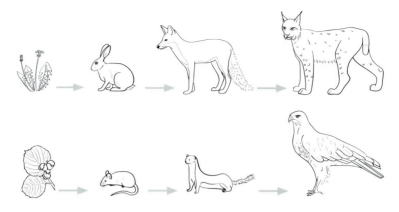

G 4.4 Zwei vereinfachte Beispiele einer Nahrungskette.

Umweltgifte wie Blei oder Spritzmittelrückstände aus der Landwirtschaft können nicht oder nur geringfügig abgebaut werden. Sie werden durch das Fressen und Gefressen-Werden in der Nahrungskette weitergereicht und reichern sich in den Lebewesen immer mehr an (Bio-Akkumulation). Am Ende der Nahrungskette kann die Giftkonzentration zu schweren Gesundheitsschäden oder zum Tod führen.

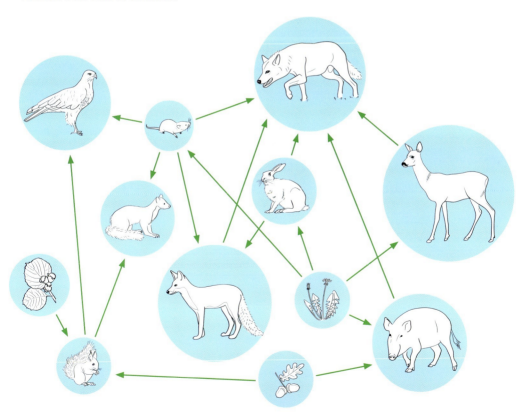

G 4.5 Mehrere ineinander verflochtene Nahrungsketten ergeben ein Nahrungsnetz.

4 Wildtierökologie

G 4.6 Schematische Darstellung einer Bio-Akkumulation (Anreicherung von Giftstoffen, wie z. B. Blei) in einer Nahrungskette.

Abb. 4.1 Die Verwendung des Insektizids DDT in der Landwirtschaft führte in der Schweiz in den 70er-Jahren zu einem starken Bestandesrückgang bei Greifvögeln. Das schwer abbaubare und in der Nahrungskette angereicherte Umweltgift bewirkte brüchige Eier. Hier ein Habicht auf seiner Beute. Dank dessen Verbot in der Schweiz haben sich die Greifvogelbestände wieder erholt.

Zusammenspiel von Umwelt, Lebensraum und Wildtier

Umweltfaktoren

Die Faktoren, welche Häufigkeit und Verbreitung eines Organismus bestimmen, teilt man in unbelebte und belebte Umweltfaktoren. Bedeutendster Faktor überhaupt ist sehr häufig der Mensch, da er in vielfacher Weise Einfluss auf seine Umwelt ausübt.

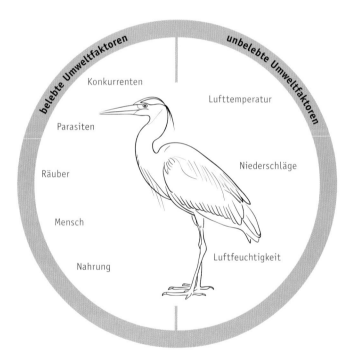

G 4.7 Belebte und unbelebte Umweltfakoren am Beispiel des Graureihers.

Nicht jedes Lebewesen kann überall leben. Jede Art stellt ihre bestimmten Bedürfnisse an die Umwelt. Manche brauchen mehr Feuchtigkeit, andere sind an sauren Boden gebunden. Die einen ertragen starke Besonnung, andere sind gegenüber Trockenheit empfindlich. Tier- und Pflanzenarten, die nur unter eng begrenzten Umweltbedingungen vorkommen und deren Auftreten spezifische Standortverhältnisse anzeigen, können für die Zustandsbeurteilung eines Lebensraumes beigezogen werden (Bioindikator).

Abb. 4.2 Flechten sind Bioindikatoren: Ihr Vorkommen deutet auf eine gute Qualität der Luft. Luftverschmutzung hat ihr Absterben zur Folge.

Der Jäger kennt in seinem Lebensraum folgende Beispiele von Bioindikatoren:

- Die Eiche kommt wegen ihres Wärmebedürfnisses nur in Tieflagen vor.
- Das Steinhuhn lebt in trockenen Südhängen, weil es kalte Feuchtigkeit nicht erträgt.
- Das Edelweiss zeigt kalkhaltigen Boden an.
- Die letzten grossen Auerhuhnvorkommen findet man in Gebieten mit sauren Böden, weil dort die Heidelbeere am besten gedeiht und sich das Auerhuhn mehrheitlich von dieser Pflanze ernährt.

Lebensraum-Fragmentierung

Kurzfristig brauchen unsere Wildtiere Nahrung und Deckung. Für ein langfristiges Überleben mit erfolgreicher Fortpflanzung benötigen sie jedoch vor allem genügend grosse und zusammenhängende Wohngebiete, in denen sie sich untereinander austauschen können. Führt die Zerschneidung von Lebensräumen (Fragmentierung) gar zur Isolation von Populationen, hat dies eine genetische Verarmung der Tiere zur Folge (u. a. Inzuchteffekt). Damit werden sie gegenüber Krankheiten und Umwelteinflüssen anfälliger. Dies kann in einem örtlichen Aussterben enden, da Wiedereinwanderung in vollständig isolierte Lebensräume auf natürlichem

Abb. 4.3 Der Lebensraum unserer Wildtiere ist stark zerschnitten und behindert deshalb den Austausch von Individuen zwischen verschiedenen Populationen. Luftaufnahme aus dem Schweizer Mittelland.

Weg gar nicht mehr möglich ist. Die Lebensraumzerschneidung kann auch saisonale Wanderungen zwischen Sommer- und Wintereinstandsgebieten unterbinden und so gewissen Wildtierbeständen schwerwiegende Probleme bereiten.

Höhenstufen

Pflanzenarten, die am gleichen Standort wachsen, sind denselben Umweltfaktoren ausgesetzt. Sie haben ähnliche Standortansprüche und bilden sogenannte Pflanzengesellschaften (z. B. Waldmeister-Buchenwald; Arven-Lärchenwald). Ganz typisch erkennt man die verschiedenen Pflanzengesellschaften in den verschiedenen Höhenstufen vom Tiefland bis zu den Berggipfeln. Diese Stufen sind auch für die Verbreitung der Wildtiere von grosser Bedeutung. Einige von ihnen kommen zumindest saisonal nur in einer bestimmten Höhe vor (Schneehuhn, Schneehase), andere sind weniger wählerisch (Reh, Fuchs).

Das Schweizer Mittelland ist mehrheitlich geprägt von tiefgründigen Böden mit produktivem Kulturland und wüchsigen Wäldern in der Hügelstufe (kolline Stufe). Deren typische Bewohner aus der Vogelwelt sind Grauspecht und Rebhuhn. Vor der menschlichen Besiedlung war dieses Gebiet primär von Buchenwäldern bewachsen, entlang der Flüsse von Auenwäldern. Im Schweizer Jura dominieren aufgrund des Bodens Kalk liebende Pflanzen. Typische Wälder für den Jura sind die Nadel-Mischwälder der Bergstufe (montane Stufe). In den nördlichen, niederschlagsreichen Voralpen finden wir die meisten der verbliebenen Hochmoore als Zeugen vergangener Eiszeiten sowie montane Fichten-Tannenwälder. Von ganz spezieller Natur sind die Lebensräume in den Südalpen, im Wallis, im Tessin und in Graubünden, die sowohl Kastanienwälder als auch Felsensteppen (Steinhuhn) und Arven-Lärchenwälder (Birkhuhn) der unteren Alpenstufe (subalpine Zone) umfassen. Darüber folgt die obere Alpenstufe (alpine Zone) mit Zwergstrauchheiden und alpinen Rasen, wo Murmeltier, Steinbock und Schneehuhn heimisch sind. Weiter oben folgen die höchstgelegenen Pflanzenvorkommen der Schneestufe (nivale Zone), wo Polsterpflanzen und Flechten dominieren.

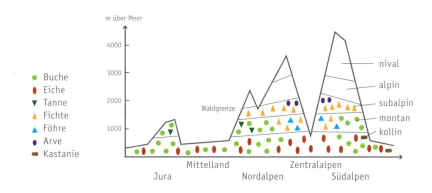

G 4.8 Die typischen Baumarten auf den verschiedenen Höhenstufen in der Schweiz.

4 Wildtierökologie

Abb. 4.4 Der Mittelspecht ist ein Habitat-Spezialist. Er kommt nur vor in Wäldern mit grobborkigen Bäumen (v. a. Eichen, Weiden).

Abb. 4.5 Der Buntspecht ist ein Habitat-Generalist und stellt geringe Ansprüche an seinen Lebensraum. Mittel- und Buntspecht besetzen unterschiedliche ökologische Nischen. Sie konkurrenzieren sich nicht und können daher in denselben Waldgebieten vorkommen.

Generalisten und Spezialisten

Die Verbreitung und die Häufigkeit von Arten verändern sich im Laufe der Zeit ständig. Zahlreiche Tierarten konnten sich erst mit der Ausbreitung der Landwirtschaft und nach grossflächigen Waldrodungen in Mitteleuropa ansiedeln und ausbreiten (Feldhase, Feldlerche, Rebhuhn). Mit der Intensivierung und Mechanisierung der Landwirtschaft folgte das Artensterben im Kulturland. Deshalb ist heute die Kulturlandschaft nur noch von wenigen Generalisten besiedelt, die jedoch in grosser Individuenzahl vorkommen (z. B. Rabenkrähe, Fuchs, Steinmarder). Im Gegensatz dazu sind die Spezialisten (Auerhuhn, Mittelspecht) selten geworden. Einige Wildarten wie das Reh, der Fuchs, das Wildschwein oder der Hirsch sind sehr anpassungsfähig und deshalb vom Tiefland bis über die Waldgrenze hinaus anzutreffen. Sie bevölkern also eine sehr breite ökologische Nische. Dagegen ist jene der sogenannten Habitat-Spezialisten sehr schmal: Auf das Schneehuhn oder den Steinbock trifft man ausschliesslich in der alpinen Höhenstufe. Arten, die vom Menschen und seinen Aktivitäten profitieren und in seiner Nähe vorkommen, nennt man Kulturfolger (Amsel, Elster, Steinmarder). Die Kulturflüchter kommen mit der durch den Menschen veränderten Landschaft nicht mehr zurecht (Bekassine).

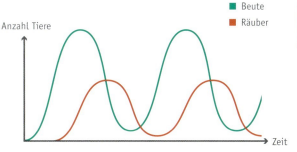

Abb. 4.6 Der Fuchs ist ein typischer Räuber-Generalist und Kulturfolger.

G 4.9 Der klassische Räuber-Beute-Zyklus, wie er in einer Studie über Kananda-Luchse und Schneeschuh-Hasen nachgewiesen wurde (nach MacLulick 1937).

Räuber-Beute-Beziehung

Räuber-Beute-Beziehungen sind für den Jäger von besonderem Interesse. Einerseits weil natürliche Räuber zum Jäger in Konkurrenz um die Beute stehen, anderseits weil er selbst ein Räuber ist und so die Beutetiere beeinflusst.

Wie erwähnt, sind grosse Fleischfresser im Vergleich zu ihren Beutetieren naturgegeben selten. Sie vermehren sich zudem langsam und leben lang. Spezialisierte Räuber beschränken sich auf wenige Beutetierarten und sind stark von diesen abhängig (z. B. Schleiereulen von Mäusen). Räuber-Generalisten wie z. B. der Fuchs profitieren von einem vielfältigen Nahrungsangebot und sind somit unabhängiger.

Bei hoch spezialisierten Räubern entstehen Räuber-Beute-Zyklen:

1. Sind Beutetiere sehr zahlreich, kommt der Räuber leicht zu Nahrung.
2. Dadurch nimmt im folgenden Jahr sein Nachwuchs zu, und der Räuberbestand steigt.
3. Dieser verzehrt entsprechend mehr Beutetiere, was deren Zahl sinken lässt, aber selten wesentlich reduziert.
4. Infolge Nahrungsrückgang wandert ein Teil der Räuber ab und die verbleibenden erzeugen weniger Jungtiere.
5. Der Räuberbestand passt sich zeitlich verzögert dem Beutetierbestand wieder an, worauf sich die Beutetierpopulation wieder erholen kann.

Die Zahl der Beutetiere reguliert jene der Räuber in der Regel wesentlich stärker als dies umgekehrt der Fall ist. Eine Beutetierpoulation bricht viel eher massiv ein wegen fehlender Nahrung oder anderweitiger innerartlicher Konkurrenz, durch das Ausbrechen von Krankheiten oder infolge klimatischer Einflüsse. Allerdings kann ihre räumliche Verteilung durch Beutegreifer massgeblich beeinflusst werden.

Räuber haben jedoch eine grosse Auswirkung auf ihre Beutetiere,

- wenn sie neu auftreten und die Beutetiere sich erst an sie gewöhnen müssen;
- wenn die Lebensräume sehr deckungsarm sind.

Abb. 4.7 Der Feldhase verlässt sich auf seine Tarnung, drückt sich bei Gefahr flach in eine Ackermulde und flüchtet erst im letzten Moment.

Bei anhaltend hohem Räuberdruck werden Beutetiere deutlich wachsamer. Sie ändern zudem ihr Verhalten, indem sie z. B. gefährliche Gebiete meiden oder gar deckungsreiche Einstände kaum mehr verlassen.

Sie wenden verschiedene Feind-Vermeidungsstrategien an:

- Gämsen flüchten bei Gefahr in Felsen, wohin ihnen Räuber nicht zu folgen vermögen.
- Feldhasen verlassen sich auf die Tarnung und ducken sich regungslos in ihrer Sasse.
- Hirsche suchen bei Wolfspräsenz das Offenland auf, wo sie den Feind besser erkennen, und schliessen sich zu grossen Rudeln zusammen.
- Ein hoher Jagddruck führt beim Wild auch zu Vermeidungsstrategien (Gebietswechsel, Verharren in der Deckung, Ändern des zeitlichen Aktivitätsmusters).

Grossraubtiere beeinflussen das Ökosystem oft positiv: Sie verhindern hohe Dichten und räumliche Konzentrationen von Beutetieren (Minderung von Wildschaden). Oft erbeuten Räuber die schwächsten und unerfahrensten Tiere (kranke Tiere, Jungtiere). Dies verbessert die Bedingungen für die überlebenden Beutetiere.

Tipp:
Ein an der Ökologie orientierter Jäger kennt die erwähnten natürlichen Zusammenhänge und imitiert die Funktion eines natürlichen Räubers.

- Er greift primär in die Jugend- und Altersklasse ein.
- Kranke und schwache Tiere werden gezielt bejagt.
- Er verhindert durch die Jagd hohe Wildkonzentrationen und bemüht sich so um eine Wildschadenmindernde räumliche Verteilung der Beutetiere.
- Er steigert die Jagdeffizienz durch wechselnde Jagdstrategien und intervallartige Bejagung und verhindert damit übermässige Störung des Wildes.

Konkurrenz und Stress

Lebewesen, welche dieselben Ressourcen benötigen und sich zur selben Zeit am selben Ort befinden, stehen in Konkurrenz zueinander. So können sich gleiche, aber auch verschiedene Tierarten Nahrung, Deckung oder Brutplätze streitig machen und u. U. eine Übernutzung des Standortes herbeiführen. Manche Arten breiten sich auch auf Kosten anderer aus. Als Folge der Konkurrenz kann zudem Stress entstehen. Dieser hat verschiedene Ursachen und wird bewirkt durch innere (Hunger) und/oder äussere (Räuber, Kälte, Störungen etc.) Faktoren. Stress bedeutet eine Ernst zu nehmende Abweichung vom Normalzustand, reduziert die Kondition der Tiere und macht sie so anfälliger für Parasiten, Krankheiten und Räuber. Er kann zu Einbussen in der Fortpflanzungsleistung und schlussendlich zum Tod (Fallwild) führen. Insbesondere im Winter sind Wildtiere gegenüber menschlichen Störungen anfällig, weil eine Flucht während der kalten Jahreszeit energiezehrend, die Energieaufnahme jedoch stark eingeschränkt ist.

Der Jäger ist mitverantwortlich dafür, dass die Wildbestände einem bestimmten Lebensraum angepasst sind.

Tipp:
- Durch einen jagdlich regulierten Wildbestand können Wildschäden reduziert und die Fallwildrate gesenkt werden. Überhöhte Wildbestände führen zu Konkurrenz und dadurch zu Stress unter den Wildtieren.
- Die Jäger setzen sich im Winter dafür ein, dass Wildtiere speziell in den Bergen möglichst ungestört bleiben. Ruhe ist die beste «Fütterung» für Wildtiere!

Saisonale Überlebensstrategien

Die Wildtiere und ihre Lebensräume sind stark geprägt durch die Jahreszeiten. So verlangt eine saisonal bedingte Verfügbarkeit der Nahrung von den Tieren ganz bestimmte Anpassungen.

Räumliche Verschiebungen und Verhaltensänderungen

- Zugvögel verlassen die Schweiz im Herbst, weil im Winter keine Insekten verfügbar sind (z. B. Schwalben und Segler). Einige Vogelarten wie der Neuntöter sind Langstreckenzieher und verbringen den Winter südlich der Sahara. Andere ziehen je nach Witterung mehr oder weniger weit weg (z. B. Ringeltaube als Teilzieher). Wegen der Klimaerwärmung kehren Kurzstreckenzieher (z. B. der Zilpzalp) früher ins Brutgebiet zurück oder ziehen gar nicht mehr weg.
- Die in den Alpen lebenden Hirsche wechseln von den hoch gelegenen Sommereinständen in tiefere Lagen im Wald.
- Weil ihnen im Winter weniger energiereiche Nahrung zur Verfügung steht, bewegen sich manche Wildtiere in dieser Jahreszeit deutlich weniger. Somit verkleinern sich auch ihre Streifgebiete.

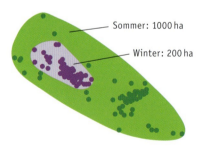

Sommer: 1000 ha
Winter: 200 ha

G 4.10 Sommer- und Winter-Streifgebiet (Homerange) einer besenderten Auerhenne. Die gepeilten Standorte sind mit Punkten markiert (nach Thiel 2007).

Abb. 4.8 Typischer Wintereinstand des Rothirsches in den Alpen: ruhig, besonnt und schneearm.

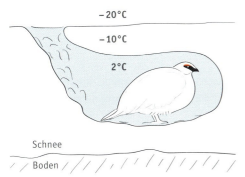

G 4.11 Um Energie zu sparen, verbringen Schneehühner Winternächte in selbst gegrabenen Schneehöhlen.

Abb. 4.9 Stundenlanges Ruhen im Winter ist kräftesparend und hilft den Energie-Engpass zu überleben.

Die Strategie der reduzierten Bewegungsaktivität als Energiesparmassnahme ist weit verbreitet und hat verschiedene Ausprägungen:

- Die extremste Form ist der echte Winterschlaf beim Murmeltier, Igel oder Siebenschläfer. Sie reduzieren die Stoffwechselrate derart, dass die Körpertemperatur auf bis zu 3°C sinkt. Die meiste Zeit verharren sie in ihren Bauten und heizen den Körper nur gelegentlich für eine kurze Zeit auf, um danach wieder in Schlaf zu versinken.
- Einen unechten Winterschlaf (Torpor) mit Unterbrechungen und weniger stark gesenkten Körpertemperaturen halten u.a. Dachs, Eichhörnchen und Fledermaus, die selbst im Hochwinter gelegentlich aufwachen und sich bewegen. Obwohl der Bär bis zu sieben Monaten in einer Höhle in einem Dämmerschlaf verbringt, spricht man auch bei ihm nicht von einem echten Winterschlaf. Kurzfristige Ruhephasen von einigen Tagen kennt man bei den Raufusshühnern, die tagelange Winterstürme und Kältetage zum Energiesparen in Schneehöhlen verbringen.
- Selbst der Hirsch reduziert seine tägliche Bewegungsaktivität im Winter massiv, sofern er nicht durch menschliche Fütterungen zu täglichen energiezehrenden Wanderungen verleitet wird oder infolge von Störungen seine Einstände verlassen muss.

Anpassungen in der Ernährung

Gewisse Wildtiere passen die Nahrung den klimatischen Bedingungen an: Das Auerhuhn ernährt sich im Winter nur von Nadeln der Nadelbäume. Um diese verdauen zu können, wächst der Blinddarm im Winter als Gärkammer deutlich an. Gämsen werden im Winter zum Raufutterverwerter und ernähren sich u.a. von verdorrtem Gras.

Anpassungen in der Morphologie, Anatomie und Physiologie

- Raufusshühnern wachsen auf den Winter hin Hornstifte an den Zehen. Diese Verbreiterung der Fussoberfläche erleichtert das Gehen auf Schnee, was wiederum den Energieverbrauch reduziert.
- Hermelin, Schneehase und Schneehuhn wechseln je nach Klima in ein weisses Kleid, um den Tarneffekt zu bewahren.
- Das Fell wird beim Haarwild dichter und länger, der Hohlraum im Haar grösser (Isolation). Diese Isolation mindert den Wärmeverlust.
- Bei den Wiederkäuern schrumpft der Pansen, die Pansenzotten bilden sich zurück. Damit sinkt der Energiebedarf für den Unterhalt des Stoffwechsels.

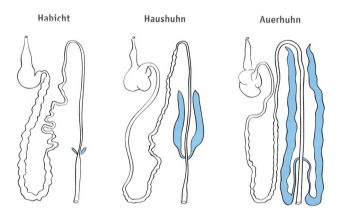

G 4.12 Die Gösse von Blinddärmen hängt bei Vögeln von deren Hauptnahrung ab. Schwer Verdauliches (Nadeln beim Auerhuhn) kann nur mittels Mikroorganismen in grossen Blinddärmen aufgeschlossen werden. Fleischfresser wie der Habicht haben kleine Blinddärme.

Abb. 4.10 Das Hermelin trägt im Winter ein weisses Fell und ist so bestens getarnt.

Hirsch, Steinbock und weitere Wildtiere wenden im Winter verschiedene Energiesparmassnahmen an:

- Die Aktivität wird eingeschränkt.
- Die Pulsrate wird reduziert.
- Die Körpertemperatur wird gesenkt.
- Die Extremitäten werden weniger durchblutet, womit diese abkühlen und weniger Energie für die Wärmeproduktion benötigen.

Störungen oder falsche Fütterung (z.B. Kraftfutter) unterbrechen diese Energiesparmassnahmen ungewollt, was tödlich enden kann. Ruhe im Wintereinstand ist Voraussetzung für das körperinterne Energiesparen bei Wildtieren. Dennoch fordern sehr kalte, lange und schneereiche Winter natürlicherweise ihre Opfer.

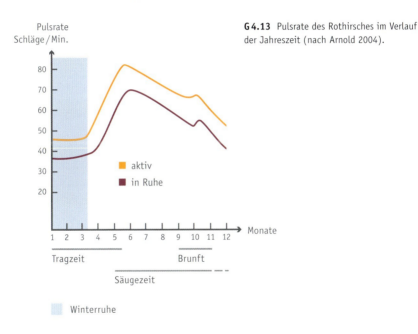

G 4.13 Pulsrate des Rothirsches im Verlauf der Jahreszeit (nach Arnold 2004).

Tipp:
Im Wissen um die Nahrungs- und Energieengpässe vermeidet der Jäger Störungen in den Wintereinständen. So ist die Jagd auf Reh, Hirsch und Gämse spätestens im Dezember einzustellen. Bei Schwarzwildjagden im Januar ist der Stöberhundeeinsatz bei Schneelage mit Vorsicht zu betreiben.
Das Suchen nach Abwurfstangen der Hirsche im Wintereinstand ist zu unterlassen.

Lebensräume und Massnahmen zu deren Schutz und Aufwertung

In den letzten 100 Jahren sank die Fläche der Trockenwiesen und -weiden in der Schweiz um 90 Prozent, die der Moore um 82 Prozent und die der Auen um 36 Prozent. Dabei gingen wertvolle Wildtiergebiete verloren. Um die übrig gebliebene Fauna zu erhalten, müssen deren Lebensräume vermehrt geschützt und aufgewertet werden. Massnahmen zu solchen Aufwertungen bezeichnet man als Biotophege. Dem Jäger kommt in diesem Zusammenhang eine grosse Verantwortung zu. Biotophege hilft zusammen mit einer guten Jagdplanung und -ausübung, wesentliche Ziele der Jagdgesetzgebung zu erreichen:

1. Erhalt und Förderung der natürlichen Lebensräume der Wildtiere, der Wildtierbestände und der Biodiversität;
2. Vermeidung von Störungen der Wildtiere;
3. Vermeidung untragbarer Wildschäden.

Biotophege-Massnahmen werden durch Jagdgesellschaften, Jagdsektionen oder -verbände oder von einzelnen Jägern umgesetzt. Für die Planung und Umsetzung ist das Zusammenwirken aller betroffenen Akteure aus Forst, Landwirtschaft, Naturschutz, den Grundeigentümern und Politik/Behörden notwendig.

Biodiversität (Vielfalt des Lebendigen)

Je vielfältiger, strukturreicher und vernetzter ein Ökosystem ist, desto mehr Arten leben darin und desto stabiler ist es gegenüber Störungen wie Klimaeinflüsse, Krankheiten oder Räuberdruck. Ein Beispiel dazu sind Sturmwinde, die einförmige und gleichaltrige Fichtenkulturen zu Fall bringen, nicht jedoch stufige, artenreiche Wälder. Dies zeigt, wie bedeutend der Schutz der Biodiversität auch für den Menschen ist.

Biodiversität umfasst nicht nur die Artenvielfalt, sondern ebenfalls die genetische Vielfalt und die Vielfalt der Lebensräume.

Der Mensch bedroht die Biodiversität:

- durch jagdliche Übernutzung (in der Schweiz nicht mehr aktuell);
- durch Lebensraumzerstörung (jede Sekunde wird 1 m^2 Boden in der Schweiz überbaut);
- Durch Fremdstoffeinträge (z. B. Düngemittel, Giftstoffe).

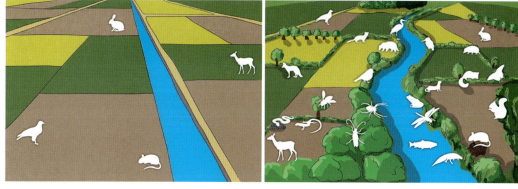

Strukturarmut   Strukturvielfalt

G 4.14 Je strukturreicher ein Lebensraum ist, desto mehr Arten können darin leben.

Lebensraum Gewässer und Ufer

Zum Gewässer- und Uferlebensraum gehören Seen, Flüsse, Bäche, Röhrichte, Moore und Auen. Die Schweiz als Wasserschloss Europas ist geprägt von Feuchtgebieten. Die grossen Seen des Mittellandes und der Voralpen sind als Wasser- und Zugvogelgebiete von europäischer Bedeutung. Brütende, rastende und überwinternde Wasservögel sowie weitere spezialisierte Tier- und Pflanzenarten leben in und an Gewässern und in deren Uferbereich. Fische, Muscheln, Krebse, Amphibien, Schnecken, Insekten, Algen und weitere Kleinlebewesen bilden die Nahrungsgrundlage zahlreicher Säugetiere und Vögel. Fliessgewässer stellen Lebensadern in der Landschaft dar. Sie dienen der Vernetzung von Lebensräumen, weil Wildtiere Bächen und Flüssen entlangwandern.

Viele unserer Fliessgewässer hat der Mensch jedoch in den vergangenen Jahrhunderten durch Uferverbauungen, Begradigungen, Eindolen und Wasserkraftnutzung massgeblich verändert. Auch die ehemals ausgedehnten Seeufer hat er verbaut und Feuchtgebiete trockengelegt. Die natürliche Dynamik der Gewässer durch Hochwasser mit Überschwemmungen hat er somit massiv eingeschränkt oder gar verunmöglicht. Die intensive Nutzung der Uferzonen durch Erholungssuchende beeinträchtigt überdies die Lebensqualität der Wasservögel.

Der Biber schafft als Landschaftsgestalter Paradebeispiele für artenfördernde Gewässerrenaturierungen: Seine Nage- und Grabtätigkeiten sowie das Anlegen Dämmen und Biberteichen führen zu einer grossen Dynamik in den Gewässern und schaffen neue Lebensräume. Gebiete mit Bibern weisen eine höhere Biodiversität auf als solche ohne Biber. In der intensiv genutzten Kulturlandschaft führt die Gestaltungskraft dieses äusserst aktiven Tieres aber auch zu Schäden.

Konkrete Biotophege-Massnahmen an Gewässern:

- Renaturierung von kleinen Gewässern (Ausdolen, Entfernen von Uferverbauungen, Bepflanzung);
- Neuanlage von Tümpeln und Weihern in Offenland und Wald;
- Pflege von Ufergehölzen;
- Mitbetreuung von Amphibienzugstellen.

Abb. 4.11 Ein renaturierter Bach verbessert auch den Lebensraum der Wildtiere.

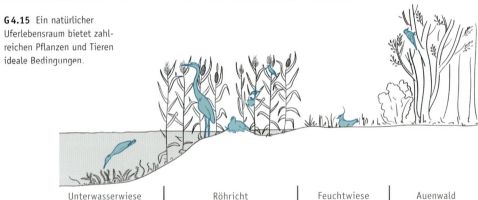

G 4.15 Ein natürlicher Uferlebensraum bietet zahlreichen Pflanzen und Tieren ideale Bedingungen.

Unterwasserwiese | Röhricht | Feuchtwiese | Auenwald

Lebensraum landwirtschaftliches Kulturland

Zum Lebensraum Kulturland zählen Wiesen und Weiden, Acker-, Obst- und Weinbauflächen, Hecken und Feldgehölze. Erst durch die menschliche Nutzung entstanden in unseren Breitengraden auf Kosten der Waldfläche die ausgedehnten Kulturlandschaften mit ihrer grossen Artenvielfalt. Diese Lebensräume bestehen nur dank regelmässiger Pflege (Mahd, Weide) und würden sonst verganden und sich wieder bewalden.

Seit Beginn der Intensivierung und Mechanisierung der Landwirtschaft gehen extensive Bereiche wie Ackerrandstreifen, Brachen, Hecken, Steinmauern, Steinhaufen, Trocken- und Magerwiesen sowie Hochstammobstgärten zunehmend verloren. Die artenreiche kleinräumig genutzte Kulturlandschaft wich mit den Meliorationen (Massnahmen zur Bodenverbesserung) einer grossflächig genutzten, eintönigen und artenarmen Kulturlandschaft, was ein grosses Artensterben zur Folge hatte. Diese Entwicklung fand zuerst in Tieflagen statt, später auch in den Bergen. Hier wirkt sich vor allem die Bewässerung von trockenen Wiesen auf die Artenvielfalt negativ aus. Mit der Ökologisierung der Landwirtschaft versucht man, verloren gegangene Naturwerte zurückzugewinnen. Trotz dieser Bemühungen ist die Artenvielfalt im schweizerischen Kulturland nach wie vor rückläufig.

Lebensräume und Massnahmen zu deren Schutz und Aufwertung | Lebensraum landwirtschaftliches Kulturland

Jägerinnen und Jäger können zur Aufwertung des Kulturlandes viel beitragen. Ein gutes Einvernehmen mit den Grundeigentümern ist dazu Voraussetzung. Vor allem extensive Strukturen wie Hecken, Brachen, Steinhaufen etc. sind sehr wichtige Lebensräume. Sie dienen den Wildtieren in der intensiv genutzten Kulturlandschaft als Deckung und Nahrungsplatz. Zudem sind sie wichtige Vernetzungselemente in der ausgeräumten Landschaft.

Konkrete Biotophege-Massnahmen im Kulturland:

- Pflanzung und Pflege von Feldgehölzen und Hecken mit einem Krautsaum;
- Steinmauern an besonnten Hanglagen anlegen und unterhalten;
- Hochstammobstbäume pflanzen;
- Anlegen von Brachstreifen;
- Ast- und Steinhaufen als Unterschlupf für Kleintiere in Hecken oder im offenen Kulturland anlegen.

Abb. 4.12 *(oben links)* Stein- und Asthaufen dienen als wertvolle Strukturen im intensiv bewirtschafteten Kulturland.

Abb. 4.13 *(oben rechts)* Heckenpflanzungen bedeuten eine wesentliche Bereicherung im Lebensraum von Wildtieren.

Abb. 4.14 *(unten)* Brachstreifen im Kulturland sind wertvolle Rückzugsgebiete. Sie bieten zahlreichen Wildtieren ganzjährig Nahrung und Deckung.

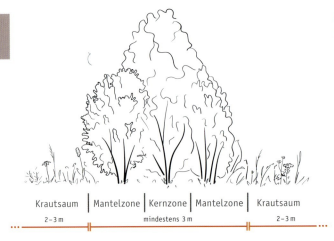

G 4.16 Querschnitt einer ökologisch wertvollen Hecke.

Lebensraum Wald

Naturnaher Wald ist, abgesehen vom Hochgebirge, mittlerweile der wichtigste Lebensraum für viele Wildtiere geworden. Im Gegensatz zum oft ausgeräumten Kulturland bietet er ihnen Ruhe, Deckung und Nahrung. Die besten Lebensbedingungen finden sich dort, wo der Wald durch zahlreiche Strukturen unterbrochen ist. Je stufiger, verzahnter, licht- und strukturreicher ein Waldrand ist, desto grösser ist seine ökologische Bedeutung. Umso stabiler ist er jedoch auch gegen Sturm, Schneebruch und andere Störungen. Wertvolle Waldränder werden heute oft künstlich geschaffen und müssen regelmässig gepflegt werden, damit ihre ökologische Funktion erhalten bleibt.

Die Landschaft in Mitteleuropa hat sich nach der letzten Eiszeit vor rund 10 000 Jahren bis auf die Moore, Gewässer und Hochlagen wieder bewaldet. Natürlicherweise würde die Schweiz auch heute noch weitgehend aus einer grossen Waldlandschaft bestehen. Erst der Mensch hat durch seine Rodungstätigkeit das heutige Mosaik aus Wald und Offenland geschaffen. Die Jahrhunderte lange Übernutzung der Wälder (Bewaldungsgrad um 1855 rund 17 Prozent, heute 31 Prozent) und mit ihr die Zerstörung der Wildtierlebensräume nahm erst ein Ende zu Ausgang des 19. Jahrhunderts. Dies geschah aufgrund der ständig wachsenden Bedeutung von Kohle und Erdöl sowie der Entwicklung des Kunstdüngers. Dank dem ersten eidgenössischen Forstgesetz (1876) und den grossflächigen Aufforstungen zum Schutz vor Naturgefahren nahm die Waldfläche wieder stark zu. Mit dem Rückgang der Berglandwirtschaft hat die Wiederbewaldung in den Schweizer Alpen heute einen neuen Höhepunkt erreicht. Im Mittelland ist die Waldfläche hingegen über Jahrzehnte konstant geblieben. Heutzutage haben die Wälder mit der Klimaveränderung sowie mit dem unkontrollierten Eintrag von Schad- und Nährstoffen durch die Luft (Überdüngung des Waldbodens) zu kämpfen, was zu einer Schwächung der Bäume führt.

| Zerfall/Verjüngung | Vorratsaufbau | Schlusswald | Zerfall/Verjüngung | Vorratsaufbau |

G 4.17 Natürliche Waldentwicklungsphasen (Sukzession). Die Phase mit dem roten Balken gleicht stark dem bewirtschafteten Dauerwald.

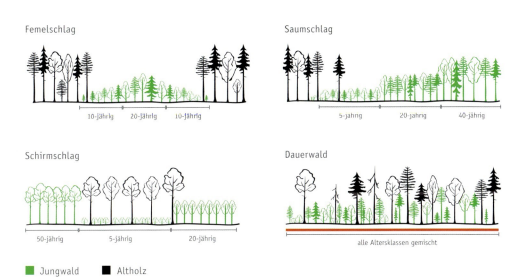

■ Jungwald   ■ Altholz

G 4.18 Einige waldbauliche Betriebsformen. Die Jahresangaben mit dem Balken bezeichnen den Ort und die Jahre nach dem letzten forstlichen Eingriff. Der Dauerwald (roter Balken) gleicht stark einem Naturwald, wo verschiedene Altersphasen nebeneinander wachsen.

Abb. 4.15 und 4.16 Seit der bevorzugten Verwendung von Kohle und Erdöl als Brennstoffe schwand der Druck auf den Rohstoff Holz. Überdies war in den letzten Jahrzehnten die Berglandwirtschaft rückläufig. Die Wiederbewaldung hat deshalb speziell in den Schweizer Südtälern in bemerkenswerter Weise zugenommen. Unser Beispiel: Das Dorf Soglio im bündnerischen Bergell um 1900 (Abb. 4.15) und heute (Abb. 4.16).

Die moderne Gesellschaft stellt ganz unterschiedliche Anforderungen an den Wald. Neben der Erhaltung der Waldfläche und der Förderung der Waldwirtschaft nennt das «Bundesgesetz über den Wald» die Schutz-, Wohlfahrts- und Nutzfunktion sowie die Erhaltung der natürlichen Lebensgemeinschaften.

Schutzfunktion

Der reich durchwurzelte Waldboden speichert viel Wasser und reguliert damit dessen Abfluss. Die Bäume vermindern die Windgeschwindigkeiten, stabilisieren Boden und Schneedecke und schützen so vor Bodenerosion, Steinschlag, Lawinen, Überschwemmungen und Murgängen. Beispiele von typischen Schutzwäldern sind Bannwälder in den Alpen, Wälder im Einzugsgebiet von Wildbächen und Windschutzstreifen im Flachland. In der Schweiz sind die natürlichen Prozesse in der Walddynamik durch Wind, Wasser, Schnee und Frasstiere nur noch in ungenutzten Bergwäldern sowie in Waldreservaten und Altholzinseln zu beobachten.

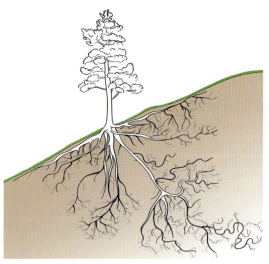

Abb. 4.17 Der Wald als Schutz vor Steinschlag ist insbesondere in den Alpen von unbezahlbarem Wert.

G 4.19 Durchwurzelung – hier durch eine Bergföhre – stabilisiert den Boden und verhindert Erosion.

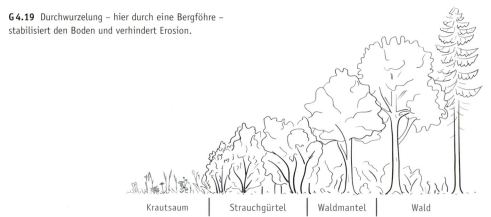

Krautsaum | Strauchgürtel | Waldmantel | Wald

G 4.20 Aufbau eines ökologisch wertvollen Waldrandes.

Abb. 4.18 In zunehmendem Masse müssen Wildtiere ihren Lebensraum mit Sport treibenden und Erholung suchenden Menschen teilen.

Abb. 4.19 Ein Vollernter (Harvester) im Einsatz.

Wohlfahrtsfunktion

Die Leistungen des Waldes für die Luftreinigung, Sauerstoffproduktion, Trinkwassergewinnung und Ort der Ruhe und Inspiration sind unersetzlich. Der Drang der Menschen, auch Freizeitgestaltung und Sport immer häufiger in diesen naturnahen Erholungsraum zu verlegen, ist zwar verständlich, bedarf aber geeigneter Kontrolle und Reglementierung. Denn es wäre dramatisch, den Wald in der Erfüllung seiner vielfältigen ökologischen Funktionen und Aufgaben zu behindern.

Nutzfunktion

Von jeher liefert der Wald Bau- und Energieholz. Infolge der gefährlichen Begleiterscheinungen der Kernenergie und weil Öl und Gas nicht erneuerbare Ressourcen sind, gewinnt das Energieholz wieder zunehmend an Bedeutung. Die Nutzung des Waldes als Lieferant von Beeren, Pilzen und Wildbret ist wirtschaftlich hingegen kaum von Belang.

In der Waldwirtschaft gilt das Prinzip der Nachhaltigkeit. Das heisst, dass nur so viel Holz geerntet werden darf, wie nachwächst, damit keine Übernutzung stattfindet. Die «Umtriebszeit» bezeichnet die voraussichtliche Lebensdauer der Bäume von der Keimung bis zur Erntereife (Fichte: 100 Jahre, Buche: 120 Jahre, Eiche: 160 Jahre). Die Erntereife ist wirtschaftlich definiert, aus ökologischer Sicht sind Bäume erst viel später «reif».

Die wichtigsten modernen Waldbauformen im Schweizer Wirtschaftswald sind Femel-, Saum- und Schirmschlag sowie der Dauerwald. Im Dauerwald findet man auf kleiner Fläche Bäume aller Altersstufen. Für diese Betriebsart kommen deshalb nur Baumarten in Frage, die Schatten ertragen und unter dem Schirm der Mutterbäume aufwachsen können. Die Hauptbaumarten des Dauerwaldes sind Weisstanne, Fichte und Buche, aber auch Esche und Ahorn. Eiche, Lärche und Föhre sind lichtbedürftige Baumarten, die nicht im Schatten anderer Altbäume aufwachsen können. Birke, Weiden, Vogelbeere, Föhren und Pappeln sind Pionierbaumarten, die stets als erste unbestockte offene Flächen wieder bewachsen. Sie zeichnen sich durch eine kurze Lebensdauer, aber ebenso durch schnelles Wachstum aus und haben als Äsungspflanzen für Wildtiere eine grosse Bedeutung. Ihre leichten Samen mit wenig Nährstoffreserven lassen sich durch den Wind weit verbreiten. Sie erreichen so sehr rasch auch schwerer zugängliche unbewachsene Böden.

Abb. 4.20 Sturmschäden mögen zwar einen empfindlichen wirtschaftlichen Verlust darstellen. Gleichzeitig bedeuten sie aber oft für manche Wildtiere eine einzigartige Lebensraumverbesserung.

Abb. 4.21 Biotophegemassnahme: Von Jägern eingerichtete Waldweiher für Amphibien und für den Iltis.

Konkrete Biotophege-Massnahmen im Wald:

- Schaffung von Freihalteflächen (Waldwiesen) für ein verbessertes Äsungsangebot. Eine jährliche Mahd ist unumgänglich. Der Waldboden darf in der Schweiz von Gesetzes wegen weder gepflügt noch sonst wie bearbeitet werden;
- Schaffung von strukturreichen Waldrändern;
- Pflanzung von ökologisch wertvollen Verbisshölzern wie Weiden, Vogel- und Mehlbeere;
- Schaffung von Ast- und Steinhaufen an besonnten Stellen als Unterschlupf für Kleintiere.

Von den zahlreichen einheimischen Baumarten (ausser Robinie, Douglasie) werden im Folgenden nur die häufigsten und am weitesten verbreiteten abgebildet.

Laubbäume

G 4.21a Häufige Laubbaumarten.

Nadelbäume

G 4.21b Häufige Nadelbaumarten.

Hecken

G 4.21c Häufige Heckenstraucharten.

Politisches Engagement für Wildtiere und ihre Lebensräume

Neben praktischen Arbeiten im Feld bietet auch die Mitwirkung in Natur- und Landschaftskommissionen sowie in Arbeitsgruppen bei Vernehmlassungen und Auflageprojekten eine Möglichkeit, sich für den Lebensraum der Wildtiere einzusetzen. Die lokalen Kenntnisse der Jäger können bei Planungs- und Aufwertungsprojekten (Skigebietserweiterungen, Grossanlässe im Wald, Ein- und Umzonungen, Standortevaluationen für Hecken- und Baumpflanzungen) von grossem Nutzen sein.

Gefahrenstellen für Wildtiere verhindern

Jagdberechtigte kennen die Gefahrenstellen, wo Wildtiere leicht verunfallen (sogenannte «Wildtierfallen»). Solche Fallen müssen entfernt oder entschärft werden. Nicht mehr benötigte Zäune, Drähte, Kabel oder Weidenetze sind zu entfernen und allenfalls korrekt zu entsorgen. Ganzjahreszäune benötigen sachgemässen Unterhalt. Verbaute Gewässer mit senkrecht betonierten Ufern müssen mit Ausstiegshilfen versehen werden.

Zu den wirkungsvollen Vorkehrungen zur Verhütung von Verkehrsunfällen mit Wildtieren zählen angepasste Geschwindigkeit und das Zurückschneiden von Sträuchern und Bäumen, die direkt an eine Strasse angrenzen. So wird die Sicht sowohl für Verkehrsteilnehmer als auch für die Wildtiere verbessert. Technische Massnahmen (Blinker, Reflektoren, Piepser, Duftzaun) bringen nicht überall ausreichende Resultate. Die bislang beste technische Massnahme ist eine Sensoranlage, welche im Strassenumfeld sich aufhaltende Wildtiere erfasst und als Folge eine Warntafel mit «Tempo 40» für die Automobilisten aufleuchten lässt.

Abb. 4.22 Jährlich verenden Hunderte von Rehen und anderen Wildtieren elendiglich in nicht oder unzureichend unterhaltenen Weidezäunen.

Abb. 4.23 Selbst herumliegende Wasserschläuche können zur tödlichen Falle werden, wie hier während eines Brunftkampfes zweier Rothirsche im Engadin.

Lebensräume vernetzen

Die Durchgängigkeit der Landschaft ist heute durch mannigfaltige Barrieren empfindlich eingeschränkt. Somit werden auch die Lebensräume der Wildtiere zerschnitten oder gar isoliert.

Wir unterscheiden:

- Dauernde Barrieren (Verkehrsträger, Siedlungen, Strassenabzäunungen)
- Temporäre Barrieren (Wildschutzzäune im Wald, Weidezäune)

Es liegt vorab in der Verantwortung des Jägers, eine unnötige Zerstückelung des Wildtier-Lebensraumes zu verhindern oder rückgängig zu machen. Mithilfe natürlicher (Hecken, Brachstreifen) und künstlicher (Über- und Unterführungen) Elemente kann die Vernetzung der Lebensräume erhalten oder wiederhergestellt werden.

Wildschaden

Durch ihre täglichen Aktivitäten wie Nahrungsaufnahme oder Markierverhalten hinterlassen Wildtiere Spuren. Diese bezeichnet man dann als Wildschäden, wenn sie die menschliche Nutzung gewisser Ressourcen (Wald, Landwirtschaft usw.) konkurrenzieren und dadurch wirtschaftliche Einbussen verursachen.

Allein der Mensch ist es also, der solches Wildtierverhalten als Schaden bewertet. Aus ökologischer Sicht kann man ihm durchaus positive Seiten abgewinnen: Die Beweidung durch Rothirsche verzögert die Wiederbewaldung von Alpwiesen und vermag so die Vielfalt an Wiesenpflanzen zu erhöhen. Wühlaktivitäten von Wildschweinen fördern die Keimung von Jungpflanzen im Wald und auf der Wiese ermöglichen sie seltenen Käferarten das Überleben.

Das Ausmass von Wildschäden hängt von verschiedenen Faktoren, v. a. aber von Wilddichte und Lebensraum ab. Strukturreiche, naturnahe Gebiete mit angepassten Wildbeständen sind weniger schadensanfällig als monotone Kulturen. Ein Maisfeld am Waldrand, ein Eichenjungwuchs in einem von Fichten dominierten Wald, ein verwilderter Garten inmitten einer Grossstadt oder eine unbehütete Schafherde im Bergwald weisen ein hohes Schadenspotenzial auf, weil sie für Wildtiere höchst attraktiv sind. Wichtig ist, dass die Aktivitäten der Jäger nicht zusätzlich zu Wildschäden führen. Deshalb sind etwa Standorte und Notwendigkeit von Wildfütterungen oder Salzlecken kritisch zu überprüfen.

Durch die Thematik der Wildschäden stehen Jäger automatisch in Kontakt mit der Land- und Forstwirtschaft sowie mit Haus- und Gartenbesitzern. Eine gute Beratung in Wildschadensfragen setzt zwar solide Fachkenntnisse voraus, fördert aber das Verständnis für unsere wild lebenden Tiere und für die Jagd.

Abb. 4.24 Das persönliche Gespräch zwischen Jägern und anderen Naturnutzern ist eine wichtige Voraussetzung zur Lösung von Konflikten mit Wildtieren.

Wildschadensverhütung und -vergütung

Im eidgenössischen Jagdgesetz ist der Grundsatz festgehalten, die Verhütung von Wildschaden stehe vor dessen Vergütung. Der Geschädigte muss also zuerst zumutbare Abwehrmassnahmen treffen, bevor er Anspruch auf Entschädigung hat. Grundsätzlich werden Schäden an landwirtschaftlichen Kulturen, an Wald und teilweise an Nutztieren vergütet. Verhütung und Abgeltung von Wildschäden sind im Detail kantonal geregelt.

Die wichtigste Massnahme der Wildschadensverhütung sind angepasste Wildbestände und das Verhindern örtlich hoher Wildkonzentrationen. Hier steht der Jäger direkt in der Verantwortung. Wildschaden lässt sich zudem durch die Aufwertung von Lebensräumen (u.a. Biotop-Hege) reduzieren. Eindrücklich demonstrierte dies der Sturm Lothar (1999) im Schweizer Mittelland, in dessen Folge es zu einer markanten Verbesserung der Lebensverhältnisse für Waldtiere kam. Dadurch gingen die Schäden merklich zurück.

Abb. 4.25 Ein Wildschadenproblem in der Landwirtschaft durch Schwäne (Verkotung, Frassschäden) konnte deutlich entschärft werden, indem man eine an das Gewässer angrenzende Wasservogelfütterung entfernte. Der lokal hohe Schwanenbestand ging hierauf durch Abwanderung spürbar zurück.

Abb. 4.26 Frisch gepflanzte Jungbäume werden mit Einzelschützen versehen. So werden sie vor Verbiss und Fegen durch das Wild bewahrt.

Abb. 4.27 Gut unterhaltener Elektrozaun, um ein Maisfeld wirksam vor Wildschweinen zu schützen.

Nicht immer lässt es sich vermeiden, Verhütungsmassnahmen zu treffen, welche die Wildtiere am Zugang zum schützenden Gut hindern, dieses für sie unattraktiv machen oder sie durch eine Warnung davon abhalten.

Die häufigsten Verhütungsmassnahmen sind:

- Senkung eines überhöhten Wildbestandes;
- Abschuss einzelner Schaden stiftender Wildtiere;
- Mechanischer Einzel- oder Flächenschutz (z. B. Drahtzaun, Elektrozaun, Vogelschutznetze);
- Chemische Massnahmen (Beizen von Saatgut, Duftmittel);
- Akustische oder mechanische Vertreibung (oft nur kurze Zeit wirksam).

Wildschaden im Wald

Ein Wildschaden im Wald liegt dann vor, wenn die Erfüllung von Waldfunktionen respektive die waldbaulichen Ziele beeinträchtigt oder gar verunmöglicht werden. Hoher Wildverbiss, welcher oft orts- und baumartenspezifisch variiert, kann die Verjüngung des Waldes gefährden sowie zum Ausfallen einzelner Baumarten führen (Entmischung). Dies erfolgt meist durch das selektive Äsen des Endtriebes junger Bäume. Besonders verbisssensible Baumarten sind Weisstanne und Eiche. Im Bergwald ist das Schadenspotenzial durch die kurze Vegetationszeit hoch. Besonders Jungbäume sind lange dem Äser des Wildes ausgesetzt und benötigen aufwendige Schutzmassnahmen. Kein Wildschaden liegt dann vor, wenn die verbissenen oder gefegten Jungbäume für die Zukunft des Waldes ohne Bedeutung sind, der Wald trotz fehlender Schutzmassnahmen verjüngt werden kann und die waldbaulichen Vorgaben erfüllt werden.

Abb. 4.28 *(links oben)* Von Wild stark verbissene Fichte.

Abb. 4.30 *(links unten)* Von Rothirschen verursachte Schälschäden.

Abb. 4.29 *(rechts)* Von Rothirsch gefegte junge Arve.

Huftiere können bei der Nahrungsaufnahme Verbissschäden verursachen. Aufgrund von Brunft- und Territorialverhalten, aus Spieltrieb oder um den Bast des Geweihs loszuwerden, verletzen sie Bäume durch Schlagen und Fegen. Das Abreissen von Baumrinde mit den Schneidezähnen nennt man Schälen. Es wir oft ausgelöst durch falsche Winterfütterung, welche die Tiere veranlasst, Baumrinde als Zusatz- oder Ausgleichsnahrung aufzunehmen.

Wildschaden im Feld und in Siedlungen

Landwirtschaftliche Kulturen werden primär durch Schwarzwild, aber auch durch andere Tiere geschädigt. Besonders empfindlich sind die Zeit der Keimung und die Reifezeit der Kulturen.

- Schwarzwild: Mais und Getreidefelder in der Milchreife, Weiden und Wiesen im Frühjahr, Trauben;

Abb. 4.31 Wühlschaden von Wildschweinen in einer Jura-Weide im Frühjahr.

- Reh: Frassschäden im Gemüse- und Weinbau;
- Biber: Fressen von Rüben, Annagen oder Fällen von Obstbäumen;
- Luchs und Wolf: Reissen ungeschützter Schafe und Ziegen;
- Fuchs: Reissen kleiner Haus- und Nutztiere;
- Dachs: Mais- und Getreidefelder in der Milchreife, Trauben;
- Steinmarder: Zerbeissen von Autokabeln und Hausisolationen, Reissen kleiner Haustiere;
- Rabenvögel: Auspicken frisch spriessender Maiskeimlinge oder Gemüsesetzlinge;
- Habicht: Schlagen von Nutzgeflügel;
- Specht: Schäden an Gebäudefassaden durch Picken;
- Star, Drosseln: Trauben.

Jede Art von Wildtierfütterung, ob gezielt angelegt oder durch Nachlässigkeit entstanden, kann zu Wildschäden in deren Umgebung führen. Kurzfristig entstehen durch die Lockwirkung Konzentrationen von Tieren auf kleiner Fläche. Besonders heikel sind grosse Winterfütterungen für Rotwild und Ablenkfütterungen und Kirrungen für Schwarzwild. Längerfristig nimmt intensive Fütterung direkten Einfluss auf den Wildbestand: Sehr gut genährte Muttertiere bringen nämlich regelmässig eine höhere Anzahl Junge zur Welt.

Lernziele «Grundlagen der Ökologie»

Der Jäger/die Jägerin:
- weiss, was Ökologie bedeutet;
- kann Beispiele von Nahrungsketten aufzeigen;
- kennt die Probleme von Bleischrot für die Umwelt.

Lernziele «Zusammenspiel von Umwelt, Lebensraum und Wildtier»

Der Jäger/die Jägerin:
- kann wichtige Umweltfaktoren für Wildtiere aufzählen;
- kennt den Begriff «Bioindikator»;
- kennt die Auswirkungen der Zerschneidung von Lebensräumen auf die Tierwelt;
- kennt Strategien der Feindvermeidung und kann diese für eine erfolgreiche Jagd berücksichtigen;
- kennt Auswirkungen von Grossraubtieren auf die Wildtiere;
- kennt Unterschiede zwischen Kulturfolger und Kulturflüchter, und kann Tierarten aufzählen;
- weiss, was die Folgen von Konkurrenz und Stress bei Wildtieren sind;
- kennt verschiedene Überlebensstrategien von Wildtieren.

Lernziele «Lebensräume und Massnahmen zu deren Schutz und Aufwertung»

Der Jäger/die Jägerin:
- versteht den Begriff «Biodiversität»;
- kann Beispiele von Biotop-Hegemassnahmen aufzählen;
- kennt die drei Funktionen des Waldes;
- kennt die häufigsten Baum- und Straucharten.

Lernziele «Wildschaden»

Der Jäger/die Jägerin:
- erkennt verschiedene Arten von Wildschäden;
- kennt Massnahmen, um Wildschäden zu verhüten.

5 Wildtiermanagement

178 Lebensraummanagement – Raumplanung für Wildtiere
183 Jagdplanung

5 Wildtiermanagement

Wildtiermanagement bedeutet so viel wie «Handhaben», «Verwalten», «Bewirtschaften» der Wildtiere und ihrer Lebensräume. Seine obersten Gebote sind die Nachhaltigkeit und die Konfliktlösung. Damit Wildtiere auch durch kommende Generationen beobachtet und genutzt werden können, sind wir dazu verpflichtet, mit ihnen verantwortungsvoll umzugehen und für den Schutz ihrer Lebensräume (Lebensraummanagement) zu sorgen. Konflikte durch unterschiedliche Ansprüche der Gesellschaft und der Wildtiere sind dabei auszugleichen.

In der Schweiz üben Mitarbeiter der kantonalen Jagdverwaltungen die Funktion von «Wildtiermanagern» auf Kantonsebene aus. Jägerinnen und Jäger sind lokale Manager in ihrem Revier oder Jagdgebiet und agieren an der Schnittstelle zwischen Verwaltung und Öffentlichkeit. Sie arbeiten aktiv mit bei der Jagdplanung (z.B. Wildbestandes- und Wildschadenerhebung), bei der Lebensraumgestaltung (z.B. Aufwertungsprojekte, Engagement für Wildruhezonen) und setzen die Abschusspläne um.

Jagen in der Schweiz bedeutet nicht Beutemachen nach dem Zufallsprinzip. Vielmehr ist es ein geplanter Eingriff in einen möglichst genau ermittelten Wildbestand.

Lebensraummanagement – Raumplanung für Wildtiere

Verschiedenste Naturnutzer beeinflussen die Lebensräume und das Verhalten unserer Wildtiere. Dazu gehören die Land- und Forstwirtschaft sowie die vielfältigen Aktivitäten menschlicher Freizeitgestaltung. Auch die Siedlungsentwicklung und die immer zahlreicheren Ver-

G 5.1 Das Wildtiermanagement arbeitet an der Schnittstelle von Mensch, Lebensraum und Wildtier.

kehrswege schränken Raum und Mobilität der Wildtiere ein. Das Lebensraummanagement will also die Tätigkeiten des Menschen in der Natur mit den Lebensraumansprüchen der Wildtiere durch geeignete Massnahmen in Einklang bringen. Die wichtigsten sind die Förderung der Qualität von Wildtierlebensräumen (wildtierfreundliche Land- und Forstwirtschaft, Biotophege; siehe unter «Wildtierökologie»), ihre Vernetzung (kleinräumig: Biotophege; grossräumig: Erhalten von Wildtierkorridoren) sowie die Verminderung menschlicher Störungen durch Lebensraumberuhigung (Wildruhezonen, Jagdbanngebiete, Besucherlenkung).

Wildtierkorridore

Jede Tierart benötigt genügend Raum für die Suche nach Nahrung, nach Fortpflanzungspartnern oder geeigneten Rückzugsgebieten sowie für die Wanderung zwischen Tages- und Nachteinstand oder Winter- und Sommereinstand. Dieses Gebiet ist je nach Art verschieden gross. Säugetiere wie Rothirsch, Wildschwein oder Luchs benötigen sehr grosse Aktionsräume. Früher konnten sich Wildtiere in der Schweiz über weite Strecken frei bewegen. Die Zerschneidung ihrer Lebensräume durch Verkehrswege, wie stark befahrene oder eingezäunte National- und Kantonsstrassen oder Eisenbahnlinien, Siedlungen oder stark beunruhigte Gebiete (z.B. Tourismus), beeinträchtigt sie in ihrem natürlichen Raum- und Sozialverhalten. Teilbestände haben keinen Austausch mehr miteinander, es kommt langfristig zu genetischer Verarmung und schliesslich zur Gefährdung isolierter Populationen.

Wildtierkorridore sind vom Menschen definierte grossräumige Ausbreitungsachsen, sozusagen «Verkehrswege für Wildtiere». Sie verbinden z.B. Rehbestände des Juras mit jenen des Mittellandes oder Rothirschpopulationen zweier Talseiten. In der Schweiz wurden rund 300 solcher national bedeutender Wildtierkorridore als wichtige Ausbreitungsachsen ausgeschieden. Die Kantone haben die Pflicht, intakte Wildtierkorridore für Wildtiere durchgängig zu erhalten und zerschnittene mittels baulicher Massnahmen (u.a. Grünbrücken, Wildtierunterführungen) zu sanieren.

Lebensraumberuhigung

Outdoor-Sportarten und die touristische Erschliessung bisher abgelegener Gebiete verursachen Störungen, deren Auswirkungen vielfältig, für den Menschen jedoch nicht immer direkt sichtbar sind. Sie können das Verlassen eines Einstandsgebietes oder Verhaltensänderungen (u.a. Zeiten der Nahrungsaufnahme) bewirken. Weitere Folgen sind die Änderung physiologischer Werte (Stresshormonausschüttung, Herzschlagrate). Dadurch magern die Tiere ab, erzeugen weniger Nachkommen und sind anfälliger für Krankheiten und gegenüber Fressfeinden.

Bis zu einem gewissen Grad vermögen Tiere sich an menschliche Aktivitäten zu gewöhnen. Rehwild z.B. kann in stadtnahen Wäldern trotz intensiver Freizeitnutzung in sehr hohen

Abb. 5.1 Spuren von Freizeitnutzungen des Menschen, welche zu Störungen der Wildtiere führen können.

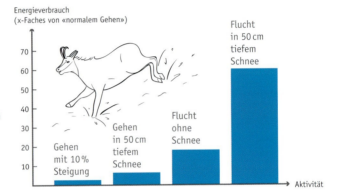

G 5.2 Stress führt kurzfristig zu einer Beeinträchtigung der Kondition, längerfristig auch zu deutlich erhöhter Krankheitsanfälligkeit und zu einem Rückgang der Fortpflanzungsleistung. Flucht im Schnee erhöht den Energiebedarf der Gämse um ein Vielfaches.

Beständen vorkommen. Voraussetzung ist, dass sich menschliche Aktivitäten auf Wege und Strassen konzentrieren und dadurch für das Wild berechenbar sind.

Um Lebensräume zu beruhigen, sind die Ausscheidung von Wildruhezonen und Wildschutzgebieten sowie die Besucherlenkung von grosser Bedeutung.

Wildruhezonen

Wildruhezonen sind Gebiete, die von Menschen nicht oder nur zeitlich eingeschränkt begangen werden dürfen. Ihre Ausscheidung ist in erster Linie Aufgabe der Behörden, denn sie haben die gesetzliche Pflicht, Wildtiere vor schädlichen menschlichen Einflüssen zu schützen. Die Mitwirkung aller Beteiligten und vor allem der lokal verankerten Jägerschaft ist in der politischen Meinungsbildung jedoch oft entscheidend. Es gibt verschiedene Möglichkeiten, Wildruhezonen gesetzlich zu verankern.

Diese sind ein wirksames Instrument zur Besucherlenkung und entfalten ihre Wirkung durch Weggebote, Betretungsverbote, Leinenpflicht für Hunde, beschränkte Nutzung der Forststrassen usw. Die gesetzlichen Bestimmungen beziehen sich zudem meistens auf den Winter sowie die Setz- und Brutzeit der Wildsäuger und Vögel und tangieren daher die Jagd nicht. Ebenfalls uneingeschränkt bleiben im Allgemeinen die land- und forstwirtschaftliche Nutzung.

Wildschutzgebiete

Wildschutzgebiete dienen dem generellen Schutz der Wildtiere. Das Schutzziel ist entweder auf alle oder nur auf ganz bestimmte Wildarten ausgerichtet. Wildschutzgebiete sind über gesetzliche Erlasse rechtsverbindlich definiert (eidgenössische Jagdbanngebiete; Wasser- und Zugvogelreservate von nationaler und internationaler Bedeutung; Kantonale Jagdbann- und Vogelschutzgebiete). Die menschliche Nutzung ist unter Umständen nur begrenzt möglich und die Jagd ist grundsätzlich verboten.

Markierung von beruhigten Gebieten

Wildruhezonen oder Wildschutzgebiete sollen so markiert sein, dass der Besucher klar erkennt, wo sie beginnen bzw. enden und wo er was tun darf oder zu unterlassen hat. Wildruhezonen, Jagdbanngebiete sowie Wasser- und Zugvogelreservate werden nach Möglichkeit gesamtschweizerisch einheitlich mit einem entsprechenden Logo markiert.

Jagd als Störfaktor

Auch die Jagd kommt nicht ohne Störung der Wildtiere aus. Diese lässt sich durch einen entsprechenden Jagdbetrieb dann in einem glaubwürdigen Rahmen halten, wenn die Abschusspläne so effizient wie möglich erfüllt werden. Die Forderung der Jäger nach Lebensraumberuhigung und ihre Mitwirkung dabei sind nur dann unanfechtbar, wenn nicht die Jagd selbst als einer der grossen Störenfriede in der Natur in Erscheinung tritt.

Abb. 5.2 *(links)* Die offizielle Markierung eidgenössischer Jagdbanngebiete.

Abb. 5.3 *(Mitte)* Die offizielle Markierung von Wildruhezonen.

Abb. 5.4 *(rechts)* Die offizielle Markierung von Wasser- und Zugvogelreservaten.

Wildtierfütterung

Die Wildfütterung kann man im weitesten Sinne als ein Instrument des Wildtiermanagements betrachten. Künstliches Futterangebot hat jedoch auch negative Auswirkungen: Es kann unnatürlich hohe Wildkonzentrationen zur Folge haben, was wiederum die Gefahr einer Verbreitung von Infektionskrankheiten begünstigt. Im Weiteren ändern die Wildtiere ihre Raumnutzung, verlieren die Scheu vor Menschen und verursachen mehr Wildschäden. Insbesondere beim Schwarzwild führt Fütterung ausserdem zu einer Bestandesvermehrung, denn die Fortpflanzungsleistung der Bachen wird massgeblich über das Körpergewicht reguliert. Aus diesen Gründen ist das Füttern von Wild zu vermeiden. Jäger wie Tierschützer müssen akzeptieren, dass der Winter ein natürlicher Selektionsfaktor für das Wild darstellt. Wildtiere sind

5 Wildtiermanagement

Abb. 5.5 Wildfütterungen (hier mit Salzlecke): Schaffen oft mehr Probleme, als sie lösen.

keine Haustiere: Nur die kräftigen und an die Umweltbedingungen gut angepassten unter ihnen kommen durch die kalte Jahreszeit, geben die entsprechenden Eigenschaften an ihre Nachkommen weiter und sichern so das Fortbestehen einer gesunden Population.

Wildräume: Wildtiere kennen keine Grenzen

Wildtiermanagement bezieht sich immer auf einen gewissen geografischen Raum, eine Planungseinheit. Hier zählt man die Wildtiere, wertet Lebensräume auf und erstellt die Abschlussplanung. Da Wildtiere keine administrativen Gebietseinheiten wie Reviere oder Kantone kennen, sollten grossflächige Wildräume mit ökologisch sinnvollen Abgrenzungen betrachtet werden. Eine Wildraumgrenze orientiert sich an natürlichen und künstlichen Lebensraumgrenzen eines Wildbestandes. Rothirsche, welche weite Strecken zwischen ihren Sommer- und Wintereinständen zurücklegen, oder Wildschweinrotten mit ihren Streifgebieten müssen deshalb für das Wildtiermanagement in grossen Räumen betrachtet werden. Die Gämse und v. a. das Reh lassen wesentlich kleinere Wildräume zu.

Jagdplanung

Das Bundesgesetz verpflichtet die Kantone, die Jagd zu planen. Mit seinem Erfahrungswissen und seinen lokalen Kenntnissen unterstützt der Jäger dabei die Jagdbehörde als wertvoller Partner. Die Pflicht zur Jagdplanung gilt grundsätzlich für alle jagdbaren Arten. Die folgenden Ausführungen beschränken sich jedoch auf die Huftiere.

Das systematische Vorgehen bei der Jagdplanung gliedert sich in folgende fünf Schritte:

1. Grundlagen erheben: Wie steht es um den Wildbestand und seinen Lebensraum?
2. Ziele festlegen: Wie sollen sich der Wildbestand und sein Lebensraum entwickeln?
3. Massnahmen festlegen: Wie bewirken wir die gewünschte Entwicklung?
4. Umsetzung der verfügten Massnahmen
5. Wirkungskontrolle: Haben sich der Wildbestand und sein Lebensraum in die gewünschte Richtung entwickelt?

Grundlagen erheben: Wie steht es um den Wildbestand und seinen Lebensraum?

Erhebung des Wildbestandes

Kenntnisse über den Wildtierbestand sind Voraussetzung und Grundlage jeder Abschussplanung. Seine Erhebung ist jedoch mit grossen Unsicherheiten verbunden. Die Fehlerwahrscheinlichkeit bei der Ermittlung von Bestandeszahlen variiert zudem je nach Tierart stark. Immer ist es aber möglich, Trends in der Populationsentwicklung zu erkennen. Entscheidend ist, dass die Erfassungsmethode exakt und über Jahre unverändert angewendet wird. So bleiben die Resultate vergleichbar. Bei jeder Methode ist der tatsächliche Bestand stets grösser als die Zahl der erfassten Tiere. Die Differenz bezeichnet man als Dunkelziffer, die je nach Tierart und Lebensraum unterschiedlich ausfällt.

Gleichzeitige Direktbeobachtung (flächige Ansitzzählung)

Für die flächige Ansitzzählung werden gut überblickbare Geländekammern einem Beobachter zugewiesen und von diesem bearbeitet. Jede Beobachtung eines Wildtieres wird auf einem vorbereiteten Protokollblatt eingetragen.

Da die Ergebnisse u.a. durch Witterungsverhältnisse stark schwanken, sind Wiederholungen der Erhebungen notwendig. Wichtig sind ein koordiniertes Vorgehen in allen Geländekammern und eine korrekte Auswertung der Beobachtungsprotokolle (Berücksichtigung von Doppelzählungen).

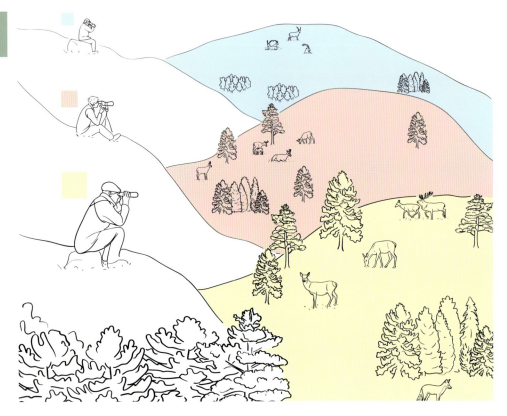

G 5.3 Durch zeitgleiches Zählen des Wildes in verschiedenen Geländekammern kann man den Wildbestand in einem grösseren Gebiet erfassen.

Wildart	Gelände	Resultat
Steinbock, Gämse	offen	zuverlässig
Birk- und Schneehuhn	offen	zuverlässig
Gämse, Rothirsch, Reh	halboffen	Bestandestrend

Scheinwerfertaxation

Die Scheinwerfertaxation eignet sich vor allem für die Erhebung von Rothirsch- und Feldhasenbeständen. Mit einem Fahrzeug wird eine im Voraus festgelegte Route abgefahren (Transekt). Dabei wird das Gelände rechtwinklig zur Fahrtrichtung mit einem Scheinwerfer ausgeleuchtet. Alle im Lichtstrahl erscheinenden Tiere werden fortlaufend protokolliert.

Fährten- und Spurentaxation

Neben der direkten Beobachtung lassen sich Wildtiere indirekt durch Fährten und Spuren nachweisen. Besonders im Schnee sind bei methodisch exaktem Vorgehen und nach wiederholten Kontrollen Rückschlüsse auf Vorkommen und sogar Bestandestrends möglich.

Abb. 5.6 Rothirschrudel bei einer Wildzählung mit dem Scheinwerfer.

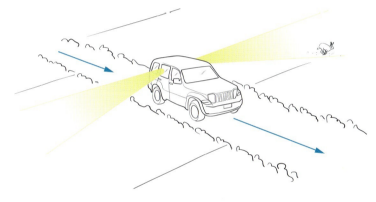

G 5.4 Scheinwerfertaxation zur Erhebung des Feldhasenbestandes.

Art des Nachweises	Wildart	Resultat
Nagespuren	Biber, Bisamratte, Hasen	Artnachweis / Bestandestrend
Frass- und Wühlspuren	Schwarzwild, Dachs	Artnachweis / Bestandestrend
Losungen	Vor allem Auer- und Birkhuhn, Huftiere, Hasen	Artnachweis / Bestandestrend
Fährten, Spuren	alle	Artnachweis

Einsatz von Fotofallen

Selbstauslösende Fotofallen (Wildkameras) können zum Nachweis von heimlich lebenden oder seltenen Tierarten (Wolf, Baummarder, Iltis usw.) und zum Bestimmen einzelner Individuen (z. B. Luchs anhand des Fellmusters, Rehbock anhand des Geweihs) eingesetzt werden.

Analyse und Interpretation der Jagdstatistik

Die Jägerinnen und Jäger sind verpflichtet, jedes erlegte Tier zuhanden der Jagstatistik zu protokollieren. Je nach Tierart und kantonalen Bestimmungen werden folgende Angaben verlangt:

- Erlegungsort und Zeitpunkt;
- Tierart, Geschlecht, Alter und Laktationszustand (säugend, nicht säugend);
- Gewicht;
- Unterkiefer- und Hinterfusslänge.

Das Gewicht der erlegten Tiere ermöglicht Rückschlüsse auf deren Kondition. Werden Tiere eines Bestandes mit der Zeit leichter und schwächer, ist dies ein Hinweis auf eine übermässige Populationsdichte mit entsprechendem Anstieg der Konkurrenz (Stress). Nahrungsmangel, Parasitenbefall, Krankheiten, Störung und falsche Bejagung können ebenfalls zu schlechterer Kondition und höherer Sterblichkeit führen. Unterkiefer- und Hinterfusslänge geben Aufschluss über die Konstitution eines Tieres.

Fallwild und Hegeabschüsse sind ebenfalls zu erfassen. Hohe Fallwildzahlen werden durch Wildkrankheiten, extreme Witterungseinflüsse, Verkehrszunahme oder gestiegene Wildbestände verursacht. Oft lassen sie sich durch eine Abschusserhöhung senken.

Die Jagdstatistik ist eine wichtige Grundlage für die kantonalen Behörden zur Beurteilung einer Wildtierpopulation und liefert wichtige Hinweise über:

- Sozialstruktur (Altersaufbau und Geschlechterverhältnis);
- Gesundheitszustand;
- Verbreitung einer Tierart;
- die Wirkung der Jagdplanung (Kontrollinstrument).

Beurteilung des Lebensraumpotenzials

Aufgrund der vorhandenen Nahrung, von Deckung, Setzgebieten und Sommer-/Wintereinständen kann man das Lebensraumpotenzial einer Landschaft für eine Wildtierart abschätzen. Vergleicht man dieses Potenzial mit der tatsächlichen Verbreitung der Art, ist zu erkennen, wo noch geeignete, aber bisher unbesiedelte Lebensräume vorhanden sind. Hier sind Massnahmen zu treffen, um die Ausbreitung zu fördern.

Beurteilung der Wildschadenssituation

Paarhufer beeinflussen die Vegetation ihres Lebensraumes und können untragbare Schäden verursachen. Wildschäden sind denn auch ein jahrhundertealtes Thema. Sie sind ein wichtiger Faktor bei der Festlegung von Zielen und Massnahmen in der Jagdplanung.

Beispiele:

- Der Wildverbiss hemmt grossflächig die natürliche Waldverjüngung (im Schutzwald besonders problematisch).

Jagdplanung | Ziele festlegen

Abb. 5.7 Ein modernes Gerät für das Wildtier-Monitoring: die digitale Fotofalle (Wildkamera CUDDEBACK CAPTURE).   **Abb. 5.8** In vielen Kantonen muss jeder Abschuss sofort schriftlich erfasst werden.

- Der Wildverbiss führt zur Entmischung von Baumarten im Wald (standortgerechte Baumarten fehlen im Bestand durch selektiven Verbiss).
- Der Wildbestand führt in der Landwirtschaft zu untragbaren Schäden.

Solche Probleme erfordern Konzepte für gemeinsame Lösungen (z. B. Wald-Wild-Konzept).

Beurteilung des Einflusses von Grossraubtieren

Grossraubtiere können den Wildbestand deutlich beeinflussen, indem die Beutetiere seltener oder scheuer und damit schwieriger zu beobachten und zu bejagen sind. Deshalb ist eine solche Einwirkung bei der Jagdplanung zu berücksichtigen.

Ziele festlegen: Wie sollen sich der Wildbestand und sein Lebensraum entwickeln?

Jetzt gilt es, die gewünschte Höhe und Zusammensetzung der Huftierbestände nach dem jagdlichen Eingriff zu bestimmen. Für alle Huftierarten gelten folgende Regeln für den Zielbestand:

- Alters- und die Geschlechterstruktur erweisen sich als artgerecht.
- Die Tiere sind gesund und widerstandsfähig.
- Ihre Zahl ist auf die Tragfähigkeit des Lebensraums im Winter (Nahrungsengpässe) abgestimmt.
- Sie verursachen keine untragbaren Wildschäden.
- Sie gewährleisten unter normalen Umständen auch in kommenden Jahren eine angemessene jagdliche Nutzung.

Abb. 5.9 *(oben)* Das Ausmass des Wildverbisses (hier: verbissene Weisstanne), muss in der Jagdplanung berücksichtigt werden.

Abb. 5.10 *(rechts)* Dachsbau im Maisfeld. Hier sollte der Jäger aktiv werden.

Massnahmen festlegen: Wie erreichen wir die gewünschte Entwicklung?

Für jede Tierart werden spezielle Abschusspläne erstellt. Dies kann, so in den Patentkantonen, über die Behörden in Zusammenarbeit mit den Jägern geschehen. Im Revierjagdsystem schreiben die Kantone oft nur das grundsätzliche Management vor, während die Jagdgesellschaften ihre Abschusspläne anhand von Bestandeserhebungen in Absprache mit den Amtsstellen selbst bestimmen.

Abschusspläne

Der Abschussplan ist ein wichtiges Instrument des Wildtiermanagements. Hier hält man fest, wie viele und welche Tiere dem Bestand zu entnehmen sind. Je nach Wildart hat die Quantität oder die Qualität der Abschüsse eine grössere Bedeutung.

Die Abschussquote (Anteil zu erlegender Tiere einer Population) wird in der Regel jährlich neu festgesetzt. Der Zuwachs wird nämlich von verschiedenen Faktoren, wie Witterung, Bestandsdichte, Populationsstruktur und Lebensraumpotenzial, beeinflusst. Diese Faktoren können von Jahr zu Jahr und je nach Örtlichkeiten in ihrem Einfluss stark variieren.

Gleichzeitig mit der Abschusszahl können auch die Jagdmethoden zur Erreichung der Abschüsse bestimmt werden (z. B. Intervalljagd, Ansitz- oder Bewegungsjagd).

Die qualitative Abschussplanung ordnet an, wie viele Tiere aus der Jugend-, Mittel- und Altersklasse entnommen werden und wie viele männliche und weibliche Tiere zu erlegen sind.

Jagdplanung | Massnahmen festlegen

I Jura
II Nordostschweiz
III Zentralschweiz West
IV Zentralschweiz Ost
V Graubünden
VI Nordwestalpen
VII Wallis
VIII Tessin

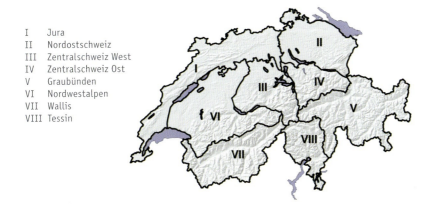

G 5.5 Das Management der Grossraubtiere in der Schweiz wird in sogenannten Grossraubtierkompartimenten kantonsübergreifend durchgeführt.

Abb. 5.11 Beeinflusst die Jagdplanung: das Vorkommen von Grossraubtieren.

Eingriff bei den weiblichen Tieren

Die Anzahl weiblicher Tiere einer Population bestimmt die Nachwuchsrate. Die Regulierung eines Wildtierbestandes erfolgt daher massgeblich über die Entnahme weiblicher Tiere.

Abschuss von männlichen Tieren

Der Abschuss männlicher Tiere reguliert eine Huftierpopulation nicht. Er ist nach anderen Gesichtspunkten, wie z. B. Sozialstruktur, Gesundheitszustand, Konstitution, zu planen.

Eingriff in die Jugendklasse

In der Natur erfolgen die höchsten Verluste unter den Jungtieren. Mit einem hohen Abschuss in der Jugendklasse lässt sich deshalb die natürliche Sterblichkeit bis zu einem gewissen Grad kompensieren und dem Jagdertrag zuführen (kompensatorische Sterblichkeit).

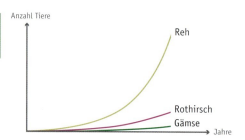

G 5.6 Schematische Darstellung der Bestandesentwicklung von Reh, Rothirsch und Gämse ohne jagdliche Regulierung. Man beachte das unterschiedlich schnelle Bestandeswachstum.

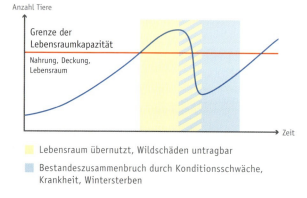

G 5.7 Schematische Darstellung der Bestandesentwicklung einer Wildart ohne jagdliche Regulation.

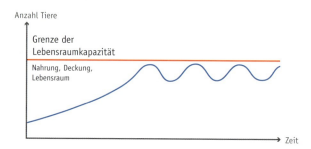

G 5.8 Schematische Darstellung der Bestandesentwicklung einer Wildart bei nachhaltiger jagdlicher Bewirtschaftung.

Modell-Abschusspläne

Modell-Abschusspläne sind immer nur Faustregeln und dienen lediglich als Orientierungshilfen. Die folgenden Beispiele beschränken sich auf die wichtigsten Huftierarten. Dabei ist man von einem optimalen Lebensraum in einem klimatisch durchschnittlichen Jahr ohne aussergewöhnliche äussere Einflüsse ausgegangen. Zuwachsraten und Abschussquoten müssen immer in Zusammenhang mit dem Lebensraum und den klimatischen Bedingungen beurteilt werden. Im Gebirge sind die Zahlen entsprechend nach unten zu korrigieren. Die folgenden Modell-Abschusspläne beziehen sich auf Ausgangspopulationen mit einem ausgeglichenen Geschlechterverhältnis und orientieren sich an den als durchschnittlich bekannten Zuwachsraten.

Abb. 5.12 Erfolgreicher Pirschgang auf Rehe.

Modell-Abschussplan Rehwild

Qualitative Vorgaben

Bei der Rehwildbejagung haben quantitative Vorgaben eine wesentlich grössere Bedeutung als qualitative Vorgaben. Es ist vor allem wichtig, wie viele Tiere erlegt werden und nicht in erster Linie welche. In guten Lebensräumen ist das Rehwild unter Umständen enorm zahlreich, was einen entsprechenden Abschuss erfordert. Dies hat folgende Gründe:

- Rehwild hat eine hohe Fortpflanzungsleistung, wird aber nicht sehr alt.
- Das Alter von erwachsenen Rehen ist kaum ansprechbar und in der Biologie dieser Tierart von geringer Bedeutung.
- Starke Trophäen und gute Wildbretgewichte erreicht man nicht durch «Auslese», das heisst durch die Entnahme einzelner schwacher Tiere, sondern durch die Verkleinerung der Population (= Verminderung des innerartlichen Konkurrenzdrucks).

Eine übermässige Schonung der Geissen bewirkt genau das Gegenteil und führt zu Stress mit den bekannten negativen Folgen.

Die Beziehung zwischen Rehgeiss und Kitz ist während der Laktation bis Ende Sommer sehr eng. Bereits im ersten Winter haben Kitze ohne ihre Mutter hohe Überlebenschancen und finden Anschluss in Wintersprüngen.

Quantitative Vorgaben

Als sogenannte «Schlüpfer» entziehen sich Rehe in ihrem deckungsreichen Lebensraum leicht dem Beobachter. Zählungen ergeben daher keine aussagekräftigen Resultate. Ihre Bestandeszahlen werden meist stark unterschätzt. Bei sehr geringer jagdlicher Entnahme reguliert sich das Rehwild über Krankheiten, Abwanderung, erhöhte Sterblichkeit und geringere Fortpflanzungsleistung selbst (kompensatorische Sterblichkeit). Da für die zahlenmässige Entwicklung einer Rehwildpopulation primär die weiblichen Tiere massgebend sind, ist der Geissenabschuss von grosser Bedeutung. Wie viele und welche Böcke erlegt werden, ist dagegen nahezu unerheblich.

Mit einem starken Eingriff in die Jugendklasse lässt sich die hohe natürliche Sterblichkeit in den ersten zwei Lebensjahren kompensieren.

Faustregel zur Stabilhaltung eines Rehwildbestandes:

- Zuwachs abschöpfen;
- ausgeglichenes Geschlechterverhältnis in der Strecke anstreben;
- starken Eingriff in die Jugendklasse vornehmen (25% Kitze).

Beispiel: Bei einem geschätzten Frühjahrsbestand von 100 Rehen ist mit einem Zuwachs von rund 50 Tieren zu rechnen (Zuwachsrate 50%). Somit müssen von den nun insgesamt 150 Tieren deren 50 erlegt werden.
Abschussplan: 19 Böcke, 19 Geissen (inkl. Schmalrehe), 12 Kitze.

Modell-Abschussplan Gamswild

Qualitative Vorgaben

Die Alters- und Sozialstruktur ist bei der Gämse entscheidend. Oft werden zu viele mittelalte Gamsböcke erlegt. Diese haben über Jahre die harten Winter überlebt, was auf eine gute Konstitution hinweist, welche sie an ihre Nachkommen weitervererben. Ausserdem beruhigen erfahrene Böcke den Brunftbetrieb.

Quantitative Vorgaben

Die Abschussplanung hat sich am Bestand der Geissen zu orientieren. Ein ausgeglichenes Geschlechterverhältnis in der Strecke kann über einen entsprechenden Abschuss von weiblichen Gämsen aus der Jugendklasse (Jährlinge und Zweijährige) erreicht werden.

Faustregel zur Stabilhaltung eines Gamsbestandes:

- Zuwachs abschöpfen;
- ausgeglichenes Geschlechterverhältnis in der Strecke anstreben;
- starken Eingriff in die Jugendklasse vornehmen (25% Jährlinge);
- genügend mittelalte Böcke erhalten.

Abb. 5.13 Erlegte Gamsgeiss mit starken Krucken am Fuss eines Gletschers.

Beispiel: Bei einem Frühjahrsbestand von 100 Gämsen ist mit einem Zuwachs von 20 Tieren zu rechnen (Zuwachsrate 20%). Somit müssen also von den nun insgesamt 120 Tieren deren 20 erlegt werden.
Abschussplan: 8 Böcke, 8 Geissen, 4 Jährlinge.

Können zu wenig nicht führende Geissen erlegt werden (schwieriges Ansprechen im voralpinen Wald), ist dies mit einem stärkeren Eingriff in die Jährlingsklasse zu kompensieren.

Modell-Abschussplan Rotwild

Qualitative Vorgaben

Die übermässige Bejagung männlicher Hirsche verhindert den natürlichen Aufbau einer Rotwildpopulation. Vor allem fehlen mittelalte und alte Stiere. Platzhirsche sorgen für eine Beruhigung des Brunftgeschehens. Bei einem natürlichen Brunftbetrieb kommen die Kühe im ersten Eisprung zum Beschlag, wodurch die Geburten im folgenden Frühjahr früh und somit zur optimalen Zeit erfolgen. Erfahrene Kühe kennen die Einstände und Wanderrouten und geben diese an die Nachkommen weiter. Sie müssen deshalb geschont werden.

Quantitative Vorgaben

Beim Rotwild sind ebenfalls die weiblichen Tiere für die zahlenmässige Entwicklung einer Population massgebend. Das Rotwild reagiert besonders empfindlich auf Jagddruck. Die Ziele des Abschussplans werden daher in der ordentlichen Jagdzeit nicht immer erreicht. Gewisse Kantone führen im Spätherbst nochmals Rotwildjagden durch, damit die restlichen Abschüsse in den Wintereinständen getätigt werden können. Ein Rotwildbestand lässt sich nicht regulieren, wenn ausschliesslich nicht führende Kühe erlegt werden. Der Abschuss von laktierenden Kühen zusammen mit ihren Kälbern stellt aber eine besondere Herausforderung dar. Verwaiste Kälber überleben nämlich den folgenden Winter nicht.

Faustregel zur Stabilhaltung des Rotwildbestandes:

- Zuwachs abschöpfen;
- ausgeglichenes Geschlechterverhältnis in der Strecke anstreben;
- starken Eingriff in die Jugendklasse vornehmen (mindestens 25% Kälber, Schmaltiere und Schmalspiesser);
- mittelalte Stiere und Leitkühe schonen.

Abb. 5.14 Für viele Jäger die Krönung einer Jagd

Abb. 5.15 Ausfährten einer Rotte im Schnee führte zum Jagderfolg.

Beispiel: Bei einem Frühjahrsbestand von 100 Stück Rotwild ist mit einem Zuwachs von rund 30 Tieren zu rechnen (Zuwachsrate 30%). Somit müssen von den nun insgesamt 130 Tieren deren 30 erlegt werden.
Abschussplan: 11 Stiere, 11 Kühe, 8 Jungtiere (Kälber, Schmaltiere, Schmalspiesser).

Modell-Abschussplan Schwarzwild

Qualitative Vorgaben

Schwarzwild kann grosse Schäden in der Landwirtschaft verursachen. Allerdings müssen solche nicht zwingend mit einem hohen Bestand zusammenhängen. Da Wildschweine unter optimalen Bedingungen eine Zuwachsrate von bis zu 200 Prozent haben, besteht der grösste Anteil einer Population aus Jungtieren. Entsprechend wichtig ist der Eingriff in die Jugendklasse.

Klein vor gross

Vorrangig werden also Frischlinge (je nach Kanton auch gestreifte) erlegt, soweit sich die Gelegenheit dazu bietet. Leitbachen und starke Keiler sind zu schonen. Wildschweine leben in Rotten in denen primär die starken, ausgereiften Tiere an der Fortpflanzung teilnehmen. Eine unkontrollierte Vermehrung durch jüngere Tiere wird dadurch verhindert. Leitbachen gelten zudem als «Gedächtnis» der Rotte und sind für die Raumlenkung der Sauen wichtig.

Weiblich vor männlich

Eine Population wird am effektivsten über die Anzahl weiblicher Tiere reguliert. Ist ein Ansprechen möglich, sollten deshalb vor allem Überläuferbachen erlegt werden. Dies ist durch eine alleinige Jagd an der Kirrung nicht zu bewerkstelligen, weil die meisten dort einzeln anwechselnden Sauen junge Keiler sind. Werden übermässig viele männliche Tiere zur Strecke gebracht, führt dies weder zur Erfüllung des Abschussplanes, noch kann damit der zukünftige Fortpflanzungserfolg verringert werden.

Einzeljagd zur Raumlenkung

Durch gezielte Abschüsse in gefährdeten landwirtschaftlichen Kulturen können die überlebenden Wildschweine vergrämt werden. Dies bedingt jedoch, dass Schwarzwild zu dieser Zeit in Gebieten, wo es keinen Schaden anrichtet (z.B. Wald, Schilf), nicht bejagt wird. Dort soll es sich sicher fühlen.

Quantitative Vorgaben
Durch die hohe Zuwachsrate zwischen 100–200 Prozent müssen gleich viele bis doppelt so viele Wildschweine erlegt werden, wie vor der Fortpflanzung im Bestand lebten. Bei keiner anderen Wildart haben die quantitativen und qualitativen Aspekte der Abschussplanung eine so entscheidende Bedeutung.

Faustregel zur Stabilhaltung eines Schwarzwildbestandes:

- Zuwachs abschöpfen;
- sehr starken Eingriff in die Jugendklasse (hauptsächlich Frischlinge) vornehmen;
- führende Bachen schonen;
- Vergrämungsabschüsse im offenen Feld tätigen (Frischlinge, Überläufer);
- Die Abschussziele können quantitativ jedoch nur durch gut organisierte Bewegungsjagden im Herbst und Winter mit guten Stöberhunden und treffsicheren Schützen erreicht werden. Dazu sind genaue Kenntnisse über das Raumverhalten (Fernwechsel) und die Tageseinstände nötig.
- Die Jagdmethoden sollten variieren und dem Gelände und der Jahreszeit angepasst sein.

Umsetzung der verfügten Massnahmen

Bejagungsstrategie

Ein konstant hoher Jagddruck führt zu vielfältigen Reaktionen der Wildtiere, was die Erfüllung der Abschussquoten verunmöglichen kann. Es ist deshalb wichtig, ihn zu lenken. Verschiedene Jagdmethoden und Abschussvorgaben müssen als Steuerungsinstrumente angewendet werden:

- Festlegung von Gebieten mit Schwerpunktbejagung (z.B. Gebiete mit hohen Wildschäden);
- Intervalljagden (mehrere kurze intensive Jagdzeiten mit längeren Jagdpausen);
- Ausscheidung von Wildschutzgebieten mit gelegentlicher Öffnung für die Jagd;
- Differenzierte Abschussvorgaben, wie z.B. «Geiss vor Bock», «Kuh vor Stier», «klein vor gross»;
- Anreizsysteme, z.B. durch Freigabe zusätzlicher Abschüsse.

Damit die Abschussquoten erfüllt werden, braucht es Jäger, die ihr Handwerk verstehen. Die wichtigsten Faktoren für den Jagderfolg sind Treffsicherheit und, je nach Jagdmethode und Wildart, Kenntnisse über die Einstände und das Verhalten der entsprechenden Tiere, Geduld und manchenorts auch körperliche Fitness. Überdies sind fundierte unterstützende Fortbildungen und Instruktionen der Jägerschaft sowie solide Vorbereitungsarbeiten vor grösseren Bewegungsjagden unverzichtbar.

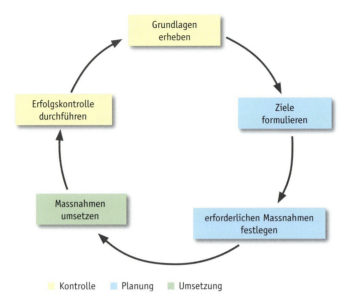

G 5.9 Systematisches Vorgehen bei der Jagdplanung.

Wirkungskontrolle: Haben sich der Wildbestand und sein Lebensraum in die gewünschte Richtung entwickelt?

Abschuss- und vor allem auch Fallwildzahlen liefern Hinweise über den Erfolg oder eben Misserfolg der umgesetzten Abschussplanung. Mit Wildbestandeserhebungen wird kontrolliert, wie sich die Situation nach der Jagdzeit entwickelt hat, wobei fallweise wesentliche andere einen Bestand beeinflussende Faktoren, wie Klima, Grossraubtiere und Krankheiten, mitberücksichtigt werden müssen. Die Wildschadenssituation gibt ebenfalls Hinweise. Je nach Schlussfolgerungen sind für die folgende Jagdsaison Anpassungen in der Abschussplanung vorzunehmen.

Management von Arten mit Konfliktpotenzial

In der dicht besiedelten Schweiz überlappen sich die zahlreichen Nutzungsansprüche des Menschen sehr häufig mit jenen der Wildtiere. Konflikte sind so vorprogrammiert (Füchse in Siedlungsgebieten, Grossraubtiere, Fisch fressende Vögel). Besonders anspruchsvoll sind solche mit geschützten Arten. Für einige von ihnen bestehen nationale und kantonale Konzepte, welche die Rahmenbedingungen und das entsprechende Vorgehen beinhalten (Konzepte für den Wolf, Luchs, Biber, Kormoran usw.).

Jagdverzicht als Teil der Jagdplanung

Bei sensiblen oder gefährdeten Tierarten ist die Jagd nur dann gerechtfertigt, wenn nachzuweisen ist, dass sie sich nicht negativ auf den Bestand auswirkt. Dessen genaue Überwachung (Monitoring) kann aufzeigen, ob ein örtlicher und zeitlicher Jagdverzicht für die Erhaltung der Art notwendig ist. Ein solcher wird aber für heikle Arten nur dann einen positiven Effekt haben, wenn diese gleichzeitig durch entsprechende Lebensraumverbesserungen (Biotophege, Störungsminderung) gefördert werden.

Abb. 5.16 Jagdbanngebiet Leukerbad im Kanton Wallis: Eine Informationstafel für Besucher.

Lernziele «Wildtiermanagement»

Die Jägerin/der Jäger:
- weiss, was unter Wildtiermanagement zu verstehen ist;
- kennt die wichtigsten Massnahmen zur Beruhigung eines Lebensraums von Wildtieren;
- kennt die Problematik der Wildfütterung;
- kennt das systematische Vorgehen bei der Jagdplanung;
- kennt die Ziele der Jagdplanung;
- kennt die wichtigsten Grundsätze und Methoden der Wildbestandeserhebung;
- kennt die Bedeutung der Jagdstatistik;
- weiss, warum der Eingriff in die Jugendklasse wichtig ist;
- weiss, warum der Eingriff in den weiblichen Populationsanteil besonders wichtig ist.

6 Das jagdliche Handwerk

201 Die Jagd im Jahreslauf
202 Jagdmethoden
212 Ansprechen
213 Vor dem Schuss
216 Während des Schusses
216 Nach dem Schuss
224 Jagdaufsicht

6 Das jagdliche Handwerk

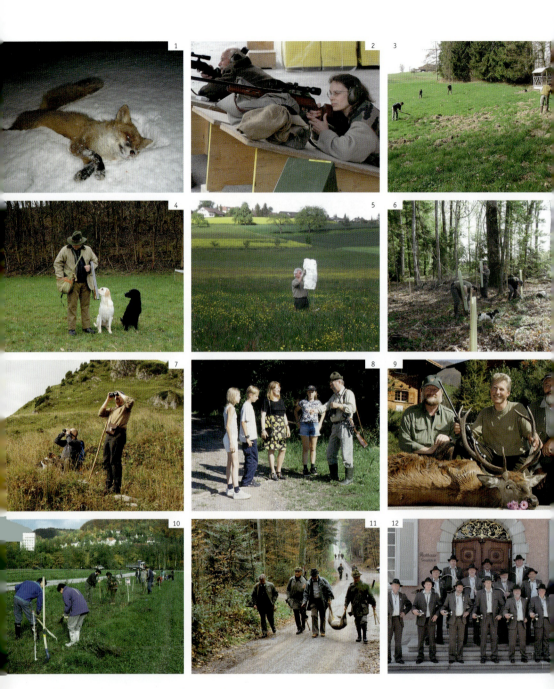

Abb. 6.1 Vielfältige Aktivitäten der Jäger im Verlauf eines Jahres (Nummer = Monat).

Die Jagd im Jahreslauf

Jagd bedeutet weit mehr als nur das Erbeuten und Verwerten wild lebender Tiere. Sie beinhaltet vielerlei Tätigkeiten, wie z. B. Pflege von Lebensräumen (Biotophege), Bestandeserfassungen bei bestimmten Wildtierarten (Wildzählungen), persönliche Aus- und Fortbildung, Aneignung und Üben verschiedener Fertigkeiten (vor allem Schiesstraining), Ausbildung und Fithalten von Jagdhunden, Öffentlichkeitsarbeit. Somit ist der Jäger nicht nur während der eigentlichen Jagdzeiten, sondern das ganze Jahr hindurch aktiv. Er will und soll deshalb in der Bevölkerung als Kenner von Wild und Wald, als Vertreter der Interessen der Natur sowie als fachkundiger Verwerter natürlicher Ressourcen wahrgenommen werden.

Es versteht sich von selbst, dass er diese umfassenden Aufgaben niemals im Alleingang wahrnehmen könnte. Viele Aktivitäten, die mit Jagd zu tun haben, sind erst dann erfolgreich, wenn sie von einer Vielzahl Gleichgesinnter getragen werden. Jagdvereine oder Hegegemeinschaften auf regionaler und kantonaler Ebene arbeiten zusammen und suchen auch den Kontakt zu Verbänden, welche andere Interessen vertreten. Gleichermassen sind sie dafür besorgt, in Zusammenarbeit mit den Behörden (vor allem mit den kantonalen Jagdverwaltungen) vielfältige Unternehmungen zu organisieren oder zumindest anzuregen und zu unterstützen.

Jeder Jagdausübende muss sich stets bewusst sein, dass er in seiner Tätigkeit von der Akzeptanz in unserer Gesellschaft voll und ganz abhängig ist. Durch sein entsprechendes Tun und Handeln ist er in hohem Masse mitverantwortlich, wie die nicht jagende Bevölkerung in Zukunft über Jagd und Jäger urteilen und entscheiden wird.

Jagen ist eines der ältesten Handwerke. Um es nicht nur erfolgreich, sondern auch verantwortungsvoll ausüben zu können, benötigt der zukünftige Jäger eine solide Ausbildung. Er lernt, Bescheid zu wissen über

- die vielfältigen jagdbezogenen Aktivitäten im Jahreslauf;
- unterschiedliche Jagdmethoden;
- das Ansprechen des Wildes;
- das Verhalten vor und nach dem Schuss;
- die erste Beurteilung eines erlegten Tieres;
- die Jagdaufsicht.

Jagen ist also eine zeitintensive und sehr abwechslungsreiche Beschäftigung. Überdies verlangt sie sehr viel Respekt gegenüber der gesamten belebten Natur – nicht zuletzt gerade auch gegenüber dem Mitmenschen, sei er nun Jäger oder nicht.

Jagdmethoden

Eines ist dennoch klar: Letztlich heisst Jagen Wildtiere erlegen und nutzen. Dies hat nachhaltig und gesetzeskonform zu geschehen. Als Jagdbeute gilt alles, was vom erlegten Wild irgendwie Verwendung findet, sei es durch Verzehr (Wildbret), durch Veredelung (Felle, Fett usw.) oder als Trophäe (Schädel, Geweih, Hörner, Zähne, Federn usw.).

Nachfolgende Tabelle gibt Auskunft über die in der Schweiz weit verbreiteten Jagdmethoden.

Jagdmethode	Spezialform		Beschreibung der Jagdmethode	Hunde	Wild
Pirsch			Aktives und heimliches Aufsuchen des Wildes durch den Jäger.		Reh-, Gäms-, Hirsch- und Steinwild.
Ansitzjagd			Stilles, ausdauerndes Warten auf das Wild (Morgen-, Abend-, Nachtansitz) an Austritten, Äsungsplätzen oder Wildpfaden (Wechseln).		Schalenwild, Raubwild, Murmeltier.
	Jagd am Luder		Ansitz an Stellen, an denen der Jäger vorgängig Lockfutter für Raubwild ausgebracht hat (Luderplatz).		Fuchs
	Kirrjagd		Ansitz an Stellen, an denen der Jäger Lockfutter (z. B. Mais) ausgebracht hat (Kirrung).		Schwarzwild
	Passjagd		Ansitz am regelmässig benutzten Weg (Pass) des Raubwildes.		Fuchs, Dachs, Marder.
	Entenstrich		Dämmerungsansitz morgens oder abends auf einfliegende Enten.	Nur Hunde, die bringen (apportieren).	Stockente
	Lockjagd	– Vogelruf	Anlocken von Flugwild mittels Nachahmung ihrer Lautäusserungen.		Stockente, Ringeltaube, Rabenkrähe, Elster, Eichelhäher.
		– Attrappen	Anlocken von Flugwild mittels Vogelattrappen		Stockente, Ringeltaube, Rabenkrähe.
		– Blattjagd	Anlocken des Rehbocks durch Nachahmung der verschiedenen Lautäusserungen einer brunftigen Rehgeiss.		Rehbock in der Brunft.
		– Hirschruf	Anlocken des Brunfthirsches durch Nachahmung der Lautäusserungen eines möglichen Rivalen (Röhren).		Rothirsch in der Brunft.

Jagdmethoden

Jagdmethode	Spezialform	Beschreibung der Jagdmethode	Hunde	Wild
	– Fuchs reizen	Anlocken des Fuchses durch Nachahmung von Lauten seiner Beutetiere, z.B. Mäuse (Mäusepfeifchen).		Fuchs
Bewegungsjagd	Laute Jagd (Brackieren)	Selbständiges Suchen und anhaltendes Verfolgen des Wildes durch spur-/fährtenlaute Laufhunde (Bracken) in einem durch Jäger weiträumig umstellten Jagdgebiet. Auf der Einzeljagd wartet man auf die Rückkehr des gejagten Wildes in dessen Einstand. Geschossen wird mit Schrot. Die laute Jagd hat in der Schweiz Tradition. Mit der Zersiedelung und Zerschneidung der Lebensräume hat sie jedoch zunehmend an Bedeutung verloren.	Laufhunde, Niederlaufhunde (Bracken).	Feld- und Schneehase, Rehwild, Fuchs.
	Stöbern	Eigenständiges Durchsuchen von Deckungsflächen durch laut jagende Hunde zum Aufscheuchen (= Hochmachen) des Wildes. Dieses soll nicht allzu weit verfolgt werden. Man erwartet, dass die Hunde nach kurzer Zeit ins bejagte Gebiet zurückkehren. Beim Stöbern auf Enten im Schilf ist kein Spurlaut nötig.	Alle zum Stöbern geeigneten Hunde; Apporteure für Flugwild	Schwarz-, Rehwild, Raubwild; Feldhasen, Enten und Hühnervögel
	Treibjagd	Durchsuchen eines bestimmten Gebietes mithilfe von Treibern und laut jagenden Hunden zwecks Hochmachen des Wildes. Die Hunde sollen dieses nicht allzu weit verfolgen, das Treiben also nicht verlassen oder nach kurzer Zeit dahin zurückkehren.	Alle zum Stöbern geeigneten Hunde.	Schwarzwild, Rehwild, Raubwild.
	Drücken	Beunruhigen eines Einstandes durch Treiber, welche diesen ohne Lärm und ohne den Einsatz von Hunden bedächtig durchqueren (durchdrücken).		Rot-, Reh-, Schwarzwild und Fuchs.
	Baujagd (Bodenjagd)	Herausjagen (Sprengen) des Fuchses aus dem Bau durch den Hund.	Bauhunde	Fuchs

Jagdmethode	Spezialform	Beschreibung der Jagdmethode	Hunde	Wild
Suchjagd	Suche (weite Suche)	Mehr oder weniger weiträumiges und systematisches Absuchen eines Geländes durch den Vorstehhund mit hoher Nase. Findet dieser Wild, steht er vor.	Vorstehhunde	Birkwild, Schneehuhn, Waldschnepfe, (Fasan), Feldhase, Fuchs.
	Buschieren (nahe Suche)	Systematisches Durchsuchen des Geländes durch den Hund im nahen Umkreis des Jägers («unter der Flinte») mit oder ohne Vorstehen.	Stöber-, Vorsteh-, Apportierhunde.	Fuchs, Waldschnepfe, Enten.
Beizjagd		Beizen bedeutet das Schlagen von Wild durch einen abgerichteten Greifvogel unter Führung des Falkners.		In der Schweiz nur Rabenvögel.
Fallenjagd		Fang des Raubwildes mittels Lebendfangfallen (Kastenfallen).		Steinmarder, Fuchs.

Für die einzelnen Jagdmethoden, die dazu erlaubten Hunde und die zu bejagenden Wildarten gelten die kantonalen Bestimmungen. Ausführungen zu den Fähigkeiten, der Ausbildung und den Einsatzbereichen der Hunde befinden sich unter «Jagdhunde».

Pirsch

Während der Pirsch versucht der Jäger, auf Schussdistanz an Wild heranzukommen. Diese Jagdart verlangt fundiertes Wissen über das Verhalten und den Lebensraum der entsprechenden Wildart.

Obwohl die meisten unserer jagdbaren Tiere über einen ausgezeichneten Geruchsinn verfügen, verlassen sich manche auch vorwiegend auf einen anderen ihrer Sinne: das Gämswild z.B. auf die Augen, der Fuchs aufs Gehör. Um möglichst nicht wahrgenommen zu werden, sollte man langsam und äusserst vorsichtig in guter Deckung, gegen den Wind und mit der Sonne im Rücken pirschen. Vorzugsweise begibt man sich am frühen Morgen oder nach Gewittern auf Pirschgänge. Vielerorts sind Verhaltensanpassungen der bejagten Wildarten schon innerhalb weniger Tage nach Jagdbeginn zu beobachten. Oft unterscheiden sie Jäger sehr wohl von unbedrohlichen Personen, z.B. von Waldarbeiter oder Hirten. Mit zu häufigem Pirschen kann man ein Gebiet buchstäblich «leerpirschen».

Abb. 6.2 Erfolgreiche Pirsch in den Bergen bedingt körperliche Fitness und ausgeprägte Beobachtungsgabe.

Tipps für Pirschjäger:
Beim Verfolgen von Wild darf sich der Jäger nicht unnötig selbst in Gefahr bringen. Besonders in heiklem Gelände (Felsen, steile Grashänge bei Nässe oder Schnee) kommt der Ausrüstung grosse Bedeutung zu (geeignete Kleidung, gutes Schuhwerk, Gebirgsstock). Zudem sollte man dort nie alleine jagen.

Das Spektiv (Fernrohr) leistet ausgezeichnete Dienste, damit Wild sicher angesprochen werden kann.

Da im Gebirge Distanzen leicht unterschätzt werden, ist dort ein Distanzmessgerät äusserst wertvoll.

Auch wenn das Auge unablässig auf das zu erlegende Stück Wild gerichtet ist, darf man die Sicherheitsregeln für den Schuss niemals ausser Acht lassen (z. B. Kugelfang). Daran sollte man insbesondere auch bei der Nachtpirsch auf Schwarzwild denken.

In schwierigem Gelände sollte man in der Abenddämmerung auf einen Schuss verzichten, weil Auffinden, Nachsuchen und Bergen von Wild in der Dunkelheit oft schwierig oder gar unmöglich sind.

Ansitzjagd

Auf dem Ansitz erwartet der Jäger das Wild still und im Verborgenen. Angesessen wird an günstigen Austritts- und Äsungsstellen oder an Wechseln (Schalenwild), an Pässen (Raubwild), bei ausgelegtem Lockfutter (Luderplatz, Kirrung) und an Ufern von Gewässern (Enten). Der Anmarsch zur vorgesehenen Stelle sollte lautlos, gegen den Wind und ohne Querung von Wildwechseln erfolgen. Man kann das Wild sowohl am Boden (Bodensitz) als auch in erhöhter Position (Hochsitz) erwarten. Fest gebauten Hochsitzen und Kanzeln (rundum geschlossene Hochsitze) zieht man heute immer öfter leichte und schnell verstellbare Leitern vor, um auf

Abb. 6.3 Sicherer Kugelfang, grösseres Blickfeld, unabhängiger vom Wind und für das Wild ausser Sicht: Der Ansitz vom Hochsitz, von der Ansitzleiter oder der Kanzel.

die Mobilität des Wildes reagieren zu können. Wer Hochsitze aufstellt, ist verpflichtet, dies sachgemäss zu tun und die Einrichtung in gutem Zustand zu erhalten. Ansonsten ist er bei Unfällen mit Drittpersonen haftbar. Hochsitze weisen zahlreiche Vorteile auf:

- Übersicht: Anwechselndes Wild ist bereits auf weite Distanz erkennbar.
- Verborgenheit: Der Jäger befindet sich ausserhalb des Gesichtsfeldes des Wildes, so dass er in der Lage ist, dieses unter Umständen auch aus nächster Nähe zu beobachten und entsprechend sorgfältig anzusprechen. Zudem kann er die Vorbereitung auf einen allfälligen Schuss verdeckt vornehmen.
- Reduzierte Geruchsverbreitung: Dank erhöhter Position befindet sich der Jäger eher ausserhalb der Witterungswahrnehmung des Wildes.
- Sicherheit: Die Kugel wird nach dem Austreten aus dem Wildkörper vom Erdboden aufgenommen (Kugelfang), was die Gefahr von Abprallern erheblich verringert.

Tipps für Ansitzjäger:

Um den Jagderfolg zu steigern, können Pirsch und Ansitz kombiniert werden. Wegen des oft stundenlangen, stillen Sitzens ist die Kleidung der Witterung anzupassen.

Ebenfalls kommen Tarnkleider zum Einsatz.

Für ein erfolgreiches Ansitzen ist besonders auf das wechselnde Nahrungsangebot des Wildes und auf Störungen zu achten.

Vor Erstellen von festen Ansitzeinrichtungen (z.B. Hochsitzen) muss die Einwilligung des Grundeigentümers, in einigen Kantonen auch der Jagdbehörde vorgängig eingeholt werden.

Die maximal vertretbaren Schussdistanzen in verschiedene Richtungen können mit einem Entfernungsmesser gemessen und eventuell sogar markiert werden. Um ein freies Schussfeld zu haben, ist störendes Geäst zu entfernen.

Der sehr steile Kugelschuss mit dem Zielfernrohr vom Hochsitz auf Tiere in unmittelbarer Nähe birgt die Gefahr des Unterschiessens. Er sollte deshalb vermieden werden.

Abb. 6.4 Auf Bewegungsjagden ist der Sicherheit grösste Beachtung zu schenken: Warnkleider leisten einen wesentlichen Beitrag.

Abb. 6.5 Im dichten Wald des Mittellandes ist die herbstliche Bewegungsjagd nach wie vor die beste Methode, um die Abschusszahl beim Rehwild zu erfüllen.

Bewegungsjagd

Treiber und/oder Hunde (die spur- oder wenigstens sichtlaut sein sollten!) bringen das Wild dazu, seine Deckung zu verlassen (Brackieren, Treib- und Drückjagden). Die Schützen werden meist an Wechseln (auch Rückwechseln) oder um Einstände herum angestellt.

Die Durchführung grösserer Bewegungsjagden stellt eine organisatorische Herausforderung dar und ist deshalb genau zu planen. Die Teilnehmer haben den Anweisungen der Jagdleitung vorbehaltlos zu folgen. Der Sicherheit kommt bei solchen Jagden besonders grosse Bedeutung zu.

- Treiber tragen ausnahmslos Signalwesten, Jäger tragen ebenfalls signalfarbene Kleidung (signalfarbene Hutbänder sind meist nicht ausreichend), Hunde entsprechende Halsbänder und/oder Signalwesten (Schabracken).
- Die Jagdleitung gibt bekannt, was für Waffen und welche Munition erlaubt sind.
- Der durch die Jagdleitung vorgeschriebene Ablauf der Jagd (Beginn und Ende, Stand nicht verlassen, Wildbret versorgen usw.) und die Freigabe des Wildes sind zu respektieren.
- Jeder Jäger muss die exakte Position seiner Nachbarschützen kennen und vor Jagdbeginn mit ihnen Kontakt aufnehmen.
- Niemals darf in die Richtung von Menschen, Gebäuden (z. B. Wohnhäuser, Stallungen usw.) und Haustieren geschossen werden, und stets ist ein seitlicher Sicherheitswinkel von minimal 30 Grad einzuhalten.
- Der Jäger schiesst nur, wenn er überzeugt ist, seines Schusses sicher zu sein.

Tipps für Bewegungsjäger:
Auf gut organisierten Bewegungsjagden kann mit erfahrenen Stöberhunden und Treibern erfolgreich Beute (Strecke) gemacht werden.
Die Auswahl der Position der Jäger (Stände) verlangt viel Wissen.
Der Jagderfolg der einzelnen Schützen hängt in erster Linie von deren Ruhe, Konzentration und Schiessfertigkeit ab.

6 Das jagdliche Handwerk

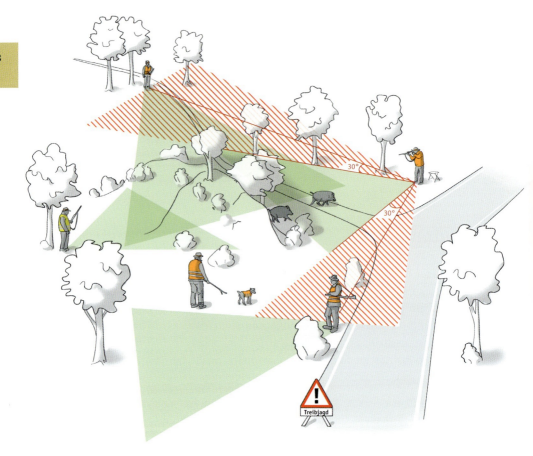

G 6.1 Darstellung einer Bewegungsjagd: Stände, Sicherheitswinkel, Kugelfang etc.

Beim Beobachten von herannahendem Wild müssen die Sicherheitsaspekte trotz der steigenden Anspannung stets beachtet werden. Der Stand darf, abgesehen von Notfällen, nicht vor Ende der Jagd verlassen werden. Bei mehrstündigen Bewegungsjagden sind gelegentlich Zeitfenster eingeplant, um erlegtes Wild versorgen zu können (Aufbrechpausen).

Es wird dringend empfohlen, vor allem das Schiessen auf sich bewegende Ziele im Schiessstand (auf den «laufenden Keiler», auf Roll- und Wurfscheiben usw.) oder im Schiesskino immer wieder zu üben.

Merke: Der Begriff «Treibjagd» wird oft als Hetzjagd verstanden und verunglimpft. Es werden jedoch keine Tiere gehetzt. Vielmehr spüren Jagdhelfer (Treiber) und Hunde das Wild in seinen Einständen auf und bringen es dazu, diese zu verlassen. Das geschieht mit der Absicht und in der Hoffnung, dass es dabei an den aufgestellten Schützen vorbeikommt und erlegt werden kann.

Im weitesten Sinn ist auch die Baujagd eine Form von Bewegungsjagd.

Der im Bau laut jagende Hund veranlasst den verunsicherten Fuchs zum Verlassen seiner Behausung (= Sprengen des Fuchses). Sie wird hauptsächlich von November bis Januar praktiziert. Einerseits weist dann der Balg der Füchse seine höchste Qualität auf, anderseits würden ab Februar unter Umständen frisch geborene Dachse gefährdet.

Ausgewachsene Dachse stellen für Bauhunde eine ernst zu nehmende Gefahr dar.

Tipps für Baujäger:

Die Jagdteilnehmer nähern sich dem Bau lautlos und nie mit dem Wind. Nur der Hundeführer geht direkt zum Bau, die anderen Jäger stellen sich in einiger Distanz davon an. Es wird absolute Ruhe, Konzentration und eine hohe Schussdisziplin gefordert. Nur ein Hund wird in den Bau geschickt. Bei der Jagd an Naturbauten tragen Hunde ein Ortungsgerät. So können sie in Notfällen viel leichter aus einer misslichen Lage befreit werden.

Suchjagd

Suche und Buschieren

Die Suche = weite Suche: Der Vorstehhund sucht das Gelände (z.B. Feld, Wald, Gebirge) vor dem Jäger weiträumig nach links und rechts systematisch gegen den Wind ab. Vor ihm liegendes Wild zeigt er an, indem er schlagartig verharrt (vorsteht). Der Jäger kann dieses nun selbst hochmachen und erlegen. Wurde geschossen, schickt man den Hund zum Apportieren oder zur Suche des beschossenen Wildes (= Verlorensuche).

Buschieren = nahe Suche: Das Buschieren ist eine Variante der Suchjagd, bei welcher sich die Hunde nie ausserhalb Flintenschussdistanz zum Jäger bewegen. Sie zeigen ihm das festliegende Wild entweder an oder stossen es direkt heraus.

Abb. 6.6 Der Fuchs nutzt seine Chance: Die kurze Unachtsamkeit des Jägers rettet ihm das Leben.

Abb. 6.7 In unübersichtlichem Gelände tragen Vorstehhunde eine Glocke um den Hals. Ist diese nicht mehr zu vernehmen, weiss der Jäger, dass sein Hund (hier: ein English Setter) «steht».

> **Tipps für den Jäger:**
> Voraussetzung für den Jagderfolg ist ein gründlich ausgebildeter Hund. Zudem ist eine hervorragende Schiessfertigkeit mit der Flinte erforderlich.
> Während der Jagd muss die Windrichtung immer wieder geprüft werden. Nur gegen den Wind kann ein Hund Wild frühzeitig wahrnehmen.

Beizjagd (Falknerei)

Die Jagd mit ausgebildeten Greifvögeln nennt man Beizjagd (Beizen). Sie befasst sich mit der Zähmung von Greifvögeln und deren Abrichtung zur Jagd. Diese jagdliche Gemeinschaft von Mensch und Vogel ist eine sehr alte Form der Wildtiernutzung.

In der Schweiz werden heute ausschliesslich Rabenvögel auf diese Weise bejagt (= gebeizt). Die falken- und habichtartigen Greifvögel stammen nicht aus freier Wildbahn, sondern aus Zuchten. Der Beizjäger muss in der Schweiz über eine Falkner- und Jägerprüfung verfügen sowie eine Bewilligung zum Halten von Greifvögeln besitzen. Interessenvertreter der Falknerei in unserem Land ist die Schweizerische Falkner-Vereinigung.

Abb. 6.8 In der Schweiz wird die Beizjagd nur auf Rabenvögel (v. a. auf Rabenkrähen) ausgeübt. Im Bild: ein Habicht auf der Faust des Falkners.

Der Jagdmethode anpassen: die Bekleidung

Die typischen zur Jagd getragenen Kleider unterteilt man in:

- klassisch jagdgrüne Bekleidung;
- Tarnkleider;
- Warnkleidung.

Einheitlich grüne Jagdkleider werden je nach Farbton von gewissen Wildtieren besser erkannt als vom menschlichen Auge. Deshalb sind vermehrt Kleider im Einsatz, in welchen der Jäger vom Wild kaum oder überhaupt nicht mehr wahrgenommen wird.

Praxisnahe Jagdkleider sollten ihren Träger gegenüber den Wildtieren tarnen und sie sollten robust, witterungsresistent (wasser- und winddicht), atmungsaktiv und geräuschlos sein. Je nach Jagdmethode variieren die Anforderungen an die Kleidung.

Tarnkleider lösen das Erscheinungsbild (Kontrast) des Jägers in der Umwelt auf. Je nach Wildart und Umwelt/Jahreszeit verwendet man verschiedene Tarnmuster. Geruchshemmende Kleidung mindert die witterungsbedingte Wahrnehmung des Jägers durch Wildtiere.

Achtung: Auf Jagden mit mehreren Jägern müssen aus Sicherheitsgründen Kleider mit Leuchtelementen versehen werden. Weitere Hinweise über Warnwesten, Signalbänder usw. finden sich unter «Bewegungsjagd».

Abb. 6.9 Moderner Tarnkleidung begegnen viele unserer Jäger mit Abneigung. Man kann damit jedoch sehr erfolgreich jagen. In manchen Ländern ist sie denn auch längst die Regel.

Ansprechen

Unter Ansprechen versteht der Jäger das genaue Bestimmen des lebenden Wildes nach Art, Geschlecht, Alter, sozialer Klasse und Gesundheitszustand. Das Ansprechen der Art muss in jedem Fall korrekt erfolgen. Die weiteren Merkmale sind nicht bei jeder Tierart möglich und spielen vorab beim Schalenwild eine Rolle. Geschossen wird erst, nachdem man einwandfrei angesprochen hat. Licht, Distanzen oder ungenügende Sichtbarkeit des Tieres können dies erschweren.

- Muttertiere: Auf der Flucht folgen Jungtiere des Rot-, Gams- und Steinwildes ihren Müttern meist dicht hinterher. Während des Ruhens oder Äsens halten sich Kitze und Kälber jedoch oft stundenlang vom Muttertier entfernt auf. Eine Hirschkuh oder eine Gams- bzw. Steingeiss darf erst erlegt werden, wenn ein Blick von hinten klar zeigt, dass sie nicht laktierend ist. Das Leittier eines Hirschrudels ist in der Regel immer führend.
- Geschlechtsbestimmung: Bei Hirsch oder Reh ist das Geschlecht während der längsten Zeit des Jahres am Geweih einwandfrei zu erkennen. Bei Gämsen dagegen bringt neben dem Betrachten der Krickel der Blick zwischen die Hinterläufe (Hoden/Gesäuge) oder das Beobachten der Position beim Urinieren (= Nässen) Sicherheit.
- Altersbestimmung: Das Alter allein aufgrund des Geweihs erkennen zu wollen, ist kaum möglich. Dessen Wachstum wird nämlich je nach Wildart mehr durch Umweltbedingungen (Nahrung, Klima), den Sozialstatus und die Erbanlage geprägt als durch das Alter.

Abb. 6.11 Laktierende Steingeiss (Gesäuge von hinten): Diesen Fehlabschuss hätte man durch korrektes Ansprechen verhindern können.

Abb. 6.10 Voraussetzung für einen korrekten Abschuss ist das genaue Ansprechen, was gerade im Gebirge oft stundenlanges Beobachten bedeutet.

Vor dem Schuss

Bevor der Jäger ein Wildtier beschiesst, muss er sich die folgenden sechs Fragen positiv beantworten können. Erst dann darf er den Abzug betätigen.

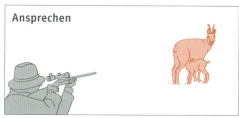

Ansprechen

Ist das Tier vom Gesetz her erlegbar?

Schussdistanz, sicheres Erlegen

Stimmt die Schussdistanz?

Flugbahn

Hat mein Geschoss freie Flugbahn?

Kugelfang

Habe ich einen geeigneten Kugelfang hinter dem Tier?

Gefährdung

Gefährde ich ausser dem Wild, das ich zu erlegen beabsichtige, niemand und nichts?

Bergen

Kann ich das Wild nach dem Erlegen bergen?

G 6.2 Sechserregel: Die sechs Sicherheitsfragen vor der Schussabgabe.

Der Jäger wartet stets auf den geeigneten Moment zur Schussabgabe. Fühlt er sich nicht sicher, verzichtet er darauf. So schafft er sich die besten Voraussetzungen für einen wünschbaren Treffer.

Beim beschossenen Wild sollte der sofortige Tod eintreten.

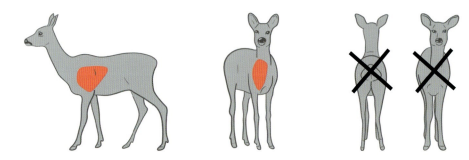

G 6.3 Für den Schuss geeignete (rot) und nicht geeignete (schwarz) Trefferlagen.

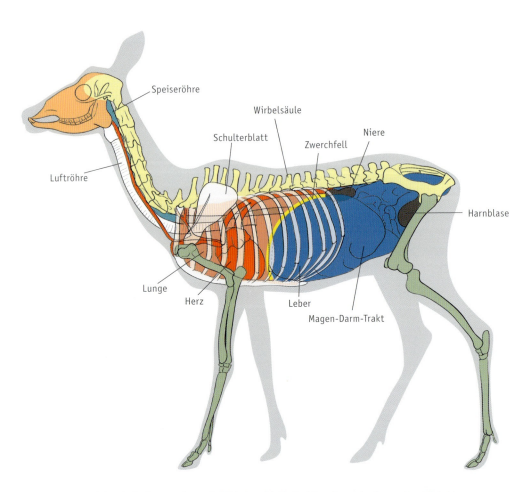

G 6.4 Lage und Gestalt der inneren Organe bei Schalenwild. Blattschüsse liegen im Kammerbereich (rot) vor dem Zwerchfell.

G 6.5 Bei der modernen Wildtierscheibe (Zielscheibe) umfasst ein Treffer den tödlichen Bereich (Kammerschuss) vor dem Zwerchfell: Herzfeld (rot) und Lungenfeld (blau).

Zwischen Kugel- und Schrotschuss gibt es einige Unterschiede zu beachten.

Kugelschuss

Bei Paarhufern und beim Raubwild gilt der Treffer seitlich quer durch die Brusthöhle (Kammer-/Blattschuss), das heisst durch Herz und/oder Lunge als optimal.

Unerwünschtes

- Kopf- und Trägerschüsse können zwar auch ein sofortiges Umfallen des Wildes bewirken, allerdings ist die Trefferzone (Gehirn oder Halswirbelsäule) sehr klein und bereits die geringste Abweichung der Kugel kann zu schweren, aber nicht sofort tödlichen Verletzungen führen (z.B. Äserschüsse).
- Weitschüsse sind zu vermeiden, da diverse Faktoren (z.B. Windverhältnisse, Hindernisse, Schützenfehler) beträchtliche Abweichungen des Geschosses verursachen.
- Wildbrethygiene: Ein- und Ausschuss sollten vor dem Zwerchfell liegen, d.h. der Magendarmtrakt darf nicht verletzt werden.

Die verwendete Munition ist über Erfolg oder Misserfolg mitentscheidend. Grundsätzlich gilt: Je schwerer das Wild desto mehr Energie benötigt das Geschoss, um in den Wildkörper einzudringen. Es muss deshalb mit zunehmender Grösse des Wildes schwerer und härter sein. Bei schwächerem Wild wie z.B. Rehen empfiehlt es sich, ein leichteres und weicheres Geschoss zu verwenden.

Schrotschuss

Schrotschüsse über 35 Meter (Stahlschrot über 30 m) sind zu unterlassen. Die Durchschlagskraft der Schrote (Energie) und die Deckung der Schrotgarbe nehmen danach in gravierender Weise ab.

Beim Schrotschuss spielt in Bezug auf die Wirkung die Anzahl der Schrote, die auf den Wildkörper auftreffen, die Hauptrolle. Deshalb wählt man mit Vorteil eine möglichst kleine, dem zu bejagenden Wild jedoch angepasste Schrotnummer. Die folgenden Angaben verstehen sich als Richtwerte.

Schrotgrössentabelle

Tierart	Bleischrotdurchmesser	Stahlschrotdurchmesser
Rehwild	3,5–4,25 mm	Max. Schussdistanz 30 m und, falls möglich, den Schrotdurchmesser um zirka 0.25–0.5 mm vergrössern.
Fuchs	3,0–3,5 mm	
Dachs	3,5–3,75 mm	
Enten	2,5–3,0 mm	
Ringeltauben	2,5 mm	
Waldschnepfen	2,0 mm	

Während des Schusses

Die Schussabgabe erfolgt immer mit höchster Konzentration und Sorgfalt. Obschon vom Ziehen des Abzugs bis zum Auftreffen des Geschosses auf das Tier nur Sekundenbruchteile verstreichen, kommt dieser Phase eine grosse Bedeutung zu. Der Schütze muss bei der Schussabgabe «durchs Feuer schauen»: Seine Augen bleiben auf das Wild gerichtet. Nur so kann er beobachten, wie dieses auf den Schuss reagiert (= zeichnet) und in welche Richtung es allenfalls flieht.

Nach dem Schuss

a) Wild wurde erlegt

Nach der Schussabgabe muss der Schütze bereit sein, wenn nötig sofort einen zweiten Schuss abzufeuern. Je nach Art der Waffe ist also unverzüglich nachzuladen. Selbst wenn er sicher ist, dass er das Stück Wild gut getroffen hat, wartet er kurze Zeit, bis er sich diesem nähert. Damit ist garantiert, dass es in Ruhe verenden kann. Anschliessend wird es auf der Einzeljagd umgehend geborgen. Bei anderen Jagdformen ist gemäss den Vorgaben der Jagdleitung vorzugehen.

Nach dem Schuss

Abb. 6.12 Die Schusszeichen eines korrekt beschossenen Rehbocks (Kammerschuss).

Je nach Jagdmethode, Brauchtum oder kantonalen Vorschriften verläuft das Versorgen des Wildes etwas unterschiedlich.

- Bestimmen des Wildes: Bestimmt werden Geschlecht (soweit erst am toten Tier ersichtlich), Alter und eventuell weitere behördlich verlangte Merkmale (z. B. Gewicht, bestimmte Körpermasse);
- Erledigung allfälliger administrativer Arbeiten (Patentjagd: Ausfüllen der Abschussdokumente, Markierung);
- Erweisen der letzten Ehre: Schalenwild z. B. erhält einen «letzten Bissen»;
- Schützenbruch: Erleger von Schalenwild stecken sich einen Schützenbruch an den Hut. Diesen nimmt sich der Schütze auf der Einzeljagd selbst; auf einer Bewegungsjagd erhält er ihn vom Jagdleiter;
- Überprüfung des Wildtierkörpers auf äussere Auffälligkeiten (Wildbrethygiene);
- Schalenwild: Aufbrechen. Während der «roten Arbeit» des Wildes Überprüfung auf innere Auffälligkeiten (Wildbrethygiene);
- Vor allem während der wärmeren Jahreszeiten möglichst rascher Abtransport zwecks Kühlung des Wildbrets (Wildbrethygiene).

Auf das korrekte Vorgehen bei der Wildversorgung wird unter «Wildbretverwertung» eingegangen.

b) Wild liegt, ist aber nicht tot (verendet)

In seltenen Fällen liegt das beschossene Tier, kann aber aus irgendwelchen Gründen nicht verenden und muss deshalb unverzüglich getötet werden.

Nachschiessen: Wenn die Sicherheitsvorschriften es zulassen, soll aus der gleichen Position ein weiteres Mal geschossen werden. Dabei ist zu beachten, dass der zweite Schuss mit Bedacht abgegeben wird und somit tödlich ist. Ob möglicherweise Wildbret beschädigt wird, ist in einem solchen Fall von zweitrangiger Bedeutung.

Fangschuss: Liegt das beschossene Wild uneinsehbar (z. B. hinter einem Baum), geht man vorsichtig heran. Folgende Punkte müssen beachtet werden:

- Der Jäger nähert sich dem verletzten Tier wenn immer möglich von hinten.
- Bei ungenügendem Kugelfang wird der eigene Standort so geändert, dass der Fangschuss niemanden gefährdet. Nur in absoluten Ausnahmefällen wird das Tier zu einem genügenden Kugelfang verschoben.
- Nach Möglichkeit auf den Kopf (Haupt) oder den Hals (Träger) schiessen.
- Falls ein Fangschuss Gefahr für Menschen, Hunde oder Sachwerte bedeuten würde, tötet man das verletzte Tier mit einem Messerstich in die Herzgegend.

Der Umgang mit speziellen Fangschusswaffen ist unbedingt vorher zu üben, da ihr Einsatz oft unter Stress erfolgt.

Abb. 6.13 Die Ehrerweisung für den erfolgreichen Schützen wird je nach Region verschieden gehandhabt.

c) Wild liegt nicht und ist flüchtig

Grundsatz: Jedes beschossene und geflüchtete Wild, unabhängig von der Wildart, wird korrekt nachgesucht.

Liegt das beschossene Wild nicht im Feuer, bleibt die Unsicherheit bestehen, ob es unverletzt oder angeschossen geflüchtet ist. Das anschliessend richtige Verhalten des Schützen ist die erste wichtige Voraussetzung für eine erfolgreiche Nachsuche.

Damit sich der Nachsuchende ein möglichst genaues und umfassendes Bild der Situation machen kann, ist er auf präzise Angaben des Schützen angewiesen.

Unabhängig von kantonalen Unterschieden in der Organisation von Nachsuchen, haben sich in der Jagdpraxis folgende Verhaltensregeln bewährt:

1. sich Einprägen der Anschuss-Stelle und der Fluchtrichtung des Wildes;
2. auf ungewöhnliche Geräusche des fliehenden Wildes achten, z.B. das Knacken von Zweigen, das Rascheln von Laub, rollende Steine, das Schlagen gegen Baumstämme;
3. Sichern bzw. Entspannen der nachgeladenen Waffe;
4. Verbrechen des Standes.
   Achtung: Da nur schwer sichtbar, sind die traditionellerweise verwendeten Brüche wie z.B. Nadelholzäste in unübersichtlichem Gelände ungeeignet. Bewährte Hilfsmittel sind hingegen Leuchtbänder oder ganz einfach Papiertaschentücher. Dasselbe gilt für das Verbrechen des Anschusses.
5. Nach einigen Minuten Wartezeit nähert man sich mit geladener, aber gesicherter Waffe vorsichtig der Umgebung des Anschusses.
   Achtung: Dies gilt nur für die Einzeljagd. Auf Bewegungsjagden ist das Verlassen des Standes vor Ende eines Treibens untersagt. Auf vielen solcher Jagden ist es zudem verboten, einen Anschuss selbst zu suchen. Der Schütze hat dort einzig und allein seinen Stand zu verbrechen. Zu Beginn der Nachsuche muss er von dort den Schweisshundeführer auf den Anschuss einweisen. Ist ein Anschuss schwierig zu finden (z.B. Geröllhalde oder grosse Wiese), leistet eine zweite Markierung in exakter Ausrichtung zum Anschuss gute

Dienste. Ist eine Zweitperson anwesend, kann diese durch den Schützen eingewiesen werden.

6. Findet der Schütze zufälligerweise Schuss- oder Pirschzeichen, verbricht er sie. Ist nichts zu erkennen, muss der ungefähre Anschussort verbrochen werden. In beiden Fällen wird auch die Fluchtrichtung bezeichnet.
Achtung: Die Umgebung des Anschusses darf unter keinen Umständen durch planloses Herumgehen zertrampelt werden!

7. Nun nimmt man mit dem Schweisshundeführer (auf der Einzeljagd) oder dem Jagdleiter (auf Bewegungsjagden) Kontakt auf.
Ein eisernes Prinzip lautet: Keine Nachsuche ohne ausgebildeten Hundw!

8. Nachdem sich der Schweisshundeführer durch den Schützen eingehend hat informieren lassen, übernimmt er das Kommando und organisiert die Nachsuche. Seinen Anweisungen ist von allen daran Beteiligten strikte Folge zu leisten.

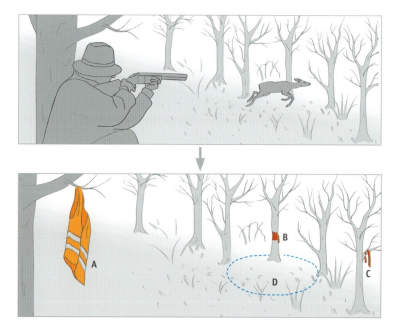

G 6.6 Nachsuche-Situation: Der Schütze markiert seinen Standort bei der Schussabgabe (A), den Anschuss (B) und die Fluchtrichtung des Wildes (C). Im nahen Umfeld des Anschusses (D) sind erste Pirschzeichen zu erwarten. Hier beginnt die Nachsuche.

Die Nachsuche

Das Ziel der Nachsuche ist es, mithilfe eines Nachsuchegespannes (qualifizierter Hundeführer und ausgebildeter Schweisshund) verletztes Wild möglichst rasch zu finden, bereits verendete Stücke zu bergen (= Totsuche) und noch lebende von ihrem Leiden zu befreien.

Ausführliche Informationen zur Schweissarbeit sind unter «Jagdhunde» zu finden.

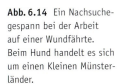
Abb. 6.14 Ein Nachsuchegespann bei der Arbeit auf einer Wundfährte. Beim Hund handelt es sich um einen Kleinen Münsterländer.

Schuss- und Pirschzeichen

Schusszeichen: Als Schusszeichen bezeichnet man sämtliche Zeichen, die im Zusammenhang mit einem Schuss auf Wild wahrzunehmen sind: das Geräusch der Kugel beim Auftreffen auf den Wildkörper (= Kugelschlag), die Reaktion wie Hochspringen oder Zusammenbrechen des Wildes (= Zeichnen) auf den Schuss sowie sämtliche Zeichen, die am Anschuss zu finden sind, z. B. der Einschlag des Geschosses im Boden (= Kugelriss), abgeschossene Äste oder Zweige oder Einschläge in Baumstämmen und vor allem auch die Pirschzeichen.

Pirschzeichen: Pirschzeichen sind all jene Zeichen, die das getroffene Wild hinterlässt und die oft Aufschluss darüber geben, welche Verletzungen ihm zugefügt wurden. Dazu gehören Schnitthaare, Schweiss, Knochensplitter, Organteile, Fettpartikel, Darminhalt usw. sowie die Schaleneingriffe des geflüchteten Tieres.

Blattschuss

Krellschuss

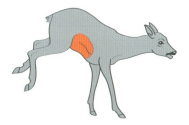
Leber-, Pansen-, Milzschuss

G 6.7 Typische Reaktionen des Wildes auf den Schuss (= Zeichnen) aufgrund bestimmter Trefferlagen des Geschosses. Ganz starre Regeln für das Zeichnen gibt es jedoch nicht.

Pirschzeichen beim Kugelschuss

Ein Kugelschuss verursacht beim getroffenen Wild im Allgemeinen viele und deutlich sichtbare Pirschzeichen, die weit verstreut liegen können. Ein erfahrener Schweisshundeführer wird sie sorgfältig untersuchen und richtig interpretieren.

Trefferlage: Kugelschuss im Brustbereich (Kammer- oder Blattschuss).
Bemerkung: Der Blattschuss ist der sicherste Schuss. Das tödlich getroffene Wild verendet schnell.
Schusszeichen: Schlagartiges Zusammenbrechen (oder auch hoher Sprung in die Luft) bei Treffern im Bereich der oben am Herz liegenden Hauptschlagader (Aorta). Reine Lungentreffer und solche im unteren Herzbereich können eine rasante Flucht von oft noch über 100 m bewirken.
Pirschzeichen: Stets viel Lungenschweiss (hellroter Schweiss mit Luftbläschen), oft auch kleine Lungenfetzen.

Trefferlage: Kugelschuss im Bauchbereich (Weidwundschuss).
Bemerkung: Je nach Schusshärte muss das getroffene Wild eine gewisse Zeit in Ruhe gelassen werden. Man soll ihm Gelegenheit geben, ins Wundbett zu gehen, um dort möglicherweise zu verenden. Sucht man zu schnell nach, wird es unter Umständen unnötig hochgemacht und zu einer weiten Flucht veranlasst.
Schusszeichen: Das Wild reagiert durch Zusammenzucken im Bauchbereich und durch Krümmen des Rückens.
Pirschzeichen: Dunkler Schweiss, der bei Leber- und Milzschüssen mit entsprechenden Gewebefetzen durchsetzt ist. Bei Gescheideschüssen ist er durchmischt mit Panseninhalt, Darminhalt und Organfetzen.

Trefferlage: Kugelschuss durch den Lauf (Laufschuss).
Bemerkung: Laufschüsse ergeben fast immer lange und sehr schwierige Nachsuchen. Das getroffene Stück wird ohne hetzenden und wildscharfen Hund kaum zur Strecke gebracht.
Schusszeichen: Einbrechen und anschliessend Flucht, bei welcher der verletzte Lauf anfänglich nachgeschleppt wird.
Pirschzeichen: Am Anschuss und zu Beginn der Fährte befinden sich scharfkantige Knochensplitter, kurze Schnitthaare und meist auch Schweiss. Mit zunehmender Länge der Wundfährte verringern sich die Pirschzeichen deutlich.

Trefferlage: Kugelschuss auf die Wirbelsäule (Krellschuss).
Bemerkung: Krellschüsse führen stets zu schwierigen Nachsuchen. Schusszeichen: Das Tier stürzt «wie vom Blitz getroffen» zu Boden und bleibt einige Zeit wie tot liegen. Dann erhebt es sich plötzlich und flüchtet.
Pirschzeichen: Oft kleine Knochensplitter mit Schweiss.

Abb. 6.15 Aufgefundene Knochensplitter nach einem Laufschuss auf eine Hirschkuh.

Abb. 6.16 Aufgefundene Pirschzeichen nach einem Äserschuss auf eine Hirschkuh.

Trefferlage: Kugelschuss auf die Körperrandzone (Streifschuss).
Bemerkung: Er kann offene und schmerzhafte Wunden verursachen.
Schusszeichen: Ausser einer rasanten Flucht sind oft keine ersichtlich.
Pirschzeichen: reichlich Schnitthaar und je nach Trefferlage auch Hautfetzen und Muskelschweiss.

Trefferlage: Äserschuss (= Kieferschuss).
Bemerkung: Der Äserschuss bedeutet für das getroffene Tier eine schwerwiegende Verletzung.
Schusszeichen: Oft sind ausser einer rasanten Flucht keine ersichtlich.
Pirschzeichen: Gewebefetzen, Knochensplitter und vor allem Zahnfragmente lassen keine Zweifel über die Schusslage übrig.

Pirschzeichen beim Schrotschuss

Der Schrotschuss verursacht generell wenig Pirschzeichen. Doch selbst bei zweifelhaften Schüssen müssen wir stets davon ausgehen, dass das beschossene Wild wenigstens durch einen Teil der Schrotgarbe oder durch Randschrote getroffen wurde. Eine Nachsuche ist deshalb immer zwingend.

Trefferlage: Schrotgarbe im Brustbereich (Rehwild).
Schusszeichen: Meist schlagartiges Zusammenbrechen und sofortiger Tod. Hat das Wild den Schützen vor dem Schuss bemerkt, springt es gelegentlich noch ab, ohne merklich zu zeichnen.
Pirschzeichen: Solche sind oft kaum oder gar nicht zu finden.

Trefferlage: Schrotgarbe im Bereich des Hauptes (Rehwild).
Schusszeichen: Hochspringen im Schuss mit Kopfschwenken, oft kombiniert mit Zusammenfallen, schnellem wieder Hochwerden und Abspringen.

Pirschzeichen: Werden einzelne Blutgefässe im Kopfbereich getroffen, kann am Anschuss und entlang der Fluchtstrecke viel und hoch abgestreifter oder abgespritzter Schweiss nachgewiesen werden.

Trefferlage: Schrotgarbe im Laufbereich (Rehwild).
Schusszeichen: Meist schlagartiges Einknicken der Läufe mit anschliessendem Hochwerden und Abspringen mit oftmals kaum erkennbaren Verletzungen.
Pirschzeichen: Trotz offener Brüche kaum Knochensplitter. Nur wenn Blutgefässe verletzt wurden, ist abgespritzter oder tief abgestreifter Schweiss zu finden.

Trefferlage: Schrotgarbe im Bauchbereich (Rehwild).
Bemerkung: Bei nur wenigen Schrottreffern ist die Gefahr gross, dass das Stück zwar nicht gefunden, an den Verletzungen aber schlussendlich eingehen wird.
Schusszeichen: Kaum erkennbares Zeichnen, Abspringen in schneller Flucht.
Pirschzeichen: Kaum Pirschzeichen am Anschuss.

Jagdaufsicht

Die Kantone sind nicht nur für die Planung und Organisation der Jagd zuständig, sondern regeln auch die Beaufsichtigung des Jagdbetriebes. Je nach Jagdsystem wird die Aufsicht unterschiedlich gehandhabt. In Kantonen mit Patentjagd sind staatliche Angestellte damit betraut. Neben diesen hauptamtlichen Wildhütern erfüllen meist zusätzliche Jagdaufseher und/oder Hilfsaufseher verschiedene Aufgaben. In den Revierjagdkantonen stehen Jagdaufseher zur Verfügung, die im Dienst der Jagdgesellschaften stehen. Doch auch im Revierjagdsystem kennt man vollamtliche kantonale Wildhüter, welche zum Teil spezielle Funktionen wahrnehmen.

Abb. 6.17 Ob in Patent- oder Revierkantonen: Bei Wildunfällen rücken Personen der Jagdaufsicht (Wildhüter, Jagdaufseher) aus.

Abb. 6.18 Die professionelle Wildhut kümmert sich auch um geschützte Tiere, wie etwa hier um den Biber (Kanton Bern).

Lernziele

Der Jäger/die Jägerin
- kennt seine Tätigkeiten im Jahreslauf;
- kann die in seinem persönlichen jagdlichen Umfeld massgebenden Interessegemeinschaften/Vereine/Verbände (regional und kantonal) und Behörden nennen;
- weiss über deren Zuständigkeiten und Aufgaben Bescheid;
- kennt die gebräuchlichen Jagdmethoden und ihre Besonderheiten;
- kennt die wichtigen Unterschiede zwischen Kugel- und Schrotschuss;
- weiss, wie er sich vor, während und nach dem Schuss zu verhalten hat;
- kennt das richtige Vorgehen nach einem Fehlschuss;
- weiss, was Schuss- und was Pirschzeichen sind, und kann diese beschreiben.

7 Wildbretverwertung

228 Lebensmittelgesetzgebung
229 Zwölf kritische Punkte in der Wildbretproduktion
237 Das Aufbrechen von Schalenwild

7 Wildbretverwertung

Den grössten Respekt erweist ein Jäger dem erlegten Wild, wenn er um die fachgerechte Verarbeitung und Veredelung von dessen Körper besorgt ist. Die Produktion von hochwertigem Wildfleisch (Wildbret) ist heutzutage ein sinnvolles und daher wichtiges Argument bei der Begründung unserer Jagd. Dabei müssen aber alle in diesem Zusammenhang zweifelhaften jagdlichen Bräuche den modernen Erkenntnissen der Lebensmittelhygiene Platz machen.

Das Fleisch von wild lebenden Säugetieren und Vögeln bezeichnet man als Wildbret. Der Konsument schätzt daran dessen hohe Qualität als Nahrungsmittel, stammt es doch aus völlig natürlicher Produktion. Antibiotika- und Hormonzusätze oder hohe Fettanteile sind beim Wildbret kein Thema.

Unser Augenmerk richten wir in diesem Kapitel vorwiegend auf jene Wildarten, welche aus unserer Jagd auf den Markt gelangen. Dabei handelt es sich fast ausschliesslich um Schalenwild.

Lebensmittelgesetzgebung

Nur absolut einwandfreies Wildfleisch darf in den Verkehr gebracht werden. Wenn es im Eigengebrauch, das heisst in der eigenen Familie, verzehrt wird, unterliegt es diesem rechtlichen Grundsatz nicht.

Kommt Wildbret jedoch in den Handel, ist der Produzent (in diesem Fall der Jäger als Erleger), gegenüber dem Empfänger verpflichtet, die entsprechenden gesetzlichen Vorgaben erfüllt zu haben. Um solchen Ansprüchen gerecht zu werden, muss er erstens die Grundlagen der Wildbretproduktion kennen und zweitens auch bereit sein, diese strikte anzuwenden.

Beim Verkauf von Wildbret an Grossbetriebe muss dieses vorgängig von einer speziell ausgebildeten Person systematisch kontrolliert werden. Gelangt das Wildbret an Kleinbetriebe oder Privatpersonen, muss der Erleger (Jäger) dessen Überprüfung nach den Kriterien der Selbstkontrolle (kritische Punkte in der Wildbretproduktion) selbst vornehmen und die Verantwortung dafür tragen.

Abb. 7.1 Wildgericht: kulinarischer Genuss eines fachmännisch verarbeiteten Naturprodukts.

Zwölf kritische Punkte in der Wildbretproduktion

G 7.1 12 wichtige Punkte, welche vom Erlegen eines Stückes Wild bis zum Verkauf von dessen Wildbret zu beachten sind.

Todesursache/Eintreten des Todes

Aus der Jagd geliefertes Wildbret sollte von Tieren stammen, die möglichst schnell und ohne übermässigen Stress getötet wurden.

Abb. 7.2 Erfolgreicher Morgenansitz: Hier beginnt der Weg zum hochwertigen Nahrungsmittel Wildbret.

Jagdmethode

Angestrebt werden Jagdsituationen, die dem Jäger ein weitgehend sicheres Ansprechen und Erlegen des Wildes erlauben. Dazu geeignet sind Ansitz, Pirsch und Bewegungsjagden, auf welchen das Wild möglichst ruhig anwechselt. Beim Ansprechen des Wildes wird auf Auffälligkeiten in dessen Erscheinungsbild und/oder dessen Verhalten geachtet. Sie können Hinweise sein auf eine gesundheitliche Beeinträchtigung des Tiers.

Schusslage/Auswirkungen

Der Jäger verwendet nur Jagdwaffen, mit deren Handhabung er vertraut ist und mit denen er vorgängig ausreichend geübt hat. Die verwendete Munition ist der zu erlegenden Tierart anzupassen, bleifreie Munition zu bevorzugen. Will man ein Wildtier korrekt erlegen, ist auch eine genaue Kenntnis seiner Anatomie unabdingbar. Beim Kugelschuss sollten Ein- und Ausschuss vor dem Zwerchfell liegen (Kammerschuss), damit das Wildbret nicht unnötig verunreinigt wird.

Nachsuche

Das Wildbret aus Nachsuchen darf nur dann als unbedenklich eingestuft werden, wenn es von einer Totsuche stammt, die möglichst unmittelbar nach dem Schuss erfolgte, die Fluchtstrecke zudem gering war und das Stück unverzüglich aufgebrochen wurde.

Wild aus anderen Nachsuchen muss von einem speziell ausgebildeten Jäger gründlich begutachtet werden. Wird nichts Auffälliges erkannt, ist es für den Verkauf als aus einer Nachsuche anfallendes Wild zu deklarieren.

Aufbrechen

Diese Arbeit wird weiter unten beschrieben.

Erlegtes Wild sollte man immer möglichst bald nach dem Schuss aufbrechen. Denn bereits kurze Zeit nach dem Tod des Tieres beginnen Mikroorganismen aus dem Magen-Darm-Trakt, das Wildbret zu verunreinigen.

Beim Aufbrechen wird das Wild genau untersucht.

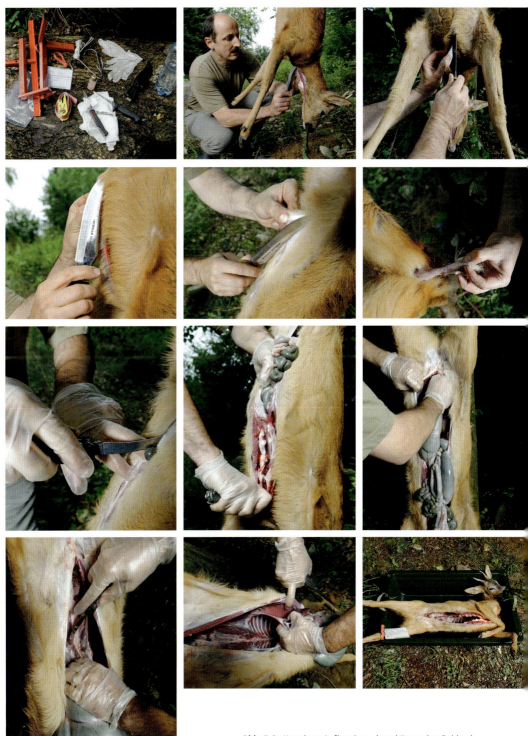

Abb. 7.3 Korrektes Aufbrechen eines hängenden Rehbocks.

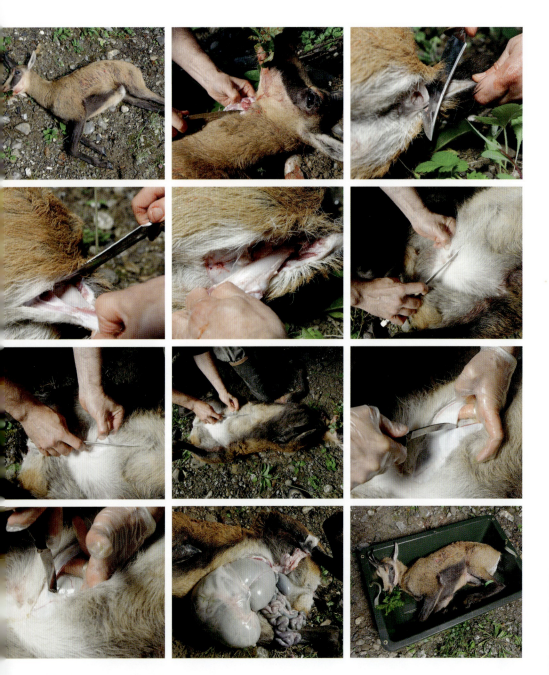

Abb. 7.4 Korrektes Aufbrechen einer liegenden Gämse.

Untersuchen

Um in der Lage zu sein, einen Wildkörper auf Auffälligkeiten zu untersuchen, muss man seinen Normalzustand kennen. Ein Jagdausübender soll befähigt sein, Abweichungen bei Organen und beim Wildbret festzustellen. Findet er solche, hat er einen Spezialisten (Metzger, einen entsprechend ausgebildeten Jäger oder Tierarzt) beizuziehen.

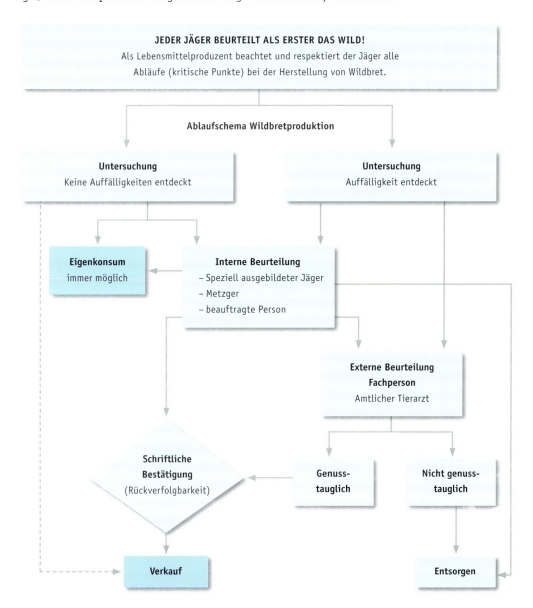

G 7.2 Ablaufschema der Wildbretproduktion mit und ohne entdeckte Auffälligkeiten im Wildbret.

Obligatorische Probeentnahme für die Trichinenkontrolle beim Schwarzwild: Ein Stück Zwerchfell, Zunge oder Kaumuskel von zirka 40 g wird einem dafür zuständigen Labor zur Untersuchung gesandt. Der Negativ-Befund (Bericht) ist dem Tier beim Verkauf beizulegen.

Bergung

Den Wildtierkörper bringt man so schnell wie möglich in einen geeigneten Kühlraum. Es ist darauf zu achten, dass die Körperöffnungen während der Überführung keinesfalls verschmutzt werden. Je nach Situation ist auch ein Schutz vor Fliegen notwendig, z. B. ein Insektennetz.

Möglichst tiefe Aussentemperaturen (die sich jedoch oberhalb des Minusbereiches befinden) sind eine günstige Voraussetzung für einen Wildbret schonenden Transport.

Abb. 7.5 *(links)* Bergung eines Stückes Rehwild.

Abb. 7.6 *(rechts)* In manchen Gebieten ist das Bergen von Wild sehr schwierig und kann für die Wildbrethygiene problematisch sein.

Strecke legen

Um Wildbret korrekt zu behandeln, wird auf das klassische Legen der Strecke verzichtet. Milde Temperaturen verhindern eine aktive Kühlung der Wildtierkörper, und Bodenkeime verunreinigen dieselben unnötig.

Kühlung / Lagerung

Fachgerechte Lagerung ist nur in einem sauberen, genügend grossen Kühlraum mit einer Temperatur von 0 bis 2 °C möglich.

Fleischreifung findet auch bei kühlen Temperaturen statt. Sie macht das Wildbret zarter und aromatischer und verhindert gleichzeitig eine rasche Vermehrung unwillkommener Bakterien (Fäulnisbakterien). Übrigens: Reifung ist nur für zarte Fleischstücke von Bedeutung.

Zwölf kritische Punkte in der Wildbretproduktion | Verarbeitung

Abb. 7.7 Wild wird im Fell (Decke) im geeigneten, separaten Kühlraum ausgekühlt.

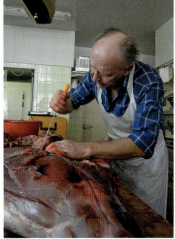

Abb. 7.8 Immer mehr Jäger lassen das Wild auch für den Eigenverbrauch professionell verarbeiten.

Verarbeitung

Selbst für den Eigenverbrauch vertrauen heutzutage viele Jäger ihr Wildbret dem kompetenten Berufsmann an. Metzger können dafür garantieren, dass ein Wildkörper fachmännisch verarbeitet wird.

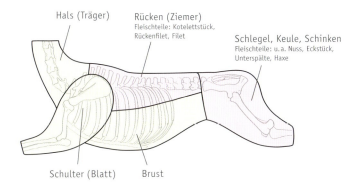

G 7.3 Bedeutung der verschiedenen Körperteile von Wild für die Küche:

– rot markierte Teile sind von zarter Qualität (kurzes Garen);
– gelb markierte Teile sind von zäher Qualität (langes Garen).

Abb. 7.9 Ein verschwindend kleiner Teil des Wildbrets im Handel stammt aus heimischer Jagd.

Verkauf

Nur qualitativ einwandfreies Wildbret gelangt in den Verkauf. Solches darf und sollte als hochwertiges, natürliches und aus nachhaltiger Nutzung gewonnenes Lebensmittel angepriesen werden. Die Rückverfolgbarkeit gekauften Wildbrets aus der Region wird durch ein Begleitdokument (z. B. Etikette, Marke, Quittung) gewährleistet. Dieses gibt z. B. Aufschluss darüber, wer wann wo welches Wild erlegt oder Wildbret verarbeitet hat. Mit diesem Begleitdokument bekundet die zuständige Person (Jäger, Metzger), dass sie sämtliche Massnahmen getroffen hat (Selbstkontrolle), welche für die Produktion eines Lebensmittels verlangt werden.

Aus- und Fortbildung

Mit den kantonalen Jagdausbildungen wird ein Grundstein im Bereich der Wildbretverwertung gelegt. In Zusammenarbeit mit den kantonalen Behörden (z. B. Veterinärdienst) soll dieses Grundwissen bei den Jagdausübenden in Kursen gefördert und stets neuen Erkenntnissen angepasst werden. Ziel ist es zudem, längerfristig für den jagdlichen Alltag möglichst viele Jäger mit spezieller Ausbildung im Bereich «Wildbrethygiene» zur Verfügung zu haben.

Das Aufbrechen von Schalenwild

Sauberes Aufbrechen muss man lernen und vor allem auch üben. Erfahrene Jäger und natürlich vorab die Metzger unter ihnen sind geeignet, werdende Jäger entsprechend zu schulen.

In der Praxis kommen zwei Aufbrechtechniken zur Anwendung:

a) Das Stück wird hängend aufgebrochen: Diese Methode ist aus verschiedenen Gründen vorzuziehen, sofern anwendbar (Gelände, Einrichtungen, Wildgrösse).
b) Das Stück wird am Boden liegend aufgebrochen.

Der Wildtierkörper wird hängend aufgebrochen.	Der Wildtierkörper wird am Boden liegend aufgebrochen.
Vorteile:	Vorteile:
▪ ideale Köperhaltung des Aufbrechenden; ▪ optimale, sichere Messerführung; ▪ alle Organe werden auf einmal entfernt; ▪ keine Verschmutzung durch Bodenkeime; ▪ Körperflüssigkeiten fliessen ab; ▪ sichtbare Verunreinigungen können einfach entfernt werden; ▪ Untersuchung kann sorgfältig vorgenommen werden.	▪ keine Installationen notwendig; ▪ dank kleinerer Öffnungen wesentlich geringere Gefahr, das Innere des Körpers beim Transport zu verunreinigen.

Benötigte Utensilien:

- der Grösse des Wildes angepasstes, geschliffenes und sauberes Aufbrechmesser;
- Einweg-Gummihandschuhe;
- genügend Wasser in Trinkwasserqualität;
- Papiertücher;
- gut verschliessbare Plastiksäcke;
- saubere Wildwanne;
- Aufhängevorrichtung.

1. Der Wildtierkörper wird an beiden Hinterläufen oder bei kleinerem Wild an einem Lauf aufgehängt. Untersuchung auf äussere Auffälligkeiten.	1. Bevor der Wildtierkörper in eine für das Aufbrechen passende Position gerückt wird: Untersuchung auf äussere Auffälligkeiten.
2. Fellschnitt: Beim Kinn beginnend, wird das Fell (Decke) bis zum Bauchansatz zwischen den Hinterläufen (Schlossbein) aufgeschnitten (aufgeschärft).	2. Bauchschnitt: Bei gespreizten Hinterläufen wird der Bauch vom Schlossansatz her nur bis zum Brustbein geöffnet.

3. Weidlochschnitt: Freilegen des Mastdarmes im Weidloch durch kleine Schnitte an der Aussenseite des Mastdarmes und leichtes Ziehen. Anschliessend das Messer sauber waschen oder wechseln.

3. Drosselschnitt: Kleiner, länglicher Einschnitt im Kehlkopfbereich. Luftröhre (Drossel) und Speiseröhre (Schlund) werden herausgezogen, etwas freigesetzt, durchtrennt, und der Schlund wird abgeknüpft. Dies alles erleichtert das anschliessende Herausziehen der inneren Organe.

4. Die Bauchhaut wird vorsichtig vom Schlossbein her aufgeschärft. Ein Messer mit einer Aufbrechklinge ist dazu ideal. Die Brust wird ebenfalls mit demselben Messer, eventuell mit der Sägeklinge, einer Knochenschere oder bei grossem Wild mit einem Schlagbeil aufgetrennt. Den Schnitt führt man anschliessend bis zum Kinn weiter.

4. Weidlochschnitt: Wie beim hängenden Aufbrechen vorbereiten.

5. Entfernen aller Organe: Im Bauchbereich wird von innen her der Mastdarm gefasst. Durch leichtes Ziehen, kombiniert mit gezielten Schnitten, nimmt man nun das ganze innere Organsystem von oben nach unten bis hin zum Lecker (= Zunge) heraus.
An den Läufen aufgehängt, kann der Körper gut austropfen und abtrocknen.

Wichtige Hinweise:
- Vorsicht bei der Entnahme der prall gefüllten Blase!
- Beim Öffnen der Körperhöhle können Organe herausfallen. Um eine sichere Schnittführung zu garantieren, müssen diese mit der freien Hand zurückgehalten werden.
- Kleine Verunreinigungen werden mit Einwegpapier oder durch gezieltes Wegschneiden entfernt. Auf Wasser wird verzichtet!

5. Vorsichtiges Durchschneiden des Zwerchfelles. Nach vorne greifen, Drossel und Schlund gut festhalten und durch kräftiges Ziehen (evtl. mithilfe vorsichtiger Schnitte) möglichst alle inneren Organe herausnehmen.
Vorsicht: Einschnitte in den Verdauungsapparat verursachen Verunreinigungen. Es besteht auch Schnittgefahr für den Jäger.

6. Untersuchung auf innere Auffälligkeiten:
Als Erstes wird der Geruch wahrgenommen. Dieser soll angenehm und nicht «eigenartig» sein. Anschliessend werden die Organe/Organsysteme durch leichtes Ziehen und sorgfältige Schnitte voneinander getrennt und begutachtet. Um Verunreinigungen zu verhindern, legt man sie auf ein Blech oder eine Plastikfolie. Kontrolliert werden: Lungenbereich, Herz, Leber, Nieren, Magen-Darm-Bereich mit Milz. Die noch an der Leber haftende Gallenblase wird entfernt. (Keine Gallenblase haben Reh- und Rotwild.)

6. Untersuchung auf innere Auffälligkeiten (siehe auch Aufbrechen von hängendem Wild): Die Organe werden an den Verbindungsstellen vorsichtig voneinander getrennt.

7. Die nicht verwendeten Innereien werden gemäss Gesetzgebung korrekt entsorgt.

Abb. 7.10 Rehlunge mit Drossel (= Luftröhre).

Abb. 7.11 *(oben links)* Gesundes Herz einer Gämse.

Abb. 7.12 *(oben rechts)* Gesunde Nieren einer Gämse.

Abb. 7.13 *(unten links)* Gesunde Leber einer Gämse. Man beachte die Gallenblase, die bei allen Hirschartigen fehlt.

Abb. 7.14 *(unten links)* Gesunde Milz einer Gämse mit typisch scharf auslaufendem Rand.

Lernziele «Wildbrethygiene»

Der Jäger/die Jägerin
- kann die Selbstkontrolle erklären;
- kennt die kritischen Punkte in Zusammenhang mit der Wildbretproduktion;
- kennt die beiden Aufbrechmethoden und kann deren Arbeitsschritte beschreiben.

8 Waffen, Munition, Optik

- 242 Gesetzliche Grundlagen
- 243 Waffenerwerb
- 243 Aufbewahren von Waffen
- 243 Tragen von Waffen
- 244 Jagdwaffen
- 253 Munition
- 259 Ballistik
- 263 Schiessen lernen und Schiessen üben
- 264 Sicherer Umgang mit Waffen
- 267 Optik

Fortschreitende technische Entwicklung macht auch bei der Jagd nicht Halt. Immer robustere und präzisere Waffen, wirksamere und umweltschonendere Munition und faszinierendere Optik werden den Jägern zum Kauf angeboten. Das Ziel dabei ist nicht nur, ihnen das Erlegen von Wildtieren einfacher zu machen – denn selbst mit ausgeklügelten technischen Hilfsmitteln bleibt Jagen immer noch eine sehr anspruchsvolle Tätigkeit. Es gilt auch, den heutigen Vorstellungen von Tier- und Umweltschutz gerecht zu werden. Jagdwaffen haben zum Zweck, Wildtiere sicher, rasch und schmerzlos zu töten. Sie können jedoch bei falscher Handhabung grosses Unheil anrichten. Um mit ihnen verantwortungsbewusst und fachgerecht umgehen zu können, brauchen wir eine solide Sachkenntnis und sehr viel Übung. Eine fundierte Schiessausbildung und regelmässiges Schiesstraining festigen die sichere Manipulation und geben uns die notwendige Treffsicherheit.

Gesetzliche Grundlagen

Neben der Jagdgesetzgebung sind dies das «Bundesgesetz über Waffen, Waffenzubehör und Munition» (Waffengesetz) sowie die dazugehörige «Verordnung über Waffen, Waffenzubehör und Munition» (Waffenverordnung).

Im Waffenrecht des Bundes wird insbesondere geregelt, wer welche Waffen, Waffenbestandteile oder Munition unter welchen Bedingungen erwerben, verkaufen, besitzen, ausleihen, herstellen, abändern, auf sich tragen oder verwenden darf.

Wer auf der Jagd im Ausland seine eigenen Waffen führen möchte, sollte unbedingt die jeweils landesspezifische Waffengesetzgebung beachten.

Abb. 8.1 Korrektes (= getrenntes) Aufbewahren von Waffen und Munition im Waffentresor.

Waffenerwerb

Die Waffen bzw. Waffenbestandteile sind im Waffengesetz in drei Kategorien unterteilt, und zwar in:

- verbotene Waffen und Waffenbestandteile (z. B. Seriefeuerwaffen, bestimmte Messertypen wie z. B. Springmesser, Schalldämpfer, Nachtsichtzielgeräte usw.);
- bewilligungspflichtige Waffen (z. B. Vorderschaft- und Unterhebelrepetierer, Pistolen, Revolver);
- meldepflichtige Waffen (z. B. Handrepetiergewehre, Flinten, Drillinge, Bockbüchsflinten).

Den Jäger betrifft insbesondere die dritte Kategorie der meldepflichtigen Waffen. Diese kann er samt der dazu gehörenden Munition frei erwerben, sofern sein Strafregisterauszug in Ordnung ist. Er muss dabei beachten, dass jede Handänderung (damit ist nicht nur der Kauf gemeint, sondern ebenso der Tausch, die Schenkung, die Erbschaft, die Miete und die Gebrauchsleihe) mit einem schriftlichen Vertrag zu regeln und der kantonalen Behörde zu melden ist. Beim Kauf in einem Waffengeschäft erfolgen eine schriftliche Vertragsvereinbarung und eine Meldung an die kantonale Behörde automatisch.

Aufbewahren von Waffen

Waffen dürfen nicht in die Hände Unberechtigter gelangen. Deshalb ist jeder Waffenbesitzer rechtlich verpflichtet, Waffen und Waffenbestandteile von der Munition getrennt aufzubewahren und vor dem Zugriff Dritter zu schützen. Dazu eignet sich ein Waffentresor. Jeder Verlust einer Waffe ist unverzüglich der Polizei zu melden.

Tragen von Waffen

Wer in der Öffentlichkeit eine Waffe tragen will, benötigt eine Waffentragbewilligung. Keine Bewilligung brauchen Jagdberechtigte bei der Ausübung ihrer Tätigkeit. Der Hin- und Rücktransport zum und vom Einsatzort der Jagdwaffe (z. B. Schiessstand, Waffengeschäft, Jagdgebiet) hat jedoch auf direktem Weg zu erfolgen. Die Waffe darf nur während des direkten Einsatzes geladen sein, in allen anderen Situationen muss sie sich in entladenem Zustand befinden. Gemäss Regelungen einiger Kantone ist sie sogar verschlossen zu transportieren.

Jagdwaffen

Langwaffen

Gewehre gehören zu den Langwaffen und werden nach verschiedenen Kriterien unterteilt.

Laufbeschaffenheit:

- gezogener Lauf (Büchsen);
- glatter Lauf (Flinten);
- Kombination von gezogenem Lauf/gezogenen Läufen und glattem Lauf/glatten Läufen (kombinierte Waffen).

Laufanzahl und Laufanordnung:

- einläufige Waffe;
- mehrläufige Waffe (z. B. Bockbüchsflinte, Drilling)

Verriegelung:

- starrer Lauf;
- kippbarer Lauf/kippbare Läufe.

Ladekapazität:

- Einzellader;
- Mehrlader mit Magazin;
- mehrläufige Waffen.

Art des Spannens:

- Selbstspanner;
- Handspanner.

Waffenbestandteile

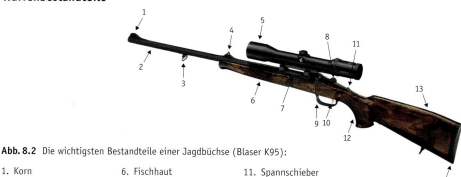

Abb. 8.2 Die wichtigsten Bestandteile einer Jagdbüchse (Blaser K95):

1. Korn
2. Lauf
3. Riemenbügel
4. Kimme (Visierung)
5. Zielfernrohr
6. Fischhaut an Vorderschaft
7. Patronenlager
8. Öffnungshebel
9. Abzugbügel
10. Abzug
11. Spannschieber
12. Pistolengriff mit Fischhaut
13. Schaftrücken
14. Schaftkappe

Läufe

Läufe von Büchsen haben im Innern in Längsrichtung mehrere spiralförmige Vertiefungen, die sogenannten Züge. Die dazwischen liegenden Flächen heissen Felder. Bei der Schussabgabe wird das Geschoss in die Züge hineingepresst und dank deren spiralförmiger Anordnung zur Rotation um die eigene Achse (= Drall) gebracht. Der Drall stabilisiert das Geschoss auf der Flugbahn.

Das Innere von Flintenläufen ist glatt und weist an der Laufmündung meist eine Verengung auf. Man nennt diese «Choke» (= Würgebohrung). Je enger diese ausfällt, desto stärker wird die Schrotgarbe gebündelt, d.h. die Schrotkörner bleiben auf Distanz näher beisammen (geringere Streuung).

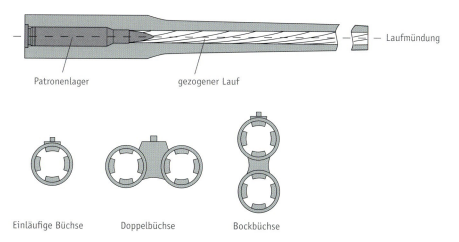

G 8.1 Längsschnitt eines Büchsenlaufes sowie Querschnitte verschieden angeordneter Büchsenläufe mit stark hervorgehobenen Zügen und Feldern im Laufinnern.

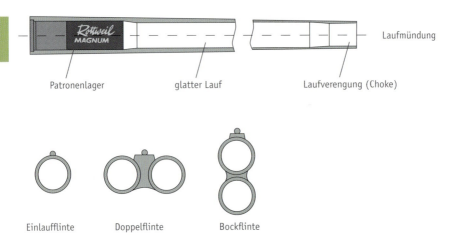

G 8.2 Längsschnitt eines Flintenlaufes sowie Querschnitte verschieden angeordneter Flintenläufe.

Geläufige Würgebohrungen:

- Zylinderbohrung: ohne Verengung («offener» Lauf);
- ¼-Choke: leichte Laufverengung;
- Halbchoke: mittlere Laufverengung;
- ¾-Choke: starke Laufverengung;
- Vollchoke: grösstmögliche Laufverengung.

Je nach Jagdsituation ist es ideal, wenn man die Bohrung wechseln kann (Wechselchoke). Schiesst man auf kurze Distanz auf sehr kleine und schnelle Ziele (z. B. bei der Waldschnepfenjagd), ist eine starke Streuung von Vorteil. Für solche Fälle wählt man eine Zylinderbohrung oder den ¼-Choke. Für weitere Schüsse empfehlen sich engere Chokes (z. B. für die Jagd auf Rehe oder Enten). Häufig setzt man in die beiden Läufe einer Flinte unterschiedliche Chokes ein.

Der Einstecklauf wird in einen Flintenlauf eingebaut und kann den Einsatzbereich einer Waffe erweitern.

Verschlüsse
Ein Verschluss erfüllt zwei Funktionen. Er muss
- ein schnelles und einfaches Einsetzen der Patronen bzw. Entfernen der leeren Hülse nach dem Schuss ermöglichen;
- garantieren, dass die beim Abfeuern eines Schusses entstehenden enormen Kräfte nur nach vorne durch den Lauf entweichen.

Abb. 8.3 Verschluss-System (Blaser R8).

Abb. 8.4 Verschluss einer Bockbüchsflinte mit Einstecklauf im Schrotlauf (oben) und Auszieher (Krieghoff Ultra 20).

Abzüge

Direktabzug

Der Abzug wirkt direkt auf die Abzugsstange, welche das Schlagstück auslöst. Dieses Abzugssystem wird besonders bei Flinten (Flintenabzug), seltener bei Kugelwaffen verwendet. Die einfache Handhabung und die geringere Gefahr einer Fehlmanipulation sowie die schnelle Schussbereitschaft sind die Vorteile des Direktabzugs. Die Kraft, welche zum Ziehen des Abzugs aufgewendet werden muss, kann beim Direktabzug nur vom Fachmann verstellt werden.

Feinabzug

Der Feinabzug hat den Vorteil, dass man für dessen Betätigung bedeutend weniger Kraft aufwenden muss. Zudem ist die Feinheit meist verstellbar.

Stecherabzug

Beim Stecherabzug wird ein einfacher Direktabzug einer Büchse mit einem zusätzlichen Stecher kombiniert. Somit kann man entweder über den Direktabzug schiessen oder aber die Büchse unmittelbar vor dem Schuss einstechen. Durch das Stechen wird der Abzugswiderstand extrem verringert. Bereits ein leichtes Antippen des Abzugs löst den Schuss aus. Die Feinheit des Stechers lässt sich durch eine Verstellschraube ändern.

Abb. 8.5 Abzug mit Rückstecher (Mauser M03).

Es gibt zwei Stechertypen:

- Rückstecher: Das Abzugzüngel wird nach vorne gedrückt, um die Waffe zu stechen.
- Doppelzüngelstecher: Ein zweites Züngel (hinterer Abzug) dient zum Stechen.

Bei modernen Waffen wird aus Sicherheitsgründen oft auf einen Stecher verzichtet.

Bereits eine leichte Erschütterung oder geringe Berührung des Abzugs genügt, um bei der eingestochenen Waffe den Schuss auszulösen.

Deshalb gilt:

- Die Waffe erst unmittelbar vor dem Schuss einstechen.
- Mit eingestochener Büchse darf man keinerlei Positionsänderungen mehr vornehmen.
- Um Fehlmanipulationen, vor allem beim «Entstechen», auszuschliessen, wird auf die Gebrauchsanweisung (Sicherheitsvorschriften) des Waffenherstellers hingewiesen.

Sicherung

Alle Jagdwaffen müssen möglichst betriebssicher sein, d. h. eine Sicherungsmöglichkeit oder Entspannvorrichtung aufweisen, damit sich kein Schuss unbeabsichtigt lösen kann.

Es gibt verschiedene Sicherungssysteme, und es ist wichtig, dass ein Jäger über die Sicherungen seiner Waffen Bescheid weiss. Nicht alle Systeme sind gleich zuverlässig. Am wenigsten sicher ist die Abzugsicherung, mit der die meisten Flinten ausgerüstet sind, da sie einzig den Abzug blockiert.

Keine Sicherung benötigen Waffen, bei denen das Schloss erst kurz vor dem Schuss von Hand gespannt wird. Sie sind über das entspannte Schloss «gesichert». Solche Handspannwaffen sind zudem besonders sicher, weil sich auch dann nie ein Schuss lösen kann, wenn sie zu Boden fallen. Dies hingegen ist bei gespannten und gesicherten Waffen möglich. Absolut sicher aber ist und bleibt einzig die ungeladene Waffe!

Abb. 8.6 Sicherungshebel bei einer Bockflinte (Beretta Giubileo). **Abb. 8.7** Spannschieber (Blaser R8iC).

Schäftung

Beim Kauf einer Waffe wird die Bedeutung des Schaftes oft unterschätzt. Erfahrene Büchsenmacher können feststellen, ob ein solcher einem Kunden passt oder nicht, und notwendige Änderungen daran vornehmen. Schon unsere Vorfahren wussten, dass «der Lauf schiesst und der Schaft trifft».

Bedeutung bei der Beschaffenheit eines Schaftes haben:

- seine Länge;
- seine Schränkung (= seitliche Abwinkelung des Schaftes);
- seine Senkung (= senkrechte Abwinkelung des Schaftes);
- sein Pitch (= Abstand der Laufmündung von der Wand, wenn die Waffe auf der Schaftkappe steht und der Verschluss die Wand berührt.)

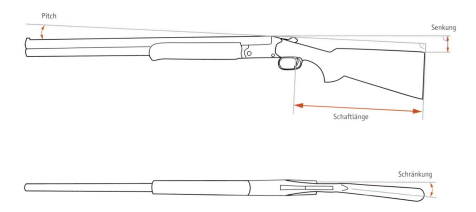

G 8.3 Schaftlänge, Schränkung, Senkung und Pitch sind wesentliche Masse, die zum Körper des Schützen passen müssen. Sie beeinflussen den für das Schiessen auf bewegliche Ziele wichtigen sauberen Anschlag ganz wesentlich und damit natürlich die Treffsicherheit.

Ziel- und Visiervorrichtungen

Mit der Büchse wird höchstens dann noch über Kimme und Korn geschossen, wenn es um schnelle Schüsse auf kurze Distanz oder um Fangschüsse geht. Sonst verwendet man meist Zielfernrohre, vorzugsweise mit variabler Vergrösserung. Die heutigen parallaxefreien Geräte vereinfachen das Zielen enorm, indem das Auge nur noch zwei Dinge, das Absehen und das Ziel, erfassen und zusammenbringen muss.

Beim Flintenschiessen blickt der Schütze über die Laufschiene, das Korn dient als Orientierungshilfe. Vielen Flintenschützen erleichtern optische Visiervorrichtungen das Zielen. Meistens kommen nicht oder nur wenig vergrössernde Reflexvisierungen mit einem Leuchtpunkt zum Einsatz. Brauchbar sind sie in erster Linie für den Schuss auf langsam anwechselndes Reh- oder Raubwild.

Abb. 8.8 Repetierer mit offener Visierung (= Kimme und Korn); (Mauser, Stutzen M03).

Abb. 8.9 Bockflinte mit Laufschiene und Korn (Beretta SV10 Perennia).

Abb. 8.10 Repetierer mit Zielfernrohr (Krieghoff, Semprio-Set-FS).

Kombinierte Waffen

Um auf der Jagd für verschiedene Situationen gerüstet zu sein, kann man sich eine Waffe anschaffen, bei der Schrot- und Kugelläufe kombiniert sind. So ist jederzeit ein Kugel- oder ein Schrotschuss möglich. Die Läufe einer kombinierten Waffe können entweder verlötet oder freiliegend sein.

Abb. 8.11 Drilling (Krieghoff Optima).

Abb. 8.12 Bockbüchsflinte (Blaser BBF95 Luxus).

Büchsflinte   Bockbüchsflinte   Drilling

G 8.4 Verschiedene Anordnungen von Läufen bei kombinierten Jagdwaffen.

Verlötete Läufe
Vorteil: Leichter im Gewicht; günstiger in der Anschaffung.
Nachteile: Die Treffpunktlagen können nur vom Spezialisten justiert werden. Durch die Lauferwärmung beim Schiessen verzieht sich das Laufbündel, und die Treffpunktlage des Kugelschusses verändert sich schon nach wenigen Schüssen massiv.

Freiliegende Läufe
Vorteil: Die Treffpunktlagen können teilweise mit einer Schraube zueinander justiert werden. Mehrere, rasch hintereinander abgegebene Kugelschüsse verändern die Treffpunktlage nicht.
Nachteile: Schwerer im Gewicht; kostspieliger.

Die Manipulation mit der kombinierten Waffe will geübt sein, damit nicht versehentlich der falsche Lauf abgefeuert wird.

Kurzwaffen (Faustfeuerwaffen)

Die Verwendung von Faustfeuerwaffen (diese sind in der Schweiz auf der Jagd nur zu Fangschusszwecken erlaubt) ist nur dem geübten Schützen und nur auf kürzeste Distanz zu empfehlen. Ihre Handhabung setzt intensives Training voraus, denn gerade selbstladende Pistolen sind sehr gefährlich. Der Kauf einer Faustfeuerwaffe ist waffenerwerbsscheinpflichtig.

Pistolen

Als Pistolen bezeichnet man einschüssige oder mehrschüssige Faustfeuerwaffen. Solche mit Magazin sind Halbautomaten. Durch eine Ladebewegung wird eine Patrone vom Magazin ins Patronenlager geschoben, und nach dem Schuss lädt sich die Waffe von selbst nach. Heute verfügen viele Pistolen über Spannabzug und Entspannhebel, welche die konventionelle Sicherung ersetzen.

Revolver

Revolver sind mehrschüssige Faustfeuerwaffen, bei denen sich die Patronen in einer Trommel befinden. Bei voller Trommel sind sie ohne Ladebewegung schussbereit.

Fangschussgeber

Der Fangschussgeber ist ein kleiner Einstecklauf, der in den Schrotlauf eingesetzt wird. Mit dem Fangschussgeber kann dem verletzten Wild der Fangschuss aus kurzer Distanz angetragen werden.

In einigen Kantonen müssen Fangschussgeber gewisse Anforderungen erfüllen, z. B. eine minimale Mündungsenergie oder Lauflänge aufweisen.

Abb. 8.13 Der Fangschussgeber wird in den Schrotlauf gesteckt, woraus man eine kleinkalibrige Randfeuerpatrone abfeuern kann (Blaser F3).

Blanke Waffen (Kalte Waffen)

Die verschiedenen Jagdmesser werden zu den «blanken Waffen» gezählt und gehören zur Grundausstattung eines Jagenden. Sie werden zum Aufbrechen verwendet.

Ein gutes Jagdmesser zeichnet sich aus durch:

- arretierbare Klinge (Arbeitssicherheit);
- pflegefreundliche Herstellungsart (Hygiene);
- leicht schärfbare Klinge aus gutem Stahl.

Abb. 8.14 Wenger-Jagdmesser mit Aufbruchklinge.   **Abb. 8.15** Jagdmesser mit fixierter Klinge.

Munition

Büchsenmunition

Büchsenpatronen dienen dem Schuss aus gezogenem Lauf. Grundsätzlich gibt es Zentralfeuerpatronen und Randfeuerpatronen. Letztere sind nur bei kleinkalibrigen Waffen gebräuchlich. Bei ihnen fehlt ein Zündhütchen und der Hülsenboden hat immer einen Rand.

Abb. 8.16 *(rechts)* Munitionspackung mit Kleinkaliberpatronen (Randfeuerpatronen; RWS; .22LFB).

Abb. 8.17 *(unten)* Büchsenpatrone im Längsschnitt.

Eine Büchsenpatrone besteht aus der Hülse, dem Anzündmittel (bei Zentralfeuerpatronen: Zündhütchen), der Treibladung und dem Geschoss.

Kaliberbezeichnung bei Büchsen

Bei den Büchsenpatronen unterscheiden wir Kaliberangaben in Millimetern und in Zoll.

Metrische Kaliberbezeichnung (in Millimetern)
Beispiel: Kaliber 7 x 65R
Der Geschossdurchmesser beträgt 7 mm, die Hülsenlänge 65 mm.

Das zusätzliche «R» bedeutet «Rand». Ein solcher kommt nur bei Munition für Kipplaufwaffen vor. Dank dieses vorstehenden Randes am Hülsenboden lassen sich die Patronen leichter wieder aus dem Patronenlager herausziehen.

Englische Kaliberbezeichnung (in Zoll)
Beispiel A: Kaliber .300 Win. Mag.
Der Geschossdurchmesser beträgt 0,300 Zoll, also 7,62 mm (1 Zoll = 25,4 mm). Bei angelsächsischen Kalibern wird stets nur der Durchmesser des Geschosses, nicht aber die Länge der Hülse angegeben.

Abb. 8.18 Munitionspackung mit Kugelpatronen (RWS; 8 x 68S DK-Geschoss).

Abb. 8.19 Munitionspackung mit Kugelpatronen (RWS; 7 x 64 EVO.).

Der Zusatz «Win.» ist der ursprüngliche und abgekürzte Markenname (= Winchester) und «Mag.» bedeutet «Magnum», womit man besonders stark geladene Patronen bezeichnet.

Beispiel B: Kaliber .30-06
Der Geschossdurchmesser beträgt wie oben 0,30 Zoll (7,62 mm), der Zusatz «06» bezeichnet das Einführungsjahr der Patrone (1906).

Laborierungen

Laborierung bedeutet «Zusammensetzung einer Patronenladung»: Pulver (Art und Menge), Geschoss (Gewicht, Konstruktion, Material). Zu den gängigen Büchsenkalibern gibt es eine grosse Zahl an Laborierungen von verschiedensten Firmen. Wechselt man die Patrone, muss die Waffe damit unbedingt neu eingeschossen werden (Wechsel der Fertigungsserie, der Laborierung oder des Herstellers).

Geschosstypen

Grundsätzlich unterscheidet man zwischen Vollmantel- und Teilmantelgeschossen.

Vollmantelgeschosse
Vollmantelgeschosse erkennt man am vollständig geschlossenen Hartmetallmantel, z.B. Stahl, der einen Bleikern umfasst. Beim Durchdringen eines Wildkörpers deformieren sie sich kaum und geben entsprechend wenig Energie ab. Dieser Geschosstyp wird für Militärpatronen verwendet und ist in der Schweiz nur für ganz besondere jagdliche Zwecke zugelassen (z.B. für Fangschüsse, für die Jagd auf Murmeltiere und Raubwild).

Teilmantelgeschosse
Ein Teilmantelgeschoss besteht aus einem an der Spitze offenen Hartmetallmantel und einem weicheren Kern (meist aus Blei). Beim Aufprall auf den Tierkörper wird der Kern gestaucht, das Geschoss also deformiert, und je nach Konstruktion kommt es auch zu mehr oder weniger starker Splitterwirkung. Auf diese Weise wird im Tierkörper sehr viel zerstörende Energie abgegeben, was einen schnellen Tod herbeiführt. Moderne Teilmantelgeschosse sind

so aufgebaut, dass der hintere Teil des Projektils möglichst kompakt bleibt und so einen Ausschuss aus dem Wildkörper garantiert. Dies ist für allfällige Nachsuchen sehr wichtig, weil durch einen Ausschuss viel mehr Schweiss austritt. Das Auffinden des geflüchteten Wildes wird so wesentlich erleichtert. Teilmantelgeschosse sind grundsätzlich nur für Jagdzwecke erlaubt.

Die optimale Munition

- erbringt mit der persönlichen Jagdwaffe die nötige Präzision;
- tötet entsprechendes Wild tierschutzkonform;
- zerstört und verunreinigt Wildbret nicht übermässig stark;
- verursacht einen Ausschuss, durch welchen am Anschuss und, falls das Tier flüchtet, auch auf der Fährte genügend Pirschzeichen entstehen.

Munition für Faustfeuerwaffen

Die Munition für Pistolen und Revolver entspricht im Aufbau grundsätzlich jener für Büchsen.

Flintenmunition

Kaliberbezeichnung bei Flinten

Diese stammt aus Grossbritannien und hat mit der jeweiligen Anzahl gleich schwerer Bleikugeln zu tun, die aus einem englischen Pfund Blei gegossen werden können. Der Durchmesser einer von 12 gleich grossen aus einem englischen Pfund (= 454 g) Blei gefertigten Kugeln entspricht dem Innendurchmesser eines Laufes mit Kaliber 12.

In der Schweiz werden folgende Kaliber jagdlich eingesetzt:

- Kaliber 12 = ca. 18 mm (häufigstes Kaliber);
- Kaliber 16 = ca. 17 mm;
- Kaliber 20 = ca. 16 mm (oft bei modernen Drillingen mit freiliegendem Kugellauf).

Je kleiner die Zahl, desto grösser ist also der Lauf-Innendurchmesser.

Auf Patronenhülsen und Verpackungen ist neben dem Kaliber stets auch die Hülsenlänge vermerkt. Die Angabe «12/70» bezeichnet Schrotmunition von Kaliber 12 mit einer Hülsenlänge von 70 mm (Achtung: Die 70 mm beziehen sich auf eine verschossene Hülse mit geöffnetem Verschluss!). Es ist unbedingt darauf zu achten, dass keine längeren Patronen (76 mm) aus Flinten mit einer Patronenlagerlänge von 70 mm verschossen werden. Dies könnte Laufblähungen oder gar -sprengungen verursachen.

Kaliber 12   Kaliber 16   Kaliber 20

G 8.5 Die drei häufigsten Flintenkaliber.

Schrotpatronen

Schrotpatronen bestehen aus der Hülse (fast ausschliesslich aus Plastik), der metallenen Bodenkappe mit Zündhütchen, der Treibladung, einem Zwischenmittel (Schrotbecher aus Kunststoff oder Filzpfropfen) und den Schrotkörnern.

Der Schrotbecher hat verschiedene Funktionen:

- Er schützt den Gewehrlauf vor den Metallkugeln.
- Er verhindert, dass die heissen Pulvergase die Kugeln schmelzen und verformen.
- Die Schrote werden kontrolliert aus dem Lauf transportiert.

Heutige Schrotbecher sind aus verrottbaren Materialien hergestellt.

Moderne Schrotpatronen sind so gut verschlossen, dass sie unempfindlich gegen Feuchtigkeit und Nässe sind.

Früher hat man ausschliesslich Bleischrot verschossen. Da Blei ein Umweltgift ist, ist man bemüht, es zunehmend durch giftfreie Metalle zu ersetzen.

Abb. 8.20 *(links)* Aufbau einer Schrotpatrone (Rottweil).

Abb. 8.21 *(rechts)* Aufbau eines Flintenlaufgeschosses (Rottweil).

Abb. 8.22 Munitionspackung mit stark geladenen Schrotpatronen (Rottweil).

Bleischrot
Vorteile:

- Blei ist schwer, entwickelt mehr Energie als leichtere Metalle und hat eine dementsprechend stärkere Durchschlagskraft.
- Blei ist weich, verformt sich leicht und kann so im Wildkörper wiederum mehr Energie abgeben.
- Querschläger und Abpraller sind mit Blei seltener.

Nachteile:

Blei kann bei allen Lebewesen zu schweren Vergiftungen führen. Bleischrot ist deshalb für die Wasservogeljagd problematisch und zum Teil verboten. Auch auf vielen Jagdschiessständen wird es nicht mehr zugelassen.

Bleifreies Schrot

Weltweit hat sich Weicheisenschrot (Stahlschrot) dort durchgesetzt, wo Blei verboten wurde. Idealere Alternativen wären zwar Bismut (Wismut) und Wolfram (Tungsten), da sie physikalisch ähnliche Eigenschaften wie Blei aufweisen. Die Kosten für solche Munition sind aber hoch.

Entscheidender Vorteil von Weicheisenschrot ist seine Ungiftigkeit.

Einige Nachteile sind:

- Es hat ein wesentlich tieferes spezifisches Gewicht als Blei und kann bei gleichem Schrotdurchmesser nicht dieselbe Energie entfalten.
  Geringerer Deckungsgrad durch die Wahl grösserer Schrote und Verkürzung der Schussdistanz.
- Nicht bei allen Flinten darf Stahlschrot verwendet werden. Der Fachmann kann dazu Auskunft geben.
- Es besteht eine erhöhte Gefahr von Abprallern.

Abb. 8.23 Weicheisen-(Stahl-)Schrotpatrone.

Der erfolgreiche Schrotschuss ist nicht primär von der Munition abhängig, sondern von der Schiessfertigkeit des Schützen und dem Einhalten der Schussdistanzen. Werden diese überschritten, nimmt die Energie der Schrote mit zunehmender Entfernung zum Ziel deutlich ab, die Streuung dagegen zu, was die tödliche Wirkung eines Schusses empfindlich reduziert.

Schrotgrössen

Je nach Hersteller werden die Schrotgrössen unterschiedlich bezeichnet. Neben metrischen Angaben (mm) sind auch Nummernbezeichnungen in der Schweiz geläufig (deutsche Bezeichnung):

- Schrotkorndurchmesser 4,0 mm entspricht Schrotnummer 1
- Schrotkorndurchmesser 3,75 mm entspricht Schrotnummer 2
- Schrotkorndurchmesser 3,5 mm entspricht Schrotnummer 3
- usw.

Schrotladung und Anzahl Schrotkörner

Je nach Flintenkaliber und Hülsenlänge bzw. Ladungsart (z. B. Normal- oder Magnumladung) variiert die Menge der Schrote in einer Patrone. So enthalten Schrotpatronen mit 36 g Bleiladung je nach Schrotnummer eine unterschiedliche Anzahl Schrotkörner:

- Schrotpatrone Nr. 1 (4 mm)   96 Schrote
- Schrotpatrone Nr. 3 (3,5 mm)   143 Schrote

Flintenlaufgeschosse FLG

Diese Einzelgeschosse für Flinten nennt man in der Umgangssprache oft «Brenneke», obwohl es sich dabei um einen Herstellernamen handelt. Damit sie sich der Würgebohrung (Choke) anpassen können, verfügen FLG über Deformationsrillen. Sie können daher aus jeder Art von Choke verschossen werden.

Ein präziser Einsatz ist meist nur auf kurze Distanzen (bis ca. 35 m) möglich. Vor dem jagdlichen Gebrauch eines bestimmten Geschosstyps ist die Trefferlage mit der entsprechenden Waffe im Schiessstand zu überprüfen. Flintenlaufgeschosse neigen stärker zu Abprallern als Kugelgeschosse.

Ballistik

Unter Ballistik versteht man die Lehre von der Bewegung geworfener oder geschossener Körper. Dabei unterteilt man in:

- *Innenballistik:* Beschäftigt sich mit den Vorgängen im Innern des Laufes bei der Schussabgabe;
- *Mündungsballistik:* Beschreibt das Verhalten des Geschosses beim Verlassen des Laufes;
- *Aussenballistik:* Untersucht das Geschossverhalten während des Fluges;
- *Zielballistik:* Kümmert sich um die Wirkung des Geschosses im Ziel.

Innenballistik

Nach Betätigen des Abzugs schlägt der Schlagbolzen oder Zündstift auf das Zündhütchen. Das Pulver entzündet sich und das Geschoss wird durch den Gasdruck aus der Hülse getrieben.

Falls Züge vorhanden sind, geben diese dem Geschoss eine Rotation, den Drall, welcher für die nötige Stabilität während des Fluges sorgt.

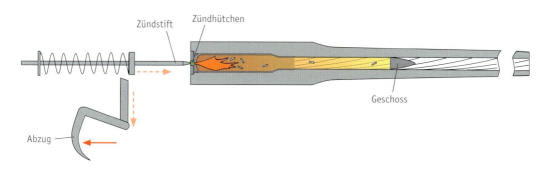

G 8.6 Ablauf beim Betätigen des Abzugs zur Schussabgabe.

Mündungsballistik

Die Mündungsballistik beschreibt Mündungsknall, Mündungsfeuer und Rückstoss. Wenn ein Geschoss die Mündung verlässt, muss der Lauf von Kugelbüchsen frei schwingen können. Wird beim Schuss hingegen Druck auf den Lauf ausgeübt, kann sich die Trefferlage deutlich verändern. Dies geschieht z. B., wenn der Lauf auf einen harten Gegenstand abgestützt wird oder der Holzschaft, z. B. durch Feuchtigkeit, verzogen wurde und dadurch Druck auf den Lauf ausübt.

Aussenballistik

Der Weg, den das Geschoss von der Mündung an zurücklegt, heisst Flugbahn. Diese wird durch verschiedene Faktoren beeinflusst:

- Hindernisse: Luftwiderstand, Gräser, Äste usw.;
- Munitionstyp: Geschossform, -geschwindigkeit, -gewicht;
- Kräfte: Schwerkraft, Wind, starker Regen, Schneefall.

Kugelschuss

Der Lauf liegt tiefer als das Zielfernrohr. Während die Kugel in einer gebogenen Linie zum Ziel fliegt, ist die Sicht durch die Zieloptik (Visierlinie/Ziellinie) gerade. Das Geschoss schneidet die Visierlinie zweimal; erstmals nach rund 30–40 m Distanz von unten nach oben und ein zweites Mal, wenn das Geschoss durch die Schwerkraft wieder fällt. Ein schweres, langsames Projektil fällt früher als ein leichtes, schnelles Geschoss, das eine gestrecktere Flugbahn aufweist. Dort, wo das Projektil die Visierlinie zum zweiten Mal kreuzt, liegt die sogenannte günstigste Einschussentfernung, die GEE.

Den maximalen Hochschuss begrenzt man meist auf 4 cm (Distanz: 100 m). Auf 200 m liegt die Trefferlage dann bei rasanten Patronen innerhalb von ±4 cm zum Zielpunkt. Bei langsamen dagegen kann das Geschoss bei 200 m bereits 30–40 cm darunter auftreffen. Die jagdpraktische Einsatzdistanz ist also stark abhängig von der Rasanz der Patrone. Hinweise über die GEE, Distanzen, Energien usw. stehen meistens auf der Munitionsverpackung oder sind auf der Internetseite des Herstellers nachzulesen.

Die GEE ist je nach Kaliber und Geschoss unterschiedlich. Auf den meisten Jagdschiessständen wird auf Distanzen von 100 oder 150 m geübt.

Beispiel: Blaser 7 x 65 R CDP						
V_0 860 m/s		10,0 g / 154 grain			**GEE 176 m**	
Distanz	50 m	**100 m**	150 m	200 m	250 m	300 m
Flugbahn (cm)	+1,3	**+4,0**	+2,7	−3,1	−13,9	−30,0
Energie (J)	3311	3030	2768	2523	2297	2086

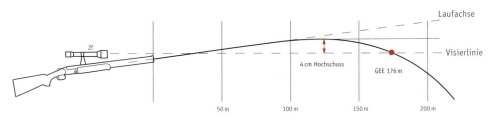

G 8.7 Günstigste Einschussentfernung GEE: Sie befindet sich dort, wo die Flugbahn des Geschosses die Visierlinie zum zweiten Mal schneidet.

Schrotschuss

Die Streuung der Schrotgarbe wird durch die Länge des Laufes, die Laufbohrung (Choke) und durch die Art der Patrone (Ladung, Gewicht, Schrotkorngrösse, Zwischenmittel) beeinflusst. Die Schrotgarbe beginnt sich kurz nach der Laufmündung auszubreiten (Breitenstreuung). Weil sie sich mit zunehmender Distanz auch ellipsenförmig verlängert (Längsstreuung), nehmen ihr Wirkungsfeld und ihre Energie nach aussen hin stark ab. Um eine tödliche Wirkung zu erzielen, müssen genügend energiereiche Schrotkörner auf einmal auf den Wildkörper aufprallen. Mit Schrot wird aus diesem Grund auf höchstens 35 bzw. 30 m geschossen. Bei der Schussabgabe wird im Lauf ein Teil der Schrote deformiert, welche erheblich vom Zielpunkt abweichen können (die sogenannten Randschrote). Deshalb darf nie auf ein Stück Wild geschossen werden, welches sich in einer nahe beieinander stehender Gruppe aufhält.

Zielballistik

Die Wirkung des Geschosses/der Schrotgarbe im Ziel ist abhängig von

- der Trefferlage;
- der Auftreffenergie (Energie im Ziel);
- den Geschosseigenschaften/der Schrotbeschaffenheit und der Deckung (Anzahl Schrottreffer);
- der Beschaffenheit des Ziels.

Schusswirkungen

Kugelgeschosse

- Beim Durchdringen des Wildkörpers gibt das Geschoss einen Teil seiner Energie ab.
- Es werden vor allem die Organe im Brustbereich zerstört. Dadurch tritt ein rascher Tod ein (durch Über- oder Unterdruck des Blutkreislaufes und/oder der Atmung).
- Hochrasante, kleinkalibrige Patronen zerstören oft unverhältnismässig viel Wildbret, indem sie starke Blutergüsse verursachen.
- Ein Ausschuss fördert das Entbluten, was gegebenenfalls die Erfolgschancen einer Nachsuche erhöht. Gut ausgeblutetes Wildbret ist zudem besser lagerfähig.

Abb. 8.24 Deformation eines Geschosses (RWS; EVO.) in drei Stadien der Flugbahn:
1 vor dem Eindringen in den Wildkörper;
2 Aufpilzung (zunehmend) während der Durchdringung des Wildkörper;
3 beim Austreten aus dem Wildkörper.

Schuss steil nach oben oder steil nach unten
Auf weite Distanz

Eine Haltepunktveränderung bei steilen Schüssen nach oben oder nach unten ist erst bei grossen Distanzen (zirka 200 Meter) und bei einer Neigung über 45° notwendig. Solche steilen Weitschüsse bergen eine grosse Treffunsicherheit, sind deshalb nicht weidmännisch und werden nur in Extremfällen, etwa auf verletztes Wild, angewendet.

Auf kurze Distanz

Grundsätzlich ist zu beachten, dass Schüsse (mit Zielfernrohr) auf sehr kurze Distanzen (unter 10–15 m) zu tief treffen, da sich das Zielfernrohr, je nach Montage, mehrere Zentimeter über dem Lauf befinden kann. Bei Schüssen steil nach oben oder nach unten muss der Haltepunkt so verschoben werden, dass diese nach wie vor die lebenswichtigen Organe zu zerstören vermögen. Auch solche Schüsse bergen ein gewisses Risiko und können sich auch auf die Verwertung des Wildbrets negativ auswirken (Zerstörung des Rückens).

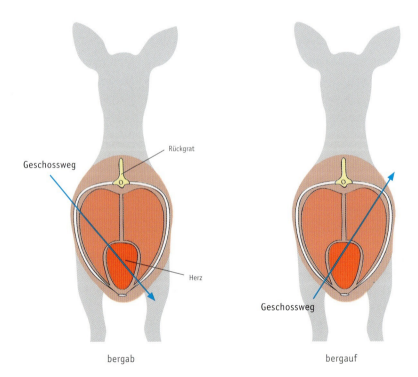

G 8.8 Bei steilen Schüssen auf vernünftige Distanz (nicht zu nah und nicht zu weit!) ist der Haltepunkt so anzupassen, dass ein tödlicher Treffer in den Kammerbereich erzielt wird. Beachte: Der Wildtierkörper ist keine Scheibe, sondern ein Zylinder!

Schüsse auf Wild in Bewegung

Je nach Distanz und verwendeter Munition vergeht eine gewisse Zeit, bis das Geschoss beim Wild einschlägt. Deshalb, je nach Situation, mitschwingen und vorhalten!

Schrotgarbe

Die Wirkung des Schrotschusses ist nach wie vor nicht abschliessend geklärt. Um eine tödliche Wirkung zu erzielen, müssen, wie bereits erwähnt, genügend Schrote gleichzeitig auftreffen und die Haut des Tieres durchdringen. Dadurch wird einerseits viel Energie an den Wildtierkörper abgegeben («Schocktod»), und gleichzeitig werden lebenswichtige Organe zerstört. Um korrekt zu töten, muss man je nach Tierart die entsprechende Schrotstärke wählen. Im Übrigen sind eine minimale und die maximale Schussdistanz unbedingt einzuhalten. Erstere vor allem aus wildbrethygienischen Überlegungen, denn sehr nahe Schrotschüsse haben eine hohe Zerstörungskraft.

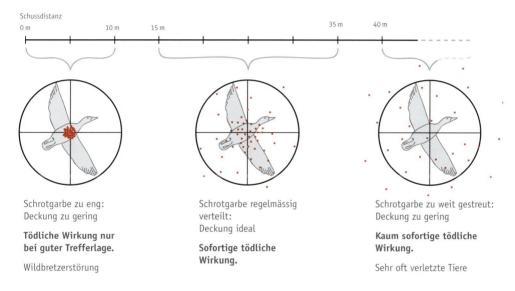

G 8.9 Schrotgarbe und Deckung der Schrote in Abhängigkeit von der Schussdistanz.

Schiessen lernen und Schiessen üben

Praxisnahes Schiessen mit den Jagdwaffen und der entsprechenden Munition ist Voraussetzung für den tierschutzgerechten Schuss auf Wild. Nur derjenige Jäger, der eine solide Grundausbildung bei einem kompetenten Ausbilder genossen hat und regelmässig in allen Disziplinen übt, erreicht das nötige Können, um Wild korrekt zu erlegen.

Sicherer Umgang mit Waffen

Waffenhandhabung und Waffenpflege

- Funktionskontrolle: Regelmässig durch einen Büchsenmacher ausführen lassen.
- Laufkontrolle: Vor jedem Laden der Waffe prüfen des Laufes auf Fremdkörper.
- Laden: Schusswaffen werden bei Jagdbeginn (auf dem Hochsitz, auf dem Stand, zu Beginn der Pirsch) geladen. Nach dem Laden werden die Waffen gesichert und erst kurz vor dem Schuss entsichert oder gespannt. Der Zeigefinger greift erst unmittelbar vor der Schussabgabe zum Abzug.
- Positionskontrolle: Der Lauf einer Waffe (auch einer ungeladenen) zeigt immer in eine sichere Richtung, so dass niemand gefährdet ist. Die Laufmündung einer ungebrochenen Flinte nie auf den Schuh abstellen!
- Entladen: Die Waffe ist entladen, wenn Hochsitze bestiegen/verlassen oder Hindernisse überwunden werden. Kipplaufwaffen sind gebrochen, Verschlüsse geöffnet und es befindet sich weder im Magazin noch im Patronenlager Munition. Die Waffe ist bei Besammlungen (vor, während und nach der Jagd), beim Transport sowie in Schiessanlagen immer entladen.
- Waffen und Optik sind ziemlich heikle Werkzeuge und benötigen deshalb sorgfältige Behandlung und ein Minimum an Pflege. So sind Zieloptiken recht schlagempfindlich. Gewehrläufe und -schlösser zeigen sich vor allem dann als rostanfällig, wenn sie nach der Jagd in nassem Zustand ungereinigt weggeräumt werden. Ungepflegte Waffen erhöhen das Risiko schlechter Schüsse.

Abb. 8.25 Den treffsicheren Umgang mit Jagdwaffen muss man lernen und stets wieder üben.

Gefahrenzone und Kugelfang

Bei einer Schussabgabe befindet sich die eigentliche Gefahrenzone zwischen der Gewehrmündung und dem Kugelfang, der das Geschoss nach dem Durchschlagen des Zieles letztlich sicher aufnehmen soll. Diese muss frei sein von Hindernissen wie Büschen, hohem Gras usw. Stets darf auch nur dann geschossen werden, wenn ein wirklicher Kugelfang vorhanden ist. Dichte Vegetation etwa oder Wasser sind ungenügend.

Das Gelände links und rechts zwischen Mündung und Kugelfang ist selbstverständlich in die Sicherheitsbeurteilung einzubeziehen (in einem Winkel von ca. 30°). Dies betrifft vor allem Strassen und Wege, in den Bergen z. B. auch Bahn- und Skiliftanlagen.

Gefährdungsdistanzen

- Büchsengeschosse: bis 6000 Meter;
- Flintenlaufgeschosse: bis 1500 Meter;
- Faustregel für Schrotschüsse: Schrotkorndurchmesser in Millimetern x 100 = Gefährdungsdistanz in Metern. So können etwa Schrote mit 3,5 mm Durchmesser noch auf 350 m ein menschliches Auge gefährden.

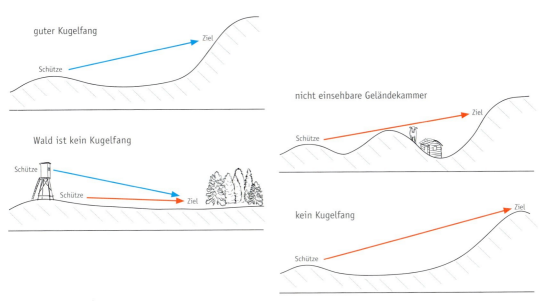

G 8.10 Vor jeder Schussabgabe ist zu prüfen, ob ein sicherer Kugelfang gegeben ist. Rot = kein Kugelfang.

Abpraller

Wenn Geschosse die ursprüngliche Flugbahn verlassen und weiterfliegen, entstehen sogenannte Abpraller oder Prellschüsse. Gefrorene Böden, Strassenbeläge, Wasseroberflächen usw. können die Flugbahn bis zu 90 Grad verändern. Meist als Querschläger können sie unter Umständen noch mehrere Kilometer weit fliegen und dabei Menschen oder Tiere gefährden.

Sich selbst schützen: Gehörschutz

Schon einzelne Schüsse können unsere Hörfunktion beeinträchtigen. Es liegt daher im eigenen Interesse eines jeden Jägers, sein Gehör beim Schiessen zu schützen. Zur Verhinderung von Gehörschäden sind ganz unterschiedliche Produkte auf dem Markt.

- Passive Gehörschütze: Herkömmliche Gehörschutzpfropfen oder Kapselgehörschütze verhindern das Eindringen gesundheitsschädigenden Lärms ins Innere des Ohrs.
- Aktive Gehörschütze: Diese elektronischen Geräte sind sowohl für den Schiessstand wie für den Jagdalltag ideal. Sie machen es Jagenden möglich, Geräusche (z. B. von Wild) in ihrer Umgebung verstärkt wahrzunehmen, blocken den Knall eines Schusses jedoch optimal ab.

Abb. 8.26 Der Gehörschutz: die aktive Gesundheitsvorsorge.

Optik

Durch die Verwendung optischer Geräte können wir das normale Sehvermögen des menschlichen Auges um ein Vielfaches steigern. Der Jäger nutzt diese Hilfsmittel einerseits zum Beobachten und Ansprechen des Wildes, anderseits als Zielhilfe, um einen möglichst sichereren Schuss anzubringen.

Für den Jäger sind folgende optischen Geräte wichtig: Fernglas (Feldstecher), Fernrohr (Spektiv), optische Zielhilfen und Distanzmessgerät.

Technische Merkmale

Vergrösserung

Die Vergrösserung gibt an, wie viel näher man ein Objekt mithilfe des entsprechenden optischen Gerätes sieht. Eine 7-fache Vergrösserung lässt ein 140 m entfernt stehendes Ziel auf 20 m Entfernung erscheinen. Bei einer optischen Angabe, z. B. 7 x 42, bezieht sich die erste Zahl (7) auf die Vergrösserung, die zweite (42) auf den Durchmesser des Objektivs in Millimetern.

Okular und Objektiv

Okular heisst die dem Auge zugewandte Linse, Objektiv die auf das Ziel (Objekt) gerichtete. Der Durchmesser des Objektivs (in unserem Beispiel 42 mm) ist entscheidend für die Lichtmenge, welche ins System und schliesslich zum Auge gelangen kann.

Sehfeld

Beim Blick durch ein optisches System sieht man einen kreisförmigen Ausschnitt der Wirklichkeit. Die Grösse dieses Ausschnittes nennt sich Sehfeld. Dieses nimmt mit zunehmender Vergrösserung ab. Deshalb wird für die Bewegungsjagd ein Zielfernrohr mit kleiner Vergrösserung und entsprechend grösserem Sehfeld gewählt.

Vergütung

Auf die Oberflächen der Glaslinsen werden dünne Mineralschichten aufgetragen. Sie reduzieren Reflexionen des Lichtes und verbessern Lichtdurchlässigkeit, Bildschärfe, Farbechtheit und Kontrast.

Dämmerungszahl

Die vom Hersteller genannte Zahl weist auf die Eignung des Fernglases für schlechte Lichtverhältnisse hin. Je grösser sie ist, desto besser ist die Auflösung in der Dämmerung. Über die effektive Leistung einer Optik gibt jedoch erst der praktische Einsatz Auskunft.

Abb. 8.27 *(links)* Feldstecher (Swarovski; SLC 8 x 42HD).
Abb. 8.28 *(rechts)* Fernrohr (Leica; APO Televid 82).

Fernglas (Feldstecher)

Für den Jäger sind, je nach Einsatzgebiet, die folgenden drei Feldstechertypen interessant:

- Leichte Gläser für den Tag, z. B. 8 x 30 oder 8 x 40;
- Universalgläser, z. B. 7 x 42;
- Dämmerungsgläser z. B. 8 x 56 oder 9 x 63.

Wer Ferngläser mit über 10-facher Vergrösserung verwendet, braucht eine ruhige Hand oder muss das Glas auflegen, um das Bild ruhig zu halten. Eine Ausnahme bilden Gläser mit Bildstabilisierung.

Eine Gummiarmierung vermeidet Geräusche und schützt das Fernglas.

Fernrohr (Spektiv)

Das Spektiv dient genauem Ansprechen auf grosse Distanzen. Wegen der starken Vergrösserung können Fernrohre nur aufgelegt oder mit Hilfe eines Stativs benutzt werden.

Optische Zielhilfen

Zielfernrohr (ZF)

Das Zielfernrohr vereinfacht in erster Linie das Zielen und die Abgabe eines sicheren Schusses.

Je nach Einsatz werden unterschiedliche Geräte eingesetzt:

- Bewegungsjagden: Zielfernrohre mit 1–4-facher Vergrösserung und grossem Sehfeld; Reflexvisiere ohne oder mit geringer Vergrösserung;

Optik | Optische Zielhilfen

Abb. 8.29 Zielfernrohr (Leica; ER 3,5 – 14 x 42).

- Pirsch und Ansitz: Zielfernrohre mit 4 – 6-facher Vergrösserung und Objektivdurchmesser bis 42 mm;
- Nachtansitz: Zielfernrohre mit 8 – 12-facher Vergrösserung und Objektivdurchmesser bis 56 mm.

Variable Zielfernrohre gestatten dem Jäger, Vergrösserung und Sehfeld der jagdlichen Situation anzupassen.

Absehen

Die Zielvorrichtung im Zielfernrohr wird als Absehen bezeichnet. Es ist zu beachten, dass beleuchtete, regulierbare Absehen bei Dämmerungs- oder Nachtansitz auf dem Wildtierkörper besser sichtbar sind.

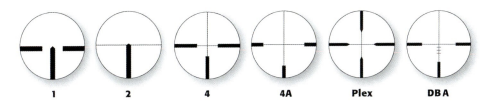

Abb. 8.30 Verschiedene Absehen von Zielfernrohren (Docter®).

Reflexvisiere

Die Vorteile dieser Visierungen liegen einerseits in einem besseren Überblick über das Schussfeld als dies bei Zielfernrohren der Fall ist. Anderseits wird gegenüber Kimme und Korn durch den Leuchtpunkt die Treffsicherheit erhöht.

Abb. 8.31 Reflexvisier (Docter® Sight DR3).

Montage optischer Zielhilfen

Die Verbindung zwischen Waffe und optischer Zielhilfe heisst Montage. Nur der Büchsenmacher kann diese Montage korrekt anbringen, um Treffpunktabweichungen zu verhindern. Man unterscheidet zwischen Festmontagen und abnehmbaren Montagen.

Distanzmessgeräte

Die exakte Kenntnis der Distanz zum Wild kann für den Jäger von grösster Bedeutung sein, um dieses korrekt zu erlegen. Digitale Laser-Entfernungsmesser, zum Teil kombiniert mit leistungsstarker Optik (integriert in Feldstecher oder Zielfernrohr), sind deshalb für ihn zu einem wertvollen und wichtigen Werkzeug geworden.

Abb. 8.32 Laser-Distanzmessgerät (Leica CRF 2000).

Abb. 8.33 Feldstecher mit integriertem Laser-Distanzmessgerät (Zeiss Victory RF).

Abb. 8.34 Zielfernrohr mit integriertem Laser-Distanzmessgerät (Zeiss Victory Diarange 2,5–10 x 50).

Abb. 8.35 Blick durch ein Zielfernrohr mit Laser-Distanzmessung (Zeiss).

Lernziele

Der Jäger / die Jägerin
- kann die Sicherheitsmassnahmen im Umgang mit Waffen im Detail erklären;
- kennt die gebräuchlichsten Waffentypen;
- kennt die Hauptbestandteile der zur Jagd verwendeten Langwaffen;
- kann in groben Zügen erklären, wie eine Feuerwaffe funktioniert;
- kennt die gebräuchlichsten Arten von Jagdmunition;
- weiss Bescheid über die Zusammensetzung einer Patrone (Büchse und Flinte);
- kennt die verschiedenen Geräte der Jagdoptik und deren Anwendung.

9 Jagdhunde

- **275** Erscheinungsbild, Körperbau, wichtige Sinnesorgane
- **276** Einteilung der Rassehunde
- **278** Das Jagdhundewesen in der Schweiz
- **279** Hundekauf
- **281** Fortpflanzung und Aufzucht
- **282** Hundehaltung
- **284** Die Arbeit mit Jagdhunden
- **288** Gebräuchliche Jagdhunde in der Schweiz

9 Jagdhunde

Die Domestizierung des Hundes begann vor weit mehr als 10 000 Jahren, als der Mensch, ein Jäger und Sammler, dem Wild hinterher zog. Einziger Ahne aller Hunderassen ist der Wolf. Das Jagen mit Hunden gehört zum Spannendsten und Schönsten, was uns die Jagd zu bieten hat. Für verschiedenste jagdliche Aufgaben hat man seit Jahrhunderten oder gar Jahrtausenden zum Teil sehr unterschiedliche Hunde gezüchtet. Damit sich ein Welpe zum brauchbaren Jagdhelfer entwickelt, sind Fachkenntnis und viel Zeit notwendig.

Abb. 9.1 Schweizer Laufhunde zu Anfang des 19. Jahrhunderts. Johann Jakob Biedermann (1763–1830): «Jäger mit Laufhundmeute»; aus: Folge von 48 Darstellungen ländlicher Szenen; Sammlung Gugelmann, Schweizerische Landesbibliothek.

Erscheinungsbild, Körperbau, wichtige Sinnesorgane

Hunde können sich schon in ihrem Äusseren deutlich voneinander unterscheiden. Auffällig sind einerseits die Grössenunterschiede, aber auch stark voneinander abweichende Formen ihrer Körper oder Körperteile (z.B. Kopf, Ohren, Rute, Beschaffenheit und Färbung des Haarkleides). Unterschiede sind jedoch nicht allein im äusseren Erscheinungsbild zu finden, Hunde weisen auch eine Vielfalt an Wesensarten und Fähigkeiten auf.

Körperbau: Der Körper der meisten Hunde entspricht dem eines ausdauernden Laufraubtieres. Sie verfügen über stabile Beine (= Läufe) und einen geräumigen Brustkorb, der einem leistungsfähigen Herz und einer grossen Lunge Platz bietet. Hunde sind Zehengänger, was ihnen im Vergleich zu Sohlengängern eine schnellere Fortbewegung ermöglicht. Die Pfoten werden auch zum Graben und zum Festhalten von Gegenständen benutzt.

Gebiss: Hunde haben ein Fleischfresser-Gebiss mit ausgeprägten Fang- und Reisszähnen. Es dient dem Greifen und Reissen der Beute. Unterschieden werden das Milchgebiss des Welpen und Junghundes und das Dauergebiss.

Abb. 9.2 Das Gebiss des Hundes: ein typisches Fleischfresser-Gebiss.

Haar: Wir unterscheiden drei Haararten. Kurzhaar (Glatt- und Stockhaar), Rauhaar/Drahthaar und Langhaar.

Abb. 9.3 Haararten: Kurzhaardackel (Glatthaar), Rauhaardackel und Langhaardackel.

Sinne: Hunde verfügen über einen hervorragenden Geruchsinn. Sie nehmen ihre Umgebung vor allem als eine Geruchswelt wahr und vermögen gewisse Substanzen noch in geringster Konzentration zu riechen. Weit schärfer als beim Menschen ist auch das Gehör. Das Hundeauge unterscheidet sich mehrfach von jenem des Menschen: Es sieht in der Dämmerung wesentlich besser und kann auch Bewegungen deutlicher wahrnehmen. Dafür ist seine Sehschärfe auf kurze Distanz geringer und auch reglose Gegenstände erkennt es weniger gut. Das Sehen von Farben ist eingeschränkt.

Einteilung der Rassehunde

Eine Zucht klar getrennter Rassen nahm ihren Anfang erst in der zweiten Hälfte des 19. Jahrhunderts. Die Fédération Cynologique Internationale (FCI) kennt zehn Rassengruppen. Für jede Hunderasse gibt es einen verbindlichen Standard, welcher deren Aussehen, Wesen, Qualitäten usw. umschreibt.

Gruppeneinteilung der FCI-anerkannten Rassen	
Gruppe 1	Hüte- und Treibhunde
Gruppe 2	Pinscher und Schnauzer, Molossoide, Schweizer Sennenhunde und andere Rassen
Gruppe 3	Terrier
Gruppe 4	Dachshunde
Gruppe 5	Spitze und Hunde vom Urtyp
Gruppe 6	Laufhunde, Schweisshunde und verwandte Rassen
Gruppe 7	Vorstehhunde
Gruppe 8	Apportierhunde, Stöberhunde, Wasserhunde
Gruppe 9	Gesellschafts- und Begleithunde
Gruppe 10	Windhunde

☐ Zur Jagd verwendete Hunde

Aus jagdkynologischer Sicht empfiehlt sich eine Einteilung, die sich mit obiger nicht überall deckt. Sie orientiert sich am Verwendungszweck von sechs Jagdhundetypen: Laufhunde/Bracken, Schweisshunde, Stöberhunde, Vorstehhunde, Bau- oder Erdhunde, Apportierhunde.

Einteilung der gebräuchlichen Jagdhunderassen nach jagdkynologischen Gesichtspunkten

Rassengruppe	Herkunftsland	Rasse
Laufhunde/Bracken	Schweiz	Berner Laufhund/Berner Niederlaufhund Jura-Laufhund/Jura-Niederlaufhund Luzerner Laufhund/Luzerner Niederlaufhund Schwyzer Laufhund/Schwyzer Niederlaufhund
	Deutschland	Deutsche Bracke Westfälische Bracke
	Österreich	Alpenländische Dachsbracke* Brandlbracke Tiroler Bracke Steirische Rauhaarbracke
	Slowakei	Slovensky Kopov (Skowakische Schwarzwildbracke)
	Frankreich	Grand bleu de Gascogne Griffon fauve de Bretagne Grand Basset griffon vendéen Petit Basset griffon vendéen
	Grossbritannien	Foxhound Beagle Basset Hound
	Italien	Segugio Italiano
Schweisshunde	Deutschland	Hannoverscher Schweisshund Bayerischer Gebirgsschweisshund
	Österreich	Alpenländische Dachsbracke*
Stöberhunde	Deutschland	Deutscher Wachtelhund
	Grossbritannien	English Cocker Spaniel English Springer Spaniel
Vorstehhunde	Deutschland	Deutsch-Kurzhaar Deutsch-Stichelhaar Deutsch-Drahthaar Deutsch-Langhaar Grosser Münsterländer Kleiner Münsterländer Weimaraner/Kurzhaar Weimaraner/Langhaar Pudelpointer
	Frankreich	Braque d'Auvergne Griffon Korthals Epagneul Français Epagneul Breton

	Italien	Spinone Italiano
	Ungarn	Magyar Vizsla / Kurzhaar
		Magyar Vizsla / Drahthaar
	Grossbritannien	English Pointer
		English Setter
		Gordon Setter
	Irland	Irish Red Setter
		Irish Red-and-White Setter
Bau- oder Erdhunde	Deutschland	Kurzhaardackel**
		Rauhaardackel**
		Langhaardackel**
		Deutscher Jagdterrier
	Grossbritannien	Fox Terrier/Drahthaar
		Fox Terrier/Glatthaar
		Parson Russell Terrier
Apportierhunde	Grossbritannien	Labrador Retriever
		Golden Retriever
		Flat-coated Retriever

* Die Alpenländische Dachsbracke gehört historisch zu den Laufhunden/Bracken, aus denen auch die anderen beiden Schweisshunderassen hervorgegangen sind. Im Gegensatz zu diesen wird sie gerade in der Schweiz auch heute noch vielerorts als Bracke verwendet.

** V.a. im Ausland sind die Bezeichnungen «Dachshund» und «Teckel» gebräuchlich.

Das Jagdhundewesen in der Schweiz

Die der FCI angeschlossene Schweizerische Kynologische Gesellschaft (SKG) ist der Dachverband der meisten kynologischen Vereine oder Rasseclubs.

Das Jagdhundewesen wird bei der SKG betreut durch:

- die *Arbeitsgemeinschaft für das Jagdhundewesen (AGJ)*. Sie setzt sich zusammen aus den Delegierten der Jagdhundeclubs und jagdkynolgisch orientierten SKG-Sektionen;
- die *Technische Kommission für das Jagdhundewesen (TKJ)*. Sie ist das ausführende Organ der AGJ.

Auf den Internetseiten der SKG, der AGJ sowie der Rasseclubs erhält man Informationen über Hunderassen, Züchter, Welpenvermittlung, Prüfungen, Hundeausstellungen, Kurse und vieles mehr.

Im Jagdbetrieb werden nicht nur reinrassige Hunde, sondern auch Mischlinge mit Erfolg eingesetzt. Abgesehen von wenigen Prüfungen, wie z. B. Schweissprüfungen, sind aber nur Hunde mit einer FCI-Ahnentafel, die im Schweizerischen Hundestammbuch (SHSB) eingetragen sind, zu Prüfungen zugelassen.

Hundekauf

Grundlegende Fragen

Bevor wir uns einen Hund anschaffen, gilt es folgende Fragen zu beantworten:

- Wozu brauche ich einen Jagdhund? Wie kann oder will ich ihn jagdlich einsetzen?
- Steht mir genug Zeit für die Haltung und vor allem auch für die Ausbildung eines Hundes zur Verfügung?
- Wo finde ich als jagdkynologischer Anfänger die notwendige fachliche Unterstützung?
- Wie vertragen sich meine Lebensumstände und mein Umfeld (Familie, Beruf, Wohnverhältnisse, andere Freizeitbeschäftigungen) mit der Haltung eines Hundes.

Einen Hund kann man nämlich allenfalls ein paar Monate im Jahr auf der Jagd einsetzen. Halten muss man ihn jedoch das ganze Jahr hindurch! Er bedeutet zwar jahrelange Freude, aber ebenso lange Verpflichtung. Unter normalen Umständen dauert ein Hundeleben zehn bis 15 Jahre.

Welche Rasse? Rüde oder Hündin? Rassehund oder Mischling?

Die Wahl einer bestimmten Hunderasse hängt von folgenden Überlegungen ab:

- Wie und wo kann ich den Hund einsetzen?
- Wie viel Sachkenntnis habe ich oder bin ich mir anzueignen bereit?
- Wie viel Zeit will ich für den Hund aufbringen? Der Aufwand kann je nach Rasse und/ oder den Ansprüchen des Halters sehr unterschiedlich sein.

Ob man einen Rüden oder eine Hündin vorzieht, hängt weitgehend von der persönlichen Einstellung ab. Doch gilt es zu bedenken:

- Rüden werden nicht läufig (hitzig) und sind deshalb stets einsatzbereit. Bei Wahrnehmung einer läufigen Hündin können sie aber jeglichen Gehorsam vergessen. Rangordnungskämpfe mit anderen Rüden (selten sogar mit dem Halter) kommen je nach Rasse unterschiedlich häufig vor.
- Hündinnen müssen während der ganzen Läufigkeit dem Jagdbetrieb fern bleiben. Während der kritischen Tage gehören sie an die Leine, da sie sich von jedem beliebigen Rüden decken lassen. Rangkämpfe zwischen Hündinnen sind selten, bisweilen aber ausgesprochen heftig.

Mischlinge können hervorragende Arbeit leisten. Auch sogenannte «papierlose» Rassehunde sind in Jägerkreisen keine Seltenheit. Vor dem Erwerb eines Mischlings oder papierlosen Welpen sollte man jedoch in Betracht ziehen:

- Die Aufzucht unterliegt keinerlei Kontrolle und kann somit hervorragend, aber auch mangelhaft sein.
- Bei Mischlingen ist oft nicht oder kaum mehr ersichtlich, welche Rassen sie als Vorfahren haben. Schon nach wenigen Generationen kann nämlich das Erscheinungsbild trügen.

Abb. 9.4 *(oben links)* Ein Jagdhundmischling voller Tatendrang.

Abb. 9.5 *(oben rechts)* Luzerner Laufhündin mit wenigen Wochen alten säugenden Welpen.

Abb. 9.6 *(links)* Ungefähr die Hälfte ihrer wichtigsten Lebensphase (Sozialisierungsphase, 4. bis ca. 16. Lebenswoche) verbringen die Welpen bei ihrem Züchter. Was sie dort erfahren und erleben, ist von entscheidender Bedeutung.

Fortpflanzung und Aufzucht

Geschlechtsreife, Trächtigkeit, erste Lebenswochen der Welpen

Hündinnen und Rüden können ab sieben Monaten geschlechtsreif werden. Es bestehen jedoch beachtliche rassespezifische und individuelle Unterschiede. Die Hündin wird in der Regel alle sieben Monate, das heisst also ein- bis zweimal pro Jahr läufig. Ihr Zyklus ist nicht an bestimmte Jahreszeiten gebunden. Die Läufigkeit/Hitze dauert ungefähr drei Wochen, wobei die Hündin nur an wenigen Tagen aufnahmefähig ist. Die günstigsten Befruchtungstage liegen meist in der Zeit zwischen dem 9. und dem 14. Tag ab Läufigkeitsbeginn. Die Trächtigkeit dauert 63 Tage (+/− wenige Tage).

Während der ersten acht bis zehn Wochen sind die Welpen im Wurf beim Züchter. Blind und gehörlos geboren, werden sie in den ersten Lebenswochen durch die sie säugende Mutterhündin ernährt.

Die wichtigsten Lebensphasen des jungen Hundes

Sozialisierungsphase (4. bis ca. 16. Lebenswoche): In dieser Zeit erlernt ein Welpe den grössten Teil seines Verhaltensrepertoires. Nachher wird Lernen schwieriger und langwieriger. Er wird vertraut mit Artgenossen, Sozialpartnern und verschiedenen Umgebungen. Zudem lernt er komplexe Abläufe kennen. Hat er bis zu einem Alter von ungefähr 4 Monaten Wesentliches nicht gelernt oder erlebt, kann dies zu bleibenden Defiziten führen. Da ein Welpe bis zur Hälfte der Sozialisierungsphase beim Züchter verbringt, trägt dieser eine grosse Verantwortung.

Junghundephase (14. Lebenswoche bis Pubertät): In dieser Phase zeigt ein Hund erste sexuelle, territoriale, jagdliche, Fremdverteidigungs- und vor allem rangbezogene Aktivitäten.

Pubertät (ab ca. 6. bis 18. Lebensmonat): Der Rüde zeigt die Pubertät an durch regelmässiges Beinheben beim Urinieren und durch Harnmarkieren, die Hündin durch die erste Läufigkeit. Diese Phase ist die Zeit des Erwachsenenwerdens, und der Vergleich mit pubertierenden Zweibeinern drängt sich auf. Die Geschlechtshormone werden aktiv, die Muskelmasse und die Belastbarkeit des Skeletts nehmen zu und es manifestiert sich eine eigene Persönlichkeit. In dieser Phase müssen wir deshalb unter Umständen viel für die Bereitschaft des Hundes zur Integration tun. Er braucht jetzt besonders viel Motivation und Verständnis, aber ebenso konsequente (aber stets faire!) Führung. Man spricht bei der Pubertät auch von der 2. Sozialisierungsphase.

Hundehaltung

Unterbringung

Gleichgültig, ob er im Haus oder im Zwinger gehalten wird: Ein Hund benötigt täglichen Sozialkontakt zum Menschen und nach Möglichkeit auch zu Artgenossen. Vorwiegende oder ständige Zwingerhaltung ist nur in Gruppen gestattet. Zwinger-Mindestmasse sind behördlich vorgeschrieben.

Ernährung, Körperpflege, Gesundheitsvorsorge

Ein Jagdhund soll stets qualitativ einwandfreies Futter erhalten. Die vielen auf dem Markt erhältlichen Fertigfutter erleichtern es uns, Zusammensetzung und Menge der Nahrung problemlos dem jeweiligen Energieverbrauch des Hundes anzupassen. Jederzeit steht auch ein Napf mit sauberem Wasser zur freien Verfügung. Bei Trockenfütterung ist dies besonders wichtig.

Langhaarige Hunde benötigen eine regelmässige Fellpflege, im Weiteren ist auf saubere Ohren und ein zahnsteinfreies Gebiss zu achten. Überlange Krallen sollten regelmässig geschnitten werden.

Impfungen: Hunde werden vom Tierarzt gegen die gängigen Hundekrankheiten nach genauem Zeitplan geimpft.

Geimpft wird gegen Staupe, Hepatitis, Leptospirose, Parvovirose und Zwingerhusten. Eine gültige Tollwutimpfung ist für Reisen ins Ausland obligatorisch.

Parasiten: Erwachsene Hunde sollten mehrmals pro Jahr entwurmt und mit entsprechenden Mitteln gegen Flöhe, Läuse, Zecken usw. behandelt werden.

Krankheit: Das Abweichen eines Hundes von seinem Normalverhalten deutet auf eine gesundheitliche Störung hin. Beispiele sind: Futterverweigerung, ständiges Trinken, Lustlosigkeit, Husten, Augen- und/oder Nasenausfluss, Lahmen, heisse und trockene Nase, wiederholtes Erbrechen, starker und andauernder Durchfall. Besteht ein Krankheitsverdacht, sollte als erstes Fieber gemessen werden (im After). Eine Temperatur von über 39°C bedeutet Fieber.

Ob es sich um Unfall oder Krankheit handelt: Im Zweifelsfalle ist immer der Besuch beim Tierarzt angesagt!

Unfallverhütende Massnahmen auf der Jagd:

- Signalhalsband oder Signalweste (unter Umständen mit Stichschutz) für Stöberhunde und Nachsuchehunde;
- Ortungsgerät für weit jagende Hunde und Bauhunde.

Registrierungspflicht

Hunde müssen spätestens in einem Alter von drei Monaten oder vor der Weitergabe durch den Züchter mit einem Mikrochip gekennzeichnet werden. Die erhobenen Daten werden in der Schweiz bei ANIS (= Animal Identity Service), einer Datenbank für Heimtiere, registriert.

Erziehung und Ausbildung

Hauptforderungen des Gesetzgebers:

- Hunde müssen gegenüber Menschen und Artgenossen sozialisiert werden.
- Bei ihrer Haltung und Ausbildung dürfen weder Menschen noch Tiere gefährdet werden.

Spezielle Anforderungen an den Hundehalter:

- Theoretischer Sachkundenachweis (SKN) vor dem Erwerb des ersten Hundes: Der zukünftige Hundehalter hat eine theoretische Ausbildung zu absolvieren.
- Praktischer Sachkundenachweis: Mit jedem neu erworbenen Hund muss ein praktischer Kurs besucht werden.

Die generelle Erziehung des Welpen, aber auch seine spezielle Ausbildung zum Jagdgefährten hat im Idealfall bereits beim Züchter begonnen und geht mit seiner Übernahme weiter. Stets muss sie dem Alter und somit dem Entwicklungsstand des Hundes angepasst sein. Neben Fachkenntnis sind Geduld, Beharrlichkeit, Ausdauer und Einfühlungsvermögen notwendig. Der Hund soll vorwiegend über Motivation, Lob und Belohnung lernen. Erziehung ohne jede Strafe ist zwar kaum realistisch, aber ein Hund muss immer verstehen, warum er bestraft wird. Emotionelle Reaktionen des Führers sind deshalb höchst problematisch und immer ein Zeichen von Hilflosigkeit. Übermässige Härte ist strafbar, und vor dem Einsatz verbotener Hilfsmittel (z. B. Stachelhalsband und Elektroreizgerät) wird dringend gewarnt.

Merke: Gut erzogene Hunde sind geeignet, das Erscheinungsbild des Jägers in der Öffentlichkeit günstig zu beeinflussen.

Abb. 9.7 Ständiges Üben führt zu erfolgreicher Teamarbeit.

9 Jagdhunde

Die Arbeit mit Jagdhunden

Grundsätzlich unterscheiden wir zwischen den Arbeiten vor dem Schuss und jenen nach dem Schuss.

Arbeiten vor dem Schuss sind:
- Brackieren;
- Stöbern auf dem Land und im Wasser;
- Suche mit Vorstehen;
- Buschieren;
- Sprengen des Fuchses aus dem Bau.

Arbeiten nach dem Schuss sind:
- Apportieren von erlegtem Kleinwild;
- freie Suche (Verlorensuche) und Apportieren von verletztem Kleinwild;
- Herausziehen des verendeten Fuchses aus dem Bau;
- Nachsuche (Schweissarbeit) am langen Riemen.

Brackieren

Die «Laute Jagd» (= Brackieren) ist die ursprünglichste aller hier aufgeführten Arten, mit Hunden zu jagen. Die feinnasigen Laufhunde finden Wild meist, indem sie eine kalte Spur oder Fährte aufnehmen und dieser stumm in den Einstand folgen. Stossen sie auf die warme Spur/Fährte des frisch hochgemachten Wildes, fallen sie diese mit einem Aufheulen an (Stechen) und verfolgen das Wild langsam mit ständigem Laut (= Spur- oder Fährtenlaut), aber sehr genau (spurtreu) und ausdauernd. Da z. B. Hase und Reh nicht endlos in die Weite flüchten, sondern bereits nach kurzer Strecke in ihren Einstand zurückkehren, können sie im Idealfall auf ihrem Weg dorthin vom wartenden Jäger erlegt werden.

In der Schweiz wird fast ausschliesslich mit den einheimischen Lauf- und Niederlaufhunden brackiert. Selbstverständlich eignen sich dafür auch die zahlreichen ausländischen Brackenrassen. Die vier Schweizer Laufhunde (Berner, Jura-, Luzerner, Schwyzer Laufhund)

Abb. 9.8 Laut jagender Berner Laufhund auf einer frischen Hasenspur.

Abb. 9.9 Glückliche Schneehasenjäger, die ihre Beute den beiden Luzerner Laufhunden verdanken.

und die Schweizer Niederlaufhunde, sind die einzigen heute noch existierenden Schweizer Jagdhunderassen. Die zwar sensiblen, aber nicht immer einfach zu erziehenden Hunde stellen ein Kulturgut dar, welches es unbedingt zu erhalten gilt.

Stöbern

Für die Gemeinschaftsjagden in der Schweiz sind die klassischen Stöberhunde ideal. Ein Stöberer muss dicht bewachsenes Gelände selbständig und ohne Sichtverbindung zum Führer absuchen, ohne sich dabei aus dem unmittelbar bejagten Gebiet zu entfernen. Gefundenes Wild soll er lauthals aufscheuchen (stechen), aus der Deckung jagen und über eine kurze Strecke spur-, fährten- oder sichtlaut verfolgen. Nach kurzer Zeit hat der Hund jedoch von der warmen Spur oder Fährte abzulassen und zurückzukehren, um erneut die Suche aufzunehmen.

Unerwünscht sind Hunde welche

- stumm jagen (zum Teil sogar verboten!);
- grundlos bellend (weidlaut) umherrennen.

Eigentliche Stöberhunde sind der Deutsche Wachtelhund und die Spaniels. Häufig werden aber auch andere Rassen verwendet, sofern sie nicht allzu weit jagen und den kantonalen gesetzlichen Bestimmungen entsprechen: Terrier, Dackel, Lauf- und Niederlaufhunde, Vorstehhunde.

Abb. 9.10 Geeignete Stöberhunde können viel zum Erfolg bei Bewegungsjagden beitragen. Man beachte die Bedeutung des Signalhalsbandes für diesen fast weissen Parson Russell Terrier, der im Schnee sonst kaum erkennbar wäre.

Abb. 9.11 Klassisches Vorstehen eines Deutsch-Kurzhaar. **Abb. 9.12** Braque du Bourbonnais (französischer kurzhaariger Vorstehhund) steht eine Waldschnepfe vor.

Suchjagd

Suche (weite Suche)

In weiträumiger und schwungvoller Quersuche durchkämmt der Vorstehhund mit hoher Nase meist übersichtliches Gelände. Findet er die Witterung vor ihm liegenden Wildes, verharrt er schlagartig (er steht *vor*). In typischer Vorstehhaltung zeigt er mit der Nase in dessen Richtung. Entfernt sich Flugwild zu Fuss, darf er behutsam nachziehen, um es dann erneut vorzustehen. Nach dem Schuss, apportiert der schussfeste Hund auf Kommando das Wild oder sucht es allenfalls nach.

Merke: Schussscheue Hunde sind für die Jagd kaum brauchbar. Für viele Rassen ist Schussfestigkeit eine Bedingung für die Zuchtzulassung.

Für die Suche werden alle Vorstehhunde eingesetzt.

Buschieren (nahe Suche)

Der Hund sucht in unübersichtlichem Gebiet «unter der Flinte» des Jägers. Auch hier ist ein sehr gehorsamer Hund notwendig. Gefundenes Wild (Waldschnepfe, Fuchs, Hase, usw.) stösst er entweder heraus, oder er steht es vor. Erlegtes Wild muss er apportieren, verletztes suchen und bringen.

Buschierhunde sind vor allem Spaniels und Vorstehhunde.

Baujagd

Der entsprechend kleine Hund kriecht (schlieft) in den vom Fuchs bewohnten (befahrenen) Bau ein und verfolgt diesen im Röhrensystem lauthals. Auf diese Weise versucht er, ihn aus seinem Bau zu sprengen. Bauhunde benötigen neben Mut, Härte und Ausdauer ein grosses Mass an Selbständigkeit, da sie sich während der Arbeit nicht im Einflussbereich ihres Führers befinden. Bei entsprechendem Training schaffen sie es, einen verendeten Fuchs rückwärts aus dem Bau zu ziehen.

Zum Einsatz kommen verschiedene Terrier (vor allem Deutscher Jagdterrier, Fox Terrier, Parson Russell Terrier) und Dackel.

Abb. 9.13 Baujagd: Ein Rauhaardackel in seinem Element.

Abb. 9.14 Apportierspezialisten auf dem Land und im Wasser: die Labrador Retriever.

Wasserjagd

Da ein Hund oft in kaltem, zum Teil auch sehr bewegtem Wasser und in dichtem Schilf nach Wasserwild suchen muss, soll er ausgesprochen wasserfreudig, robust und beharrlich sein. Ausserdem ist guter Gehorsam Voraussetzung, so dass er sich vom Führer per Handzeichen oder Pfiff in die gewünschten Richtungen lenken lässt. Häufig werden Enten beim Morgen- oder Abendeinflug auf dem Ansitz erlegt. Hier hat der Hund absolute Ruhe (Standruhe) zu zeigen. Erlegte Enten muss er apportieren, verletzte auch durch dichtes Schilf verfolgen, greifen und bringen.

Spezialisten für die Verlorensuche erlegter und geflügelter Enten sind die Retriever, aber auch die deutschen Vorstehhunde, Deutschen Wachtelhunde, Spaniels und Terrier sind für die Wasserjagd geeignet.

Schweissarbeit

Liegt ein Stück Wild auf den Schuss nicht, kommt der Schweisshund zusammen mit seinem Führer zum Einsatz. Sehr oft werden Schweissspezialisten auch bei Verkehrsunfällen mit Wild aufgeboten.

Schweissarbeit ist Teamarbeit! Ein gutes Nachsuchegespann zeichnet sich nicht nur durch einen geprüften Hund aus, sondern ebenso durch einen qualifizierten und körperlich fitten Hundeführer. Gut ausgebildete Hunde vermögen auch einer mehrere Tage alten Fährten zu folgen. Notfalls wird der Hund losgelassen (geschnallt), um das verletzte (kranke) Tier zu hetzen und zu töten (abzuwürgen) oder sich stellendes Wild zu verbellen (Standlaut). Ruhe, Konzentrationsfähigkeit und Finderwille sind Voraussetzungen für einen brauchbaren Nachsuchehund.

Neben der üblichen Arbeit an der langen Leine (Riemenarbeit), gibt es auf Grund von speziellen Situationen noch die freie Nachsuche. Um in solchen Fällen den Kontakt zwischen

Abb. 9.15 Nachsuchegespann im Einsatz: ein Bayerischer Gebirgsschweisshund mit seinem Führer.

Führer und Hund aufrechtzuerhalten, muss letzterer mit einem modernen Ortungsgerät oder einem «Bringsel» ausgerüstet sein (Totverweiser) oder das verendete Wild verbellen (Totverbeller).

Hunde aller Jagdhunderassen werden für die Schweissarbeit ausgebildet. Als Schweiss-Spezialisten gelten der Hannoversche Schweisshund, der Bayerische Gebirgsschweisshund und die Alpenländische Dachsbracke.

Gebräuchliche Jagdhunde in der Schweiz

Gebräuchliche Jagdhunde in der Schweiz

Abb. 9.16–9.49

Laufhunde/Bracken
- **9.16** Berner Laufhund
- **9.17** Luzerner Laufhund
- **9.18** Jura-Laufhund
- **9.19** Schwyzer Laufhund
- **9.20** Berner Niederlaufhund (Kurzhaar) und Berner Niederlaufhund (Rauhaar)
- **9.21** Luzerner Niederlaufhund
- **9.22** Jura-Niederlaufhund
- **9.23** Schwyzer Niederlaufhund
- **9.24** Alpenländische Dachsbracke
- **9.25** Brandlbracke
- **9.26** Slovensky Kopov
- **9.27** Beagle

Schweisshunde
- **9.28** Hannoverscher Schweisshund
- **9.29** Bayerischer Gebirgsschweisshund

Stöberhunde
- **9.30** Deutscher Wachtelhund
- **9.31** English Cocker Spaniels
- **9.32** English Springer Spaniels

Vorstehhunde
- **9.33** Kurzhaariger Deutscher Vorstehhund (Deutsch-Kurzhaar)
- **9.34** Drahthaariger Deutscher Vorstehhund (Deutsch-Drahthaar)
- **9.35** Langhaariger Deutscher Vorstehhund (Deutsch-Langhaar)
- **9.36** Grosser Münsterländer
- **9.37** Kleiner Münsterländer
- **9.38** Weimaraner (Kurzhaar)
- **9.39** Griffon-Korthals
- **9.40** Epagneul Breton
- **9.41** Magyar Vizsla (Kurzhaar)
- **9.42** English Pointer
- **9.43** English Setter

Erdhunde
- **9.44** Dachshund/Teckel/Dackel (Rauhaar)
- **9.45** Fox Terrier (Glatthaar)
- **9.46** Deutscher Jagdterrier
- **9.47** Parson Russell Terrier

Apportierhunde
- **9.48** Labrador Retriever
- **9.49** Golden Retriever

Lernziele

Der Jäger/die Jägerin
- kennt Erscheinungsbild, Körperbau und Sinnesorgane des Hundes;
- kennt die Kriterien, die es für die Anschaffung eines Hundes zu erfüllen gilt;
- hat Grundkenntnisse über die Fortpflanzung der Hunde und deren Aufzucht;
- kennt die Hauptanforderungen an Hundehaltung und Hundeausbildung;
- kennt die gebräuchlichsten Jagdhunderassen und deren Einsatzbereiche.

10 Wildtierkrankheiten

- 292 Definitionen
- 294 Auffälligkeiten / Krankheitsverdacht
- 297 Parasitäre Infektionen
- 302 Bakterien, Viren, Pilze (Mikroorganismen) als Ursache von Infektionen
- 306 Übersicht über einige Wildtierkrankheiten

Ein minimales Grundwissen über Wildkrankheiten ist für den Jäger notwendig. Er muss keine Diagnosen stellen können, sollte aber in der Lage sein, deutlich sichtbare Veränderungen im Erscheinungsbild von Wildtieren zu erkennen. Indem er sie einem Spezialisten (z. B. Tierarzt) meldet, trägt er dazu bei, dass sich ausbreitende Krankheiten oder gar Seuchenausbrüche frühzeitig erkannt und allenfalls bekämpft werden.

Definitionen

Unter Krankheit versteht man eine Störung der normalen Funktion eines lebenden Körpers beziehungsweise seiner Organe und Organsysteme. Funktionsstörungen können so schwerwiegend sein, dass der Tod eintritt. Durch genaues Beobachten von Wildtieren kann man allfällige krankhafte Veränderungen bei ihnen entdecken. Die Jahreszeit muss aber bei der Beurteilung des körperlichen Zustandes mitberücksichtigt werden, denn im Frühjahr sind z. B. abgemagerte Hirsche oder Gämsen nicht unbedingt krank.

Viele Wildkrankheiten haben nicht eine einzige Ursache, sondern entstehen aufgrund mehrerer zusammenhängender Faktoren wie z. B. Störungen im Biotop zu einer gewissen Jahreszeit bei einem bestimmten Nahrungsangebot. Gewisse Umstände können eine Wildkrankheit fördern, sie intensivieren, andere sie aber auch mildern.

Krankheiten, die von Tier zu Tier übertragen werden, bezeichnet man als ansteckend (infektiös). Die Übertragung erfolgt entweder direkt (z. B. durch Hautkontakt, Biss, Tröpfcheninfektion, Deckakt) oder indirekt (z. B. durch Äsung, Zecken, Mücken, Kot). Krankheitsübertragungen und das Risiko eines Krankheitsausbruchs überhaupt werden durch hohe Wildbe-

G 10.1 Mögliche Ursachen von Krankheiten bei Wildtieren.

stände begünstigt. Man unterscheidet infektiöse und nicht infektiöse Wildtierkrankheiten. Dieses Kapitel behandelt ausschliesslich jene, deren Ursachen und Wirkungen der Jäger kennen muss.

Zoonosen

Zoonosen sind ansteckende Krankheiten, die zwischen Mensch und Tier übertragbar sind. (z. B. Tollwut, Fuchsbandwurm). Zum Teil sind sie meldepflichtig.

Seuchen

Tierseuchen sind hoch infektiöse Krankheiten, welche Wild- und/oder Haustierbestände ernstlich bedrohen. Einige Zoonosen gehören ebenfalls zu den Seuchen. Seuchenerreger können grossen volkswirtschaftlichen Schaden anrichten (z. B. Schweinepest, Maul- und Klauenseuche).

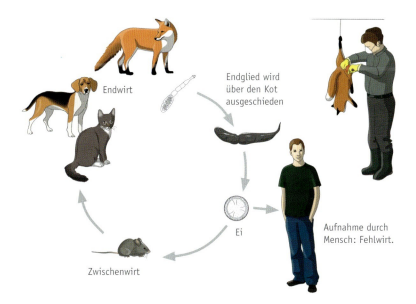

G 10.2 Der Zyklus beim Fuchsbandwurm. Handschuhe und Mund-Nasenschutz verhindern die Übertragung auf den Menschen.

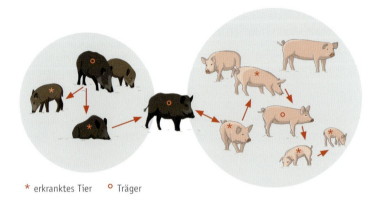

* erkranktes Tier   ○ Träger

G 10.3 Die Übertragung der Schweinepest von Wildschweinen auf Hausschweine und umgekehrt. Nicht alle Träger der Krankheit erscheinen äusserlich als erkrankte Tiere, übertragen die Krankheit jedoch sehr wohl.

Auffälligkeiten / Krankheitsverdacht

Was kann der Jäger beim Ansprechen beobachten?

In der Wildbahn kann er Verhaltensstörungen wie mangelnde Scheu, Aggressivität, Taumeln, Festliegen, Schwierigkeiten beim Aufstehen, Kreisbewegungen, Verletzungen, offene Wunden, struppiges, mattes Haarkleid, Durchfall, Abmagerung usw. feststellen.

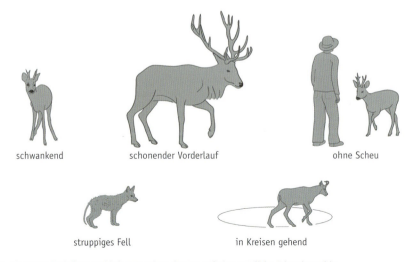

G 10.4 Abnormes Verhalten und/oder Aussehen deuten auf eine mögliche Erkrankung hin.

Auffälligkeiten / Krankheitsverdacht

Abb. 10.1 Verklebte Augen (Lichter) einer Gämse.
Abb. 10.2 Abnormer Maulbereich (Äser-) eines Gämskitzes.
Abb. 10.3 Auffälliges Fell (Balg) eines Fuchses (Fotofallenbild).
Abb. 10.4 Verletzung am Hinterlauf (Rehschlegel).
Abb. 10.5 Kieferverletzung (Äserschuss bei einem Hirsch).
Abb. 10.6 Mit Kot verschmutzter Hinterteil beim Reh (Spiegel).
Abb. 10.7 Stark abgemagerter (abgekommener) Rothirsch.

Was kann der Jäger am erlegten Wildkörper erkennen?

Das Augenmerk richtet sich auf äussere Merkmale wie verklebte Körperöffnungen, abnorme Gliedmassen, ungenügender Ernährungszustand, Augen- und Nasenausfluss, Verletzungen, Schwellungen usw.

Was kann dem Jäger beim Aufbrechen/Ausweiden auffallen?

Das Augenmerk richtet sich auf innere Merkmale: Besonderheiten im Brust- und Bauchhöhlenbereich mit den verschiedenen Organen.

Entsorgen

Krankheitsverdächtige Wildtierkörper oder -organe müssen nach Begutachtung durch eine Fachperson korrekt entsorgt werden. Um den Kreislauf der Erkrankung zu unterbrechen, werden diese Tiere oder Tierteile in eine Kadaversammelstelle gebracht und verbrannt.

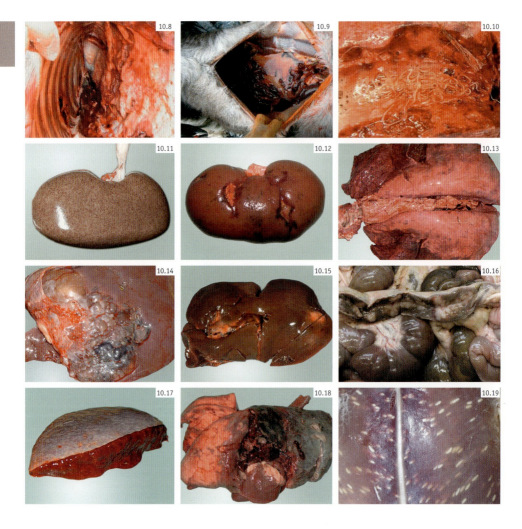

Abb. 10.8 Verklebungen in der Brusthöhle.

Abb. 10.9 Ungewohnte Flüssigkeit in der Bauchhöhle.

Abb. 10.10 Lungenwürmern in aufgeschärfter Luftröhre (Drossel).

Abb. 10.11 Niere mit roten Punkten.

Abb. 10.12 Niere mit hellen Eindellungen und dunklen Verfärbungen.

Abb. 10.13 Lunge mit dunkelroten Verfärbungen.

Abb. 10.14 Leber mit Blasen auf der Oberfläche.

Abb. 10.15 Helle Knoten auf der Leber.

Abb. 10.16 Därme (Gescheide) mit Farbveränderungen.

Abb. 10.17 Geschwollene, schwammige Milz.

Abb. 10.18 Gelblich-weisse Knoten in der Lunge.

Abb. 10.19 Entenbrust mit auffällig weissen Strichen.

Parasitäre Infektionen

Parasiten sind Lebewesen, die in einem Körper (= Innenparasiten) oder auf einem Körper (= Aussenparasiten) leben, sich hier ernähren, entwickeln und fortpflanzen. Parasiten sind ohne ihr Wirtstier lebensunfähig. Sie schwächen es durch Entzug von Nährstoffen und Ausscheiden von Stoffwechselprodukten. Es werden hier nur einige Parasiten vorgestellt, die speziell das Wild bzw. den Jäger betreffen.

Milben

Zecken

Zecken sind in vielen Gebieten der Schweiz weit verbreitet. Sie können alle Waldbenützer, insbesondere auch den Menschen, befallen. Aus diesem Grund sollte sich der Jäger nach jedem Waldgang selbst gründlich auf Zeckenbefall untersuchen, solche schnellstmöglich entfernen und eventuelle Rötungen nach einem Biss vom Arzt kontrollieren lassen.

Abb. 10.20

Von einer Ansteckung betroffen	Alle Tierarten und der Mensch (Jäger, Hund und Wild).
Übertragung / Verlauf	Zecken sind spinnenartige Tiere, die zu den Milben gehören. Sie halten sich in Bodennähe auf. Durch Zeckenbiss werden unter anderem folgende Krankheiten auf den Menschen übertragen:
	Lyme-Borreliose: Übertragung durch Bakterien. Diese Krankheit befällt zahlreiche Organe: Haut, Gelenke, Muskeln, Sehnen, Nervensystem und Herz. Sie kann auch verschiedenste Allgemeinsymptome wie Müdigkeit, Unwohlsein, Fieber usw. verursachen. Die Borreliose verläuft in verschiedenen Stadien, u. a. auch chronisch. Frühzeitig entdeckt kann sie mit Antibiotika behandelt werden.
	Hirnhautentzündung (FSME): Übertragung durch Viren. Sie befällt ausschliesslich das Nervensystem. Gegen FSME kann man sich impfen.

10 Wildtierkrankheiten

Was kann man dagegen unternehmen?	Vorbeugende Massnahmen sind das Tragen von geschlossenem Schuhwerk und das Bedecken der Beine mit möglichst eng anliegenden Textilien. Ebenfalls sollte man darauf achten, dass die Hosen in die Socken gestülpt werden. Zeckensprays und Puder sind zusätzliche Massnahmen, die aber nur kurze Zeit wirken und allein angewendet zu wenig zuverlässig sind! Eine Zecke, die sich trotz Vorsichtsmassnahmen festbeissen konnte, sollte so rasch wie möglich, idealerweise mit einer Pinzette, hautnah gefasst und durch geraden Zug entfernt werden. Die Stichstelle ist während einiger Wochen zu beobachten und bei einer Entzündung ist der Arzt zu konsultieren.
Bemerkung	Mehr Informationen unter www.zeckenliga.ch

Grabmilbe

Von Grabmilben befallene Wildtiere erkranken an der Räude. Diese äussert sich in einer massiven Veränderung der Haut und teilweise grossflächigem Fellverlust. Betroffene Tiere leiden unter einem starken Juckreiz. Hochgradiger Räudebefall führt in den meisten Fällen zum Tod.

Abb. 10.21

Von einer Ansteckung betroffen	Häufig bei Füchsen (Fuchsräude); bei Gams- und Steinwild (Gamsräude) sehr gefürchtet.
Übertragung/Verlauf	Grabmilben leben in der Oberhaut, wo sie Bohrgänge anlegen, in denen auch die Eiablage erfolgt. Sie sind im Allgemeinen auf einen Wirt spezialisiert, können allerdings auch von Tieren auf den Menschen übertragen werden.
Was kann man dagegen unternehmen?	Die Räude ist eine hoch ansteckende Krankheit, die zu grossen Verlusten bei der betroffen Wildtierart führen kann. Behandlungsmöglichkeiten gibt es kaum. Wild mit starkem Räudebefall muss erlegt und korrekt entsorgt werden.
Bemerkung	Den direkten Kontakt mit befallenen Tieren möglichst vermeiden! Infizierte Hunde können vom Tierarzt behandelt werden.

Bandwürmer

Fuchsbandwurm

Der Fuchsbandwurm ist für den Menschen ein gefährlicher von Wildtieren übertragener Parasit. Ein Befall kann zum Tod führen, weil die Finne (eine Art Blase, die mit einer Flüssigkeit und den Bandwurmlarven gefüllt ist) aufgrund ihres tumorartigen Wachstums kaum operativ entfernt werden kann.

⚠	Von einer Ansteckung betroffen	Alle Wildarten. Fuchs = Wirt; Maus = Zwischenwirt; Mensch = Fehlwirt.
	Übertragung/Verlauf	Der Fuchsbandwurm, wie auch die anderen Bandwürmer, benötigen zu ihrer Entwicklung einen End- und einen Zwischenwirt. Der geschlechtsreife, Eier produzierende Bandwurm lebt im Darm des Endwirtes.
	Was kann man dagegen unternehmen?	Fuchsjäger sollten sich gegen den Parasiten schützen, indem sie beim Abbalgen von Füchsen Handschuhe und eine Atemschutzmaske tragen. Zudem ist eine jährliche Blutuntersuchung durch den Arzt sinnvoll. Hunde und Katzen regelmässig entwurmen.
	Bemerkung	Krankheitsbezeichnung beim Menschen Echinokokkose.

Grosser und Kleiner Leberegel

Man kann davon ausgehen, dass Wildtiere mit Leberegeln befallen sind, wo Rinder, Schafe und Schweine in Freilaufhaltung vorkommen. Durch Anschneiden der Leber und Ausdrücken der Gallengänge kommen die Leberegel mitunter zum Vorschein.

Abb. 10.22	Von einer Ansteckung betroffen	Wiederkäuer und Hasen.
	Übertragung/Verlauf	Beim Aufbrechen/Ausweiden sind Verkalkungen auf der Leberoberfläche (weisse Flecken) leicht zu erkennen.
	Was kann man dagegen unternehmen?	Wer beim Aufbrechen eine stark befallene Leber entdeckt (weisse Flecken, Verdickung der Gallengänge), sollte diese einem Spezialisten vorlegen. Gelegentlich weist der Wildkörper auch ein struppiges Fell auf. Solange er jedoch nicht abgemagert ist, genügt es, die Leber korrekt zu entsorgen.

Bemerkung	Es gibt den Grossen und den Kleinen Leberegel. Beide benötigen einen Zwischenwirt, um sich zu entwickeln.

Rundwürmer

Trichinen

Trichinen (Trichinellen) sind weltweit verbreitet und können beim Menschen schwere Erkrankungen verursachen. Obwohl sie sowohl beim Wild als auch bei Haustieren nur selten vorkommen, muss das für den Konsum bestimmte Wildbret von Allesfressern und Fleischfressern (Karnivoren) obligatorisch untersucht werden.

⚠	Von einer Ansteckung betroffen	Schwarzwild, Raubwild, Nagetiere.
	Übertragung/Verlauf	Die Larven dieser Rundwürmer, die sich im Muskelfleisch von Wirtstieren abkapseln, sind von blossem Auge nicht zu erkennen. Sie werden durch den Verzehr von kontaminiertem Fleisch übertragen. Da sie sehr resistent sind, können sie auch noch Monate nach dem Tod ihres Wirtstieres ansteckend wirken.
	Was kann man dagegen unternehmen?	Auch das Schwarzwild für den Eigenkonsum sollte der Jäger untersuchen lassen. Dabei wird ein Stück Zwerchfell oder Kaumuskel herausgeschnitten und zur Untersuchung eingesandt.
	Bemerkung	Gemäss aktueller Gesetzgebung muss Schwarzwild, welches in den Verkehr gebracht wird, zwingend auf Trichinellenbefall in einem anerkannten Labor untersucht werden. Infizierte Tiere sind auf der Tierkörpersammelstelle zu entsorgen.

Grosser und Kleiner Lungenwurm

In der Regel wird beim Aufbrechen von Wild das betroffene Organ nicht aufgeschnitten, sofern der Jäger nicht bewusst nach Lungenwürmern sucht. Deshalb bleiben diese Parasiten sehr häufig unerkannt.

Von einer Ansteckung betroffen	Säugetiere
Übertragung/Verlauf	In der Regel werden die Larven mit der Nahrung (Gras) aufgenommen. Sie wandern in die Lunge und wachsen dort zu geschlechtsreifen Würmern heran. Aus ihren Eiern schlüpfen Larven, welche vom Wirtstier ausgehustet oder abgeschluckt und mit dem Kot (Losung) ausgeschieden werden. Gewisse Lungenwürmer benötigen einen Zwischenwirt. Über das Grünfutter gelangen die Larven von Neuem in ihren Wirt.
Was kann man dagegen unternehmen?	Folgende Auffälligkeiten können dem Jäger helfen, einen starken Lungenwurmbefall zu entdecken: Husten, struppiges Fell (Decke), Abmagerung, sichtbare Veränderung der Lunge (beim Aufschneiden der Lunge werden die Würmer sichtbar). Auch hier sollte als Erstes der Spezialist herangezogen werden. Falls sich die Erkrankung auf die Lunge beschränkt, genügt es, diese korrekt zu entsorgen.
Bemerkung	Es gibt eine ganze Reihe von Würmern, die in Wildkörpern vorkommen können, ohne dass die durch sie befallenen Tiere erkranken würden.

Nasen- und Rachenbremsen

Befallene Wildtiere hört man von Weitem niesen und husten. Sie schütteln zudem oft kräftig den Kopf.

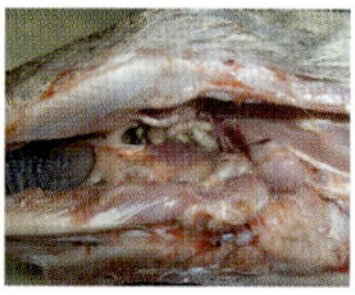

	Von einer Ansteckung betroffen	Hauptsächlich Reh- und Rotwild.
	Übertragung/Verlauf	Die Fliege (Rachenbremse) spritzt die Larven in die Nasenöffnung (Windfang) des Wildes.
Abb. 10.23	Was kann man dagegen unternehmen?	Befallenes Wild erholt sich von selbst.
	Bemerkung	Beim Aufschneiden und Präparieren der Trophäen kommen die Parasiten zum Vorschein.

Bakterien, Viren, Pilze (Mikroorganismen) als Ursache von Infektionen

Die Vielfalt dieser Krankheitserreger ist sehr gross. Es wird hier nur eine kleine Auswahl der in der Schweiz vorkommenden Infektionskrankheiten besprochen.

Lungenentzündung

Lungenentzündungen werden vor allem durch Viren, Bakterien oder Pilze verursacht. Diese Entzündungen können auch die Folge eines massiven Lungenwurmbefalls sein und enden häufig mit dem Tod.

Von einer Ansteckung betroffen	Alle Tierarten.
Übertragung/Verlauf	Sehr unterschiedlich, z. B. Erkrankung schwacher Einzeltiere (vor allem auch Jungtiere) oder seuchenhaftes Auftreten in einem ganzen Bestand.
Was kann man dagegen unternehmen?	Überhöhte Bestände und schlechter allgemeiner Gesundheitszustand begünstigen die Ausbreitung dieser Infektionskrankheit. Bejagungsstrategien hängen von der Art des Erregers ab. Sie reichen von Jagdverzicht bis zu erhöhter Reduktion.
Bemerkung	Erlegte Tiere mit Lungenveränderungen werden zusammen mit dem Organ vor der Verwertung einer Fachperson zur Beurteilung vorgelegt.

Gämsblindheit

Die Gämsblindheit ist eine hoch ansteckende Augenerkrankung, welche von Schafen auf Gämse und Steinbock übertragen wird. Ein leichtgradiger Befall kann ausheilen, ein hochgradiger, aggressiver dagegen führt zu irreversibler Erblindung und damit zum Tod des Tieres.

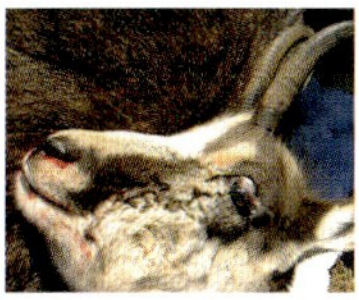

Abb. 10.24

Von einer Ansteckung betroffen	Gams- und Steinwild (teilweise tödlicher Verlauf), Schafe und Ziegen (kein tödlicher Verlauf).
Übertragung/Verlauf	Der Erreger wird über das Augensekret ausgeschieden. Er kann sowohl durch Tiere mit Tränenfluss als auch durch infizierte Tiere ohne offensichtliche Krankheitszeichen verbreitet werden. Die Übertragung erfolgt durch direkten oder indirekten Kontakt; auch durch Fliegen. Die Gamsblindheit kann sich epidemieartig ausbreiten. Es kommt unter anderem zur Trübung des Auges sowie zu eitrigen Verklebungen in der Augenumgebung. Die Veränderungen sind meist beidseitig. Erblindete Tiere sind beim Gehen unsicher, stolpern und stossen gegen Hindernisse. Erkrankte Tiere können den anderen nicht mehr folgen und zeigen ein starkes Ruhebedürfnis. Eine Abheilung leichtgradiger Erblindungssymptome ist möglich. Je nach Aggressivität der Infektion steigt der Anteil erkrankter Gämsen und Steinböcke mit spontaner Heilung bzw. irreversibler Erblindung, eine solche führt schliesslich zum Tod (vor allem durch Absturz, Abmagerung, Zweit-Infektionen).

Was kann man dagegen unternehmen?	Die erblindeten Tiere dürfen nicht gestört werden (Ruhe im Seuchengebiet). Hegeabschüsse sollen nur bei jenen Tieren erfolgen, deren Augen perforiert und somit unwiederbringlich verloren sind. Die richtige Entscheidung erfordert viel Erfahrung beim Ansprechen. Keine infizierte Schafe alpen.	
Bemerkung	Das Wildbret ist, sofern das Tier nicht abgemagert ist und keine weiteren bedenklichen Merkmale bestehen, genusstauglich.	

Aktinomykose

Die zum Teil imposanten Schwellungen des Unterkiefers sind vom aufmerksamen Beobachter gut zu erkennen. Sie können die Nahrungsaufnahme der betroffenen Tiere empfindlich einschränken.

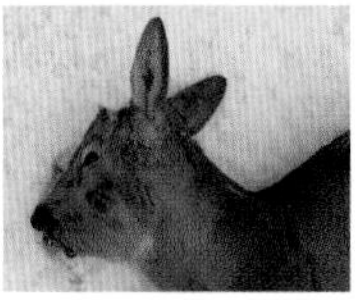

Abb. 10.25

Von einer Ansteckung betroffen	Rehwild; bei anderen Tieren eher selten.	
Übertragung/Verlauf	Der Erreger dringt in Verletzungen, z.B. beim Zahnwechsel, in die schwammartigen Schleimhäute ein und verursacht eine schwerwiegende Veränderung des Kieferknochens. Dadurch entstehen Probleme beim Äsen und beim Wiederkäuen.	
Was kann man dagegen unternehmen?	Das Wild sollte nach Absprache mit den zuständigen Behörden aus Tierschutzgründen erlegt werden.	
Bemerkung	Irrtümlicherweise hielt man diese chronische bakterielle Infektion früher für eine Pilzinfektion. Daher der (veraltete) Name «Strahlenpilz».	

Klassische Schweinepest (KSP)

Diese Viruserkrankung verursacht grossen volkswirtschaftlichen Schaden bei Hausschweinen. Aus diesem Grund hat der Jäger darauf zu achten, dass er kein kontaminiertes Material, z.B. aus Seuchengebieten anderer Länder, einschleppt.

Von einer Ansteckung betroffen	Schwarzwild und Hausschweine.	

Übertragung/Verlauf	Die Übertragung wird durch den Handel und den Kontakt mit infizierten Tieren (auch Wildschweinen) oder die Verfütterung von ungenügend erhitzten Fleischabfällen verursacht. Auch unsaubere (Jagd-) Utensilien und Transportbehälter können das hoch ansteckende Virus verbreiten. Sämtliche Nutztiere eines infizierten Bestandes müssen geschlachtet werden. Das Fleisch ist genussuntauglich.
Was kann man dagegen unternehmen?	Schwarzwildpopulationen sind kurz zu halten und beim Aufbrechen ist konsequent auf mögliche Anzeichen von Schweinepest zu achten. Kein Fleisch kirren. In Deutschland werden regelmässig Krankheitsausbrüche festgestellt.
Bemerkung	Auffälligkeiten wie dunkle Verfärbung der Haut oder stecknadelgrosse, punktförmige Blutungen auf Nieren, Kehlkopf oder Herz können auf die Seuche hinweisen.

Tollwut

Die Tollwut ist eine tödliche Infektionskrankheit, die noch vor einigen Jahren in der Schweiz sehr präsent war. Intensive Fuchsbejagung kann eine erneute Ausbreitung dieser Seuche massgeblich hemmen.

Von einer Ansteckung betroffen	Säugetiere, v.a. Fuchs.
Übertragung/Verlauf	Der Erreger (Virus) wird über den Speichel ausgeschieden und durch direkten Kontakt (Biss) infizierter Karnivoren verbreitet. Am häufigsten geschieht dies durch den Fuchs. Für betroffene Tiere endet die Krankheit tödlich.
Was kann man dagegen unternehmen?	Die Tollwut kann für den Jäger besonders gefährlich sein, da eine Ansteckung auch beim Menschen mit dem Tod endet, wenn sie nicht sofort ärztlich behandelt wird. Für Jäger besteht ein erhöhtes Infektionsrisiko, da sie immer wieder gerufen werden, wenn ein Wild seine natürliche Scheu gegenüber dem Menschen verloren hat. Befallene Füchse können sehr aggressiv reagieren. Der Jäger sollte Verhaltensstörungen dieser Art unbedingt den Behörden melden.
Bemerkung	Die Schweiz gilt offiziell als tollwutfrei. Jagdhunde sind regelmässig gegen Tollwut zu impfen. Auch Menschen können sich impfen lassen.

Übersicht über einige Wildtierkrankheiten

	Virus-Krankheiten	Bakterielle Krankheiten	Parasitäre Krankheiten	Situation in der Schweiz
Aujeszkysche Krankheit (Pseudowut)	x			+
Aviäre Influenza (Klassische Geflügelpest)	x			+
Klassische Schweinepest (KSP)	x			+
Lippengrind (Winterräude)	x			++
Tollwut	x			−
Aktinomykose (Strahlenpilz)		x		+
Brucellose		x		+
Infektiöse Keratokonjunktivitis (Gamsblindheit)		x		++
Moderhinke (Klauenfäule)		x		++
Paratuberkulose		x		+
Pseudotuberkulose		x		+
Tuberkulose		x		−
Tularämie (Hasenpest)		x		+
Bandwürmer			x	+++
Dasselfliegen			x	+
Kokzidiose			x	+
Leberegel			x	+++
Lungenwürmer			x	+++
Magen-Darm-Parasitosen			x	+++

(Fortsetzung)	Virus-Krankheiten	Bakterielle Krankheiten	Parasitäre Krankheiten	Situation in der Schweiz
Nasen- und Rachenbremsen-Krankheit			x	++
Räude			x	++
Trichinellose			x	+

- Die Schweiz gilt als frei von diesem Erreger oder dieser konnte in der letzten Zeit nicht nachgewiesen werden.
+ Die Erreger kommen sporadisch vor.
++ Die Erreger kommen vor.
+++ Die Erreger kommen häufig vor.

Der jährliche Zoonosen- und Seuchenbericht des Bundesamtes für Veterinärwesen, BVET, informiert über den aktuellen Stand (www.bvet.admin.ch).

Lernziele

Der Jäger / die Jägerin
- kann die Ausdrücke «Zoonose», «Seuche», «Parasiten» erklären und dazu einige Beispiele nennen;
- kennt mögliche Ursachen von Wildtierkrankheiten;
- erkennt Auffälligkeiten am Wildtierkörper, die auf Krankheiten hinweisen;
- kennt die richtigen Massnahmen beim Entdecken solcher Auffälligkeiten / Veränderungen;
- kennt die wichtigsten Wildtierkrankheiten.

11 Jagd und Öffentlichkeit

311 Warum jagen wir?
311 Jagd als vielfältige Aufgabe
312 Die Öffentlichkeit einbinden

11 Jagd und Öffentlichkeit

Abb. 11.1 Ein Wildhüter erläutert einer Schulklasse die Knochenverletzung eines Rothirsches.

Die Jagd – einst eine Selbstverständlichkeit – wird in unserer heutigen Gesellschaft nur noch von einer verschwindend kleinen Gruppe betrieben. Gerade noch 0,4 Prozent der Bevölkerung jagen. Die nicht jagende Bevölkerung (99,6 Prozent) stellt die Erbeutung wild lebender Säugetiere und Vögel zunehmend in Frage. Sie konfrontiert Jäger mit Aussagen wie «Jagd ist reine Lust am Töten» oder «Im Kanton Genf funktioniert die Wildregulierung auch ohne Jäger». Dagegen gilt es, jagdliche Inhalte und Werte überzeugend ins Feld zu führen. Jäger müssen vermehrt lernen, sich im Gegensatz zum leisen, beobachtenden und still abwartenden Verhalten auf der Jagd in der Öffentlichkeit vernehmlich zu Wort zu melden. Dabei sollten sie Folgendes beachten:

- Respektvolles Auftreten: Der Jäger respektiert andere Naturnutzer und signalisiert in Gesprächen, dass er sachlich diskutieren kann und will, ohne belehrend zu wirken.
- Offenheit und Ehrlichkeit: Der Jäger wird von allen Seiten sehr genau beobachtet. Korrektes und glaubwürdiges Verhalten ist deshalb zentral. Das Wie und das Warum bei der Jagd sind aufrichtig und unumwunden zu erklären.
- Mit Emotionen umgehen können: Wir müssen akzeptieren, dass es für eine bestimmte Sache nicht nur verschiedene Sichtweisen geben kann, sondern dass bei Meinungsbildungen auch Gefühlsbetontheit eine wichtige Rolle spielt. Damit haben wir jederzeit verständnisvoll umzugehen.
- Zusammenhänge aufzeigen: Damit Jagdbeteiligte dazu in der Lage sind, müssen sie über ein aktuelles und fundiertes Wissen verfügen. Stetige Fortbildung ermöglicht es ihnen, auftretenden Fragen und Behauptungen richtig und sachlich zu begegnen.
- Die Öffentlichkeit vor Ort orientieren: Den direkten Bezug zur Jagd kann man am besten im eigenen Umfeld herstellen. Dort werden alltägliche jagdliche Aufgaben gezeigt, erklärt und publiziert.

- Mit Kritik richtig umgehen: Kritische Äusserungen über die Jagd können eine Chance sein. Rein abwehrende Gegenbehauptungen helfen nicht weiter. Nur fachlich korrekte Stellungnahmen bringen die Jagd in der Schweiz voran. Dazu gehört auch die Akzeptanz des Grossraubwildes. Diese «Konkurrenz» der Jagd ist politisch und demokratisch legitimiert und soll als Teil natürlicher Artenvielfalt verstanden und behandelt werden.

Warum jagen wir?

Die oft gestellte Frage nach dem Warum des Jagens muss sich jeder Jäger zuallererst selbst beantworten. Nur so kann er auch der Bevölkerung eine echte und glaubwürdige Antwort geben. Es lassen sich eine ganze Anzahl sinnvoller Begründungen für die Jagdausübung finden, und diese müssen auch genannt werden. Doch eines ist sicher: Der Jäger will Beute machen. Er steht voll und ganz hinter seinem Beute- und Sammeltrieb, der seit jeher tief im Menschen wurzelt. Dadurch nutzt er ja u.a. auch hochwertige Nahrungsmittel, welche die Natur uns zur Verfügung stellt. Auf Nichtjäger wirkt er viel überzeugender, wenn er die persönliche Faszination darlegt, welche die Jagd auf ihn ausübt, als wenn er alle möglichen Rechtfertigungen zusammenkramt. Denn die noch immer gängigen Märchen wie etwa jenes, der pflichtbewusste Jäger erlöse ausschliesslich kranke und alte Tiere von ihren Leiden, nimmt ihm ohnehin kein vernünftiger Mensch mehr ab.

Jagd als vielfältige Aufgabe

Die vielfältige Nutzung der Natur schafft Reibungsflächen. Verschiedenste Gruppen erheben heutzutage Anspruch, in Wald und Flur auf ihre Rechnung zu kommen: Erholungssuchende und Sporttreibende genauso wie Berufsgruppen, die ihr Einkommen der Natur abgewinnen müssen. Die Jagd kann hier ihren Beitrag leisten, indem sie einerseits für die Wildtiere einsteht und diese andererseits nachhaltig nutzt, d. h. keine Tierart in ihrem Bestand gefährdet. Zudem engagiert sie sich durch die Bestandesregulierung bei Schaden verursachenden Tierarten (z.B. Rothirsch im Forst, Wildschwein in der Landwirtschaft) für ein konfliktarmes Nebeneinander von Wildtier und Mensch. Die Jagd steht überdies volkswirtschaftlich durchaus im Plus: Erstens macht es Sinn, zur Verfügung stehende Ressourcen nachhaltig zu verwerten. Die Jagd schöpft dabei ja nur den Zuwachs (Zins) ab und lässt das Fundament (Kapital) stehen. Im Weiteren ist zu beachten, dass die Jägerschaft für all die Aufgaben, welche sie im Interesse der Öffentlichkeit kostenfrei übernimmt, auch noch Abgaben in Form von Jagdpatenten und Revierpachtzinsen entrichtet.

Die Öffentlichkeit einbinden

Jäger nehmen viele Aufgaben wahr. Dies muss vermehrt an die Öffentlichkeit gelangen. Folgende Beispiele vermitteln eine knappe Übersicht von Möglichkeiten:

- Rehkitzrettung: Die Bauern des jeweiligen Gebietes müssen eingebunden und rechtzeitig orientiert werden.
- Schulen ansprechen: Projektwochen erfreuen sich grosser Beliebtheit. Jagdverantwortliche müssen aktiv auf die Schulleitungen/Lehrenden zugehen und in Gesprächen ihre Angebote unterbreiten.
- Ferienpass: Bei Kindern kann man mit geeigneten Ausschreibungen das Interesse an Natur und Jagd wecken.
- Vereine und andere Organisationen ansprechen: Für Vereinsanlässe werden immer wieder Referenten gesucht. Warum nicht über die Jagd und deren mannigfachen Aufgaben orientieren?
- Zusammenarbeit: Viele Menschen sind an der Natur interessiert. Hier kann die Jagd eine geeignete Plattform zur Verfügung stellen. Nutzen wir sie, indem wir gemeinsame Veranstaltungen/Projekte durchführen (z. B. mit dem Forst im Bereich der Biotoppflege und -aufwertung, mit den Gemeinden, mit Naturschutzverbänden, Fischern, Ornithologen usw.).
- Wildbret: beste Werbung für ein Lebensmittel von höchster Qualität (z. B. Kochkurse, Marktstände, Spezialitäten in Metzgereien und Restaurants).
- Lokalpresse: Sie ist die geeignete Plattform, um die nicht jagende Bevölkerung über saisonale Vorkommnisse und Abläufe in der Natur in ihrem unmittelbaren Umfeld zu orientieren.

Abb. 11.2 Von Behörden organisierte Waldumgänge können die Bevölkerung mit den mannigfaltigen Aufgaben der Jagd vertraut machen und ihr so die Jagdausübung näher bringen.

Die Öffentlichkeit einbinden

Abb. 11.3 Für Kinder kann die Teilnahme als Treiber an einer Bewegungsjagd von hohem Erlebniswert sein.

Abb. 11.4 Jagdhornbläser: Musik ist stets geeignet, um den Zugang zu weiten Bevölkerungskreisen zu finden.

Es liegt also weitgehend an der Jägerschaft, geeint und mit klaren Konzepten in der Öffentlichkeit überzeugend aufzutreten. Es ist stets besser zu agieren, als immer wieder abzuwarten, bis Jagdgegner zum Reagieren zwingen. Wer sich bis jetzt aufmerksam und interessiert durch dieses Buch gelesen hat, wird dazu gerüstet und bereit sein.

Lernziele

Der Jäger/die Jägerin
- kennt kritische Fragen gegenüber der Jagd und mögliche Antworten;
- kennt die wichtigsten Verhaltensregeln, um als Jäger in der Öffentlichkeit respektiert zu werden;
- kann auf die Frage «Warum jagen Sie?» eine persönliche Antwort geben;
- kann Beispiele für wirksame Öffentlichkeitsarbeit aufzählen.

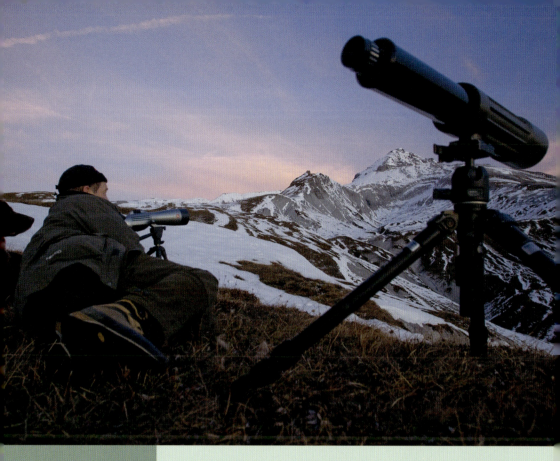

12 Gesetze regeln das Jagen

316 Wozu ein Jagdgesetz?
317 Die Entstehung der eidgenössischen Jagdgesetzgebung
318 Der Wandel des eidgenössischen Jagdgesetzes
318 Das heute gültige eidgenössische Jagdgesetz
319 Zweck der eidgenössischen Gesetzgebung
320 Der Aufbau der eidgenössischen Jagdgesetzgebung
320 Aufgabenteilung zwischen Bund, Kanton und Jägerschaft

Wozu ein Jagdgesetz?

Während Jahrtausenden haben unsere Vorfahren frei und ohne Regeln gejagt. Wichtig waren für sie ihr Geschick und Jagdglück, um überhaupt an Nahrung zu kommen. Ab dem frühen Mittelalter waren es vor allem die standesmässigen Unterschiede, welche das Jagdrecht weiter Teile der Bevölkerung beschnitten. Eine eigentliche Jagdgesetzgebung dagegen war kaum notwendig. In einer modernen und stets enger werdenden Welt dagegen ist eine solche ordnende Kraft nicht mehr wegzudenken. Sie regelt sowohl den Schutz und die Nutzung der wild lebenden Säugetiere und Vögel als auch den Erhalt ihrer Lebensräume und begrenzt die Wildschäden auf ein tragbares Mass. Dennoch bedeutet Jagen auch heute noch eine grosse persönliche Freiheit für jede Jägerin und jeden Jäger. Sie ist aber gleichzeitig verbunden mit der Verantwortung gegenüber der Natur und der Pflicht, für deren Rechte einzustehen und alle Massnahmen zu ihrem Erhalt zu unterstützen.

Abb. 13.1 Korrektes Führen der Abschussstatistik: Der Abschuss muss sofort eingetragen werden. Aber bitte vorher Waffe brechen!

Die Entstehung der eidgenössischen Jagdgesetzgebung

Das oberste Gesetz der Schweiz ist die Bundesverfassung. In ihrer ersten Fassung von 1848 wurde die Jagd noch nicht erwähnt. Das bedeutete, dass die Kantone alleine dafür zuständig waren. Erst in der Totalrevision von 1874 wurde der Bund ermächtigt, im Jagdbereich und zum Schutze des Wildes ein Gesetz zu erlassen, welches in allen Kantonen Gültigkeit haben sollte.

Von diesem neuen Recht machte das eidgenössische Parlament bereits zwei Jahre später Gebrauch, und das erste eidgenössische Jagdgesetz trat 1876 in Kraft.

Drei Erkenntnisse gaben den Ausschlag für diese Veränderung:

- Der Zustand der Wildtierbestände in der Schweiz war katastrophal.
- Viele Kantone waren nicht fähig und willens, den grossen Jagddruck auf ihrem Gebiet in geordnete Bahnen zu lenken.
- Insbesondere die Schalenwildbestände mussten dringend erhalten und gefördert werden, wenn man sie auch künftig jagdlich nutzen wollte.

Der damalige Wildtierschutz wurde also mit der volkswirtschaftlichen Bedeutung der Jagd begründet. Deshalb schrieb der Bund den Kantonen u.a. folgende Schutzmassnahmen für jagdlich begehrte Wildarten (z.B. Rothirsch, Gämse, Reh, Murmeltier) vor:

- Einschränkung der Jagdzeit auf den Herbst;
- Schutz der Mutter- und Jungtiere;
- Ausscheidung von eidgenössischen Jagdbanngebieten;
- Bestellung einer professionellen Wildhut in diesen Banngebieten zur Bekämpfung der Wilderei.

Diese Bestimmungen erscheinen uns heute als unspektakulär. Damals aber lösten sie bei uneinsichtigen Jägern erbitterten Widerstand aus. Einzelne der neu eingesetzten Wildhüter bezahlten ihren Dienst im Auftrag des Staates und im Interesse des Wildes sogar mit dem Leben.

Der Wandel des eidgenössischen Jagdgesetzes

Das Jagdgesetz von 1876 löste in den folgenden Jahrzehnten wiederholt politische Diskussionen aus. Es wurde mehrfach überarbeitet und an neue Erkenntnisse und Bedürfnisse angepasst.

Nützlings- und Schädlingsdenken:
Das erste Jagdgesetz machte bei seinen Bestimmungen einen deutlichen Unterschied, ob eine Wildart als «nützlich» oder «schädlich» einzustufen war.

Als «nützlich» galten Arten, welche entweder Fleisch lieferten (z.B. Gämsen) oder Mäuse und Ungeziefer vertilgten (z.B. Eulen und Turmfalken). Als «schädlich» hingegen galten Wildtiere, welche entweder der Landwirtschaft (z.B. Wildschweine), dem Fischbestand (z.B. Fischotter) oder dem Kleinvieh und dem Wild (z.B. Wölfe) Schaden zufügten.

Gemäss damaliger Gesetzgebung sollten «nützliche» Arten geschützt und «schädliche» verfolgt werden.

Tatsächlich breiteten sich viele der «nützlichen» Wildarten wieder aus (so z.B. Stein-, Rot-, Gams- und Rehwild), während die «schädlichen» zusehends verschwanden, (so z.B. Bär, Steinadler oder Fischotter).

Im Laufe des 20. Jahrhunderts wurde dieses reine Nützlichkeitsdenken abgelöst durch die Erkenntnis, dass jede Tierart im Haushalt der Natur eine Funktion hat und daher wichtig ist.

Das heute gültige eidgenössische Jagdgesetz

Im Jahre 1986 wurde das eidgenössische Jagdgesetz vollständig neu gestaltet. Entstanden ist dabei das heute noch gültige «Bundesgesetz über die Jagd und den Schutz wildlebender Säugetiere und Vögel» (JSG).

Wichtig zu wissen ist, dass heute sämtliche einheimischen und ziehenden Wildarten, ob jagdbar oder geschützt, unter grundsätzlichem Schutz des eidgenössischen Jagdgesetzes stehen! Dies bedeutet, dass keine einheimische Wildart erneut ausgerottet werden darf, weder Schwarzwild noch Rotwild, weder Kormoran noch Wolf, weder Biber noch Bartgeier. Kein Widerspruch zu diesem grundsätzlichen Schutz ist die nachhaltige Nutzung jagdbarer Arten oder Einzelabschüsse geschützter Arten zur Abwendung von Wildschäden.

Die Bestandeszunahme des Schalenwildes (Gams-, Rot-, Stein- und Rehwild) führte auch zu Problemen. So im Zusammenhang mit der Waldverjüngung. Insbesondere während der 1960er- und 1970er-Jahre wurden regional starke Verbissschäden am Jungwald und gleichzeitig periodisch grosse Wintersterben beim Schalenwild beobachtet. Zunehmende Schwarzwildbestände verursachten überdies Wildschäden in landwirtschaftlichen Kulturen. Es gab also deutliche Hinweise auf lokal zu hohe Wildbestände. Im neuen Eidgenössischen Jagdgesetz wurde deshalb der Grundstein für das heutige ganzheitliche Wildtiermanagement gelegt.

Zweck der eidgenössischen Gesetzgebung

Das eidgenössische Jagdgesetz bezweckt, im Gesamtinteresse des Landes einen Ausgleich zu schaffen zwischen den unterschiedlichen Ansprüchen der Wildtiere, der Jagd, des Naturschutzes, der Forstwirtschaft, der Landwirtschaft, der Wirtschaft, des Tierschutzes sowie der Volks- und der Tiergesundheit.

Konkret bedeutet das:

- Erhalt der Artenvielfalt: Das Jagdgesetz sichert die einheimische Artenvielfalt an Wildtieren sowie den Erhalt ihrer Lebensräume.
- Erhalt der Jagd: Das Jagdgesetz sichert die nachhaltige Jagd.
- Minimierung von Wildschäden: Das Jagdgesetz sichert die Abwehr von untragbaren Wildschäden (z. B. an der Waldverjüngung), und es regelt die Verhütung und Vergütung von Wildschäden (z. B. in der Landwirtschaft).
- Nutzung natürlicher Ressourcen: Das Jagd- und das Lebensmittelgesetz regeln eine handwerklich saubere Jagd, welche gesundes und natürliches Wildbret sowie Felle gewinnt und in Verkehr bringt.
- Volksgesundheit/Tiergesundheit: Jagd- und Veterinärgesetzgebung steuern den Umgang mit Wildtieren, damit Krankheiten eingedämmt werden, welche zwischen Wildtieren und Nutztieren oder Menschen übertragbar sind (z. B. in Zusammenhang mit Wildtieren in Siedlungsräumen).
- Sicherheit: Jagd- und Waffengesetzgebung regeln den Umgang mit Jagdwaffen, um möglichst jegliche Gefährdung von Personen und Sachwerten zu verhindern.
- Tierschutz: Das Jagdgesetz verhindert untragbare Störungen von Wildtieren in ihrem Lebensraum. Im Weiteren regelt es den jagdlichen Umgang mit Wildtieren zur Minimierung von Tierleid (Schiessausbildung, Muttertierschutz, Pflicht zur Nachsuche usw.).
- Erhalt der kulturellen Vielfalt: Das Jagdgesetz nimmt Rücksicht auf die regionalen Besonderheiten der Schweiz. Als Rahmengesetz lässt es den Kantonen den notwendigen Spielraum, um Mentalität und kulturelle Gepflogenheiten ihrer Bewohner im kantonalen Jagdgesetz einfliessen zu lassen.

Die schweizerische Jagdgesetzgebung wurde seit ihrer Inkraftsetzung stets veränderten Bedingungen angepasst. Zu allererst schaffte sie die notwendigen gesetzlichen Grundlagen zur Erholung der Wildbestände. Folge war, dass diese nunmehr seit Jahrzehnten wieder jagdlich genutzt werden können. Auch ehemals ausgerottete Tiere kehrten und kehren noch immer zurück. Dennoch übersteigen die von Wildtieren verursachten wirtschaftlichen Schäden nur in Einzelfällen das tragbare Mass. Erfreulich ist, dass die Schweizer Bevölkerung die Entwicklung und Veränderungen in den Wildtierbeständen unseres Landes mit regem Interesse verfolgt.

Der Aufbau der eidgenössischen Jagdgesetzgebung

Die folgende Grafik widerspiegelt die eidgenössische Gesetzgebung im Jagdbereich. Sie zeigt die Bundesverfassung und das eidgenössische Jagdgesetz mit allen dazugehörenden Verordnungen. Daraus leitet sich die Gesetzgebung zur Jagd auf kantonaler Ebene ab.

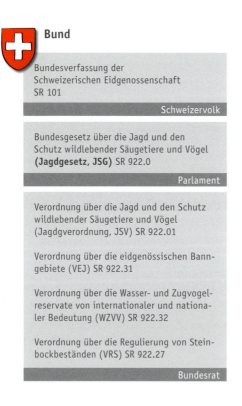

G 13.1 Struktur der Jagdgesetzgebung in der Schweiz.

Aufgabenteilung zwischen Bund, Kanton und Jägerschaft

Der Bund ist befugt, Grundsätze im Bereich der Jagd festzulegen, namentlich zum Schutz der Artenvielfalt. Abgesehen davon ist er aber zu keiner weiteren und detaillierten Regelung der Jagd berechtigt oder beauftragt. Das Recht, sich Wildtiere anzueignen, steht den einzelnen Kantonen zu. Sie sind die Inhaber des Jagdregals und haben zu entscheiden, welches Jagdsystem (Patentjagd oder Revierjagd) sie anwenden oder ob sie allenfalls auf eine Nutzung des Jagdrechts verzichten wollen (Kanton Genf). In ihrer Organisation der Jagd müssen sie sich

Abb. 13.2 Jagen bereitet auch Freude. Und dazu darf und soll man stehen.

aber an die Rahmenbedingungen des Bundesgesetzes halten. Beim jagdgesetzlichen Vollzug arbeiten Bund und Kantone Hand in Hand, haben jedoch unterschiedliche Zuständigkeitsbereiche. So regelt der Bund hauptsächlich die Verantwortlichkeiten zwischen ihm und den Kantonen, die Kantone jene untereinander sowie jene zwischen ihnen und der Jägerschaft.

Zukünftige Jägerinnen und die Jäger müssen sich mit der Jagdgesetzgebung ihres Kantons (d.h. des Kantons, in welchem sie die Jagdprüfung ablegen werden) sehr genau auseinandersetzen. Kantonale Jagdgesetze und Jagdverordnungen können in diesem Buch nicht ausgeführt werden, bilden aber einen festen Bestandteil aller Jagdlehrgänge.

Lernziele

Der Jäger/die Jägerin
- kennt Sinn und Zweck der eidgenössischen Jagdgesetzgebung;
- weiss, weshalb sich diese Gesetzgebung im Laufe der Zeit geändert hat;
- kennt die verschiedenen Ebenen, auf welchen sie wirksam ist, und weiss Bescheid über deren unterschiedliche Aufgabenbereiche;
- kennt die Jagdsysteme in der Schweiz.

13 Lernstrategien

324 Stolpersteine
324 Lerngewohnheiten, Lerntyp
325 Vorbereitungsweg
325 Pausen

Wir gratulieren! Sie haben sich entschlossen, die Jagdprüfung zu machen. Die vorliegende Publikation soll Ihnen dabei das verlangte Grundwissen vermitteln. Weitere Fachbücher sowie Lerngruppen können Sie dabei unterstützen. Wir empfehlen Ihnen jedoch, sich auf die Lerninhalte dieses Buches zu konzentrieren.

Es ist Ihr Entscheid, ob Sie sich allein oder in einer Gruppe auf die Prüfung vorbereiten. Der Prüfungsstoff ist umfangreich. Es wird also gut für Sie sein zu wissen, worauf Sie Ihr Augenmerk richten sollen und wo Stolpersteine «auf dem Weg zur Jagdprüfung» liegen können. Die ausgewählten Tipps und Ratschläge möchten Ihnen dabei behilflich sein.

Stolpersteine

Es ist wichtig, dass Sie sich zu Beginn einige Fragen stellen, um mögliche Schwierigkeiten zu erkennen und auch zu meistern:

- *Zeitmanagement:* Habe ich genügend Zeit, um Beruf, Familie und Privates unter einen Hut zu bringen? → Klare Zuteilungen vornehmen!
- *Prüfungsangst:* Leide ich unter Prüfungsangst und kann deshalb im entscheidenden Moment mein Wissen nicht abrufen? → Druck wegnehmen durch seriöse und langfristige Planung.
- *Stofffülle:* Verliere ich bei dieser Fülle rasch den Überblick? → Stoffbegrenzung auf das vorliegende Buch einhalten.
- *Konzentration:* Fällt es mir schwer, mich zu konzentrieren und mich ganz auf den Prüfungsstoff einzulassen? → Pausen und Arbeitsrhythmus planen.
- *Motivation:* Wie kann ich mich auch für «uninteressante» Jagdthemen motivieren? → Die Jagdprüfung als Ziel im Auge behalten.

Lerngewohnheiten, Lerntyp

Wir alle haben unterschiedliche Lernstrategien. Beantworten Sie für sich die folgenden Fragen, und Sie werden Ihre eigenen Lerngewohnheiten besser kennenlernen.

- Brauche ich klare Strukturen und Zeitvorgaben?
- Lerne ich gerne allein oder in Gruppen?
- Diskutiere ich gerne mit anderen und erkläre ihnen den Lernstoff, um ihn selbst besser zu verstehen und zu behalten?
- Brauche ich jemanden, der mir die Vernetzung der einzelnen Themen konkret aufzeigt?
- Muss ich mir Notizen machen, Skizzen und Grafiken zeichnen, um den Stoff besser zu verstehen?
- Brauche ich Bild- und/oder Filmmaterial zum Stoffverständnis?
- Reicht es mir, wenn ich als Zuhörer Vorträgen aufmerksam folge?
- Muss ich den Lernstoff auf einem Tonträger abspeichern, um ihn immer wieder zu hören?
- Muss ich mich während des Lernens bewegen können?

- Muss ich, soweit möglich, den Stoff mit meinen Händen anfassen können, um ihn im wahrsten Sinne zu «begreifen»?

Versuchen Sie, die zutreffendsten Punkte aus der obigen Aufzählung in Ihre Vorbereitungen einfliessen zu lassen. Sie werden feststellen, dass Ihnen das Lernen leichter fällt.

Vorbereitungsweg

Die folgende Fünfpunkte-Strategie soll Ihnen helfen, den Lernstoff gut zu bearbeiten und ihn zu festigen:

Thema	Ist bei der Umsetzung zu beachten
Planung	- Rechtzeitig beginnen - Lernzeiten in Agenda eintragen - Stoffverteilung vornehmen - Wiederholungen einplanen - Prüfungstage eintragen
Überblick verschaffen	- Schnelldurchsicht pro Lerneinheit - Bild- und Grafikabbildungen beachten
Bewusstes und konzentriertes Erlesen	- Lernziele studieren - Verknüpfungen mit bekannten Sachverhalten erstellen
Notizen machen, Markierungen/Unterstreichungen vornehmen	- Bemerkungen einfügen - Verweise notieren - Farben verwenden
Repetieren und zusammenfassen	- Texte verfassen - Tabellen zeichnen - Mind-Maps erstellen

Pausen

Planen Sie bei den Vorbereitungen auch Pausen ein. Entspannen Sie sich gezielt nach einer Arbeitseinheit. Kurzpausen von wenigen Minuten, in denen Sie sich strecken und dehnen, sind angezeigt, wenn Sie feststellen, dass Ihre Konzentration nachlässt. Unterbrüche von 15 bis 30 Minuten erlauben es Ihnen, sich während eines kurzen Spaziergangs oder an einem angenehmen Ort zu entspannen und sich neu für Ihre Arbeit zu motivieren. Entdecken Sie Ihren ganz persönlichen Lernrhythmus.

Wir wünschen Ihnen auf dem Weg zur Jagdprüfung viel Erfolg!

Anhang

328 Glossar
336 Index
340 Bildnachweis
342 Dank

Glossar

Abschussquote/-zahl	Verhältnis der Anzahl zu erlegender Wildtiere zu ihrem Gesamtbestand (in %). Wird in der Jagdplanung aufgrund von Wildzählungen, getätigten Abschüssen und Fallwildzahlen in der Regel jedes Jahr für gewisse Wildart festgelegt.
Absehen	Markierung im Zielfernrohr, mit welcher das Ziel exakt anvisiert werden kann.
Adult	Erwachsen, d.h. die Lebensphase nach Eintritt der Geschlechtsreife.
Altersaufbau, Altersstruktur	Altersmässiger Aufbau eines Wildtierbestandes, bei welchem definierte Altersklassen unterschieden werden (z.B. Kitze, Jährlinge, mittelalte und alte Tiere).
Anatomie	Die Lehre vom Bau des Körpers mit all seinen Körperteilen, Geweben, Organen und Zellen.
Aufbrechen	Entfernen der Eingeweide (innere Organe) vor allem beim Schalenwild.
Ausweiden	Entfernen der Eingeweide (innere Organe) beim Wild, ausser beim Schalenwild.
Balz	Verhalten bei Vögeln als Element der Paarbildung, welches vor, während und nach der Paarung stattfindet. Zur Balzzeit stellen die Männchen oft ein speziell auffälliges Gefieder zur Schau.
Beizjagd	Jagd mit ausgebildetem Greifvogel.
Bio-Akkumulation	Anreicherung von Schadstoffen entlang der Nahrungskette.
Biodiversität	Vielfalt des Lebendigen. Umfasst die Vielfalt an Lebensräumen, Arten (Artenvielfalt) sowie die genetische Vielfalt.
Bioindikator	Ein Lebewesen (Zeigerart), welches spezifische Standort- und Umweltbedingungen anzeigt und sensibel auf Veränderungen dieser Bedingungen (z.B. verschlechterte Luft-, Wasserqualität) reagiert.
Biotop	Durch bestimmte Lebensgemeinschaften (aus Pflanzen- und Tierarten) gekennzeichneter Lebensraum.
Biotophege	Aufwertung spezifischer Lebensräume (Lebensraumaufwertung). Alle Massnahmen, welche die Lebensgrundlagen der wildlebenden Tiere und Pflanzen in einem Gebiet erhalten und verbessern.
Blanke Waffen	Jagdmesser, Stichwaffen. Auch als «kalte Waffen» bezeichnet.
Blatt	*Siehe «Kammer».*

Glossar

Brüche	Abgebrochene, grüne Zweige, welche vom Jäger als Markierung eingesetzt werden (z. B. das Markieren des Anschusses = verbrechen). Brüche werden auch im jagdlichen Brauchtum verwendet (z. B. der letzte Bissen beim erlegten Tier oder der Erlegerbruch am Hut des erfolgreichen Jägers).
Brunft	Jagdsprachlicher Begriff für die Paarungszeit der Paarhufer (ohne Schwarzwild). Wird vermehrt für das Paarbildungsverhalten weiterer Säugetierarten verwendet.
Domestizierung	Die Entwicklung eines Wildtieres zum Nutztier über Zucht und Auslese der bestgeeigneten Tiere unter der Obhut des Menschen.
Durchzügler	Vögel, die auf ihrem Zug zwischen Sommer- und Winterquartier ein Gebiet durchqueren, kurz rasten und während den Zugzeiten dort beobachtet werden können.
Einstand	Regelmässiger Aufenthaltsort von Wildtieren einer Art, in welchem sie während bestimmter Zeitabschnitte Ruhe und Geborgenheit finden, z. B. Sommer-, Winter-, Tages- oder Nachteinstand.
Epidemie	Eine Epidemie ist eine zeitliche und örtliche Häufung einer ansteckenden Krankheit innerhalb einer Population.
Extensiv, Extensive Strukturen	Landwirtschaftlich nicht intensiv genutzte und nicht gedüngte Gebiete oder Kleinstrukturen wie Hecken, Brachen, Magerwiesen, Ackerrandstreifen, Ast- und Steinhaufen.
Fallwild	Im Gegensatz zum erlegten Wild ist Fallwild tot aufgefundenes Wild, welches an einer Krankheit eingegangen oder nach einem Verkehrsunfall verendet ist.
Fährte	Die hintereinander folgenden Fussabdrücke (Trittreihe) von Schalenwild. *Siehe auch «Spur».*
Fegen; Fege-	Alljährliches Entfernen der Basthaut des neuen Geweihs durch Reiben an Gehölzen bei Hirsch und Reh. Nicht zu verwechseln mit dem sicht- und riechbaren Markieren von Gehölzen mit Duftdrüsen am Kopf.
Fehlwirt (Parasitologie)	Ein Wirt (Wildtier oder Mensch), der von einem Parasiten zufällig befallen wird, und in dem eine Weiterentwicklung des Parasiten nicht möglich ist. Der Fehlwirt (Wildtier oder Mensch) kann durch den Parasiten schwer erkranken. Bsp. Parasit Fuchsbandwurm und Fehlwirt Mensch.
Fiepen	Feine und hohe Kontaktlaute zwischen Rehen, insbesondere zwischen Rehkitz und Rehgeiss.
Finne (Finnenstadium)	Entwicklungsstadium bei Bandwürmern (Parasiten) im Körper ihrer Zwischenwirte. Aus dem Ei des Bandwurms entwickelt sich die noch nicht geschlechtsreife Larve (Finne).
Fragmentierung	Zerschneidung von Lebensräumen, u.a. durch Strassen, Schienen, Zäune, Siedlungen usw.
Führend	Muttertier, welches ein noch nicht selbständiges Jungtier führt (z. B. führende Hirschkuh, führendes Luchsweibchen).

Geschlechtsstruktur	Verhältnis der Anzahl männlicher zur Anzahl weiblicher Tiere in einem Bestand.
Geschlechterverhältnis	Siehe «Geschlechtsstruktur».
Geweihschlagen	Siehe «Schlagen».
Gewöll	Unverdauliche Bestandteile gefressener Beutetiere (z. B. Haare, Knochen, Federn), die v. a. von Eulen als kompakte Ballen ausgewürgt werden.
GIS	Geografisches Informationssystem, ein Computerprogramm zum Darstellen und Berechnen von geografischen Daten/Karten.
Grossraubtiere	Grosse Beutegreifer (Prädatoren), die am Ende der Nahrungskette stehen. In Mitteleuropa: Luchs, Wolf und Braunbär.
Habitat	Lebensraum, Lebensstätte. Standort, an welchem eine Art oder Artengemeinschaft regelmässig vorkommt.
Hege	Bezeichnung für Massnahmen zum Schutz und zur Pflege des Wildes und dessen Lebensraums.
Hegeabschüsse	Erlegen von krankem oder verletztem Wild.
Herbivor, -en	Pflanzenfresser
Hitzig/Hitze	Siehe «Läufig, Läufigkeit»
Hohe Jagd, Hochjagd	Historisch begründete Einteilung der Jagd nach Tierarten, welche ursprünglich nur vom Adel bejagt werden durften (Hochwild), meist Rothirsch, Reh, Gämse, Steinbock und Wildschwein.
Hornschieben	Spielerisches oder kämpferisches Kopf-an-Kopf-Schieben oder leichtes Schlagen beim Steinbock, welches der Festlegung der Rangordnung dient.
Hornschlagen	Siehe «Schlagen».
Hybridisierung	Kreuzung von Eltern verschiedener Arten oder verschiedener Rassen.
Jagdbanngebiet	Siehe «Wildschutzgebiet».
Jagdkynologisch, Jagdkynologie	Kynologie heisst die «Lehre vom Hund». Jagdkynologie beinhaltet alles, was speziell mit Jagdhunden zu tun hat (Verwendung, Haltung, Ausbildung, Führung, Zucht usw.).
Jagdregal	Recht der Kantone, die wildlebenden Säugetiere und Vögel jagdlich zu nutzen.
Jährling	Reh, Gams oder Steinbock im zweiten Lebensjahr.
Kammer	Körperhöhle in der Brust, in welcher Lunge und Herz liegen; durch das Zwerchfell vom Verdauungstrakt getrennt.
Karnivor, -en	Fleischfresser, fleischfressende Tiere.

Keimruhe	Eiruhe, Vortragzeit. Die Entwicklung der befruchteten Eizelle resp. des frühen Embryos wird im Muttertier während einiger Monate unterbrochen. Dadurch verlängert sich die Tragzeit, wodurch Geburt und Aufzuchtzeit in die klimatisch günstige Jahreszeit fallen (z. B. Reh, Dachs, Marder, Hermelin).
Kimme und Korn	Zielhilfsmittel auf dem Waffenlauf (offene Visierung). Bedeutend weniger präzise als das Zielfernrohr, hauptsächlich auf nahe Distanz verwendet. Schrotwaffen haben nur ein Korn, aber keine Kimme.
Kondition	Aktuelle körperliche Verfassung eines Tieres (Ernährungs- und Gesundheitszustand, Leistungsfähigkeit und Widerstandskraft). Eine gute Kondition zeigt sich in einem hohen Körpergewicht bezogen auf die Körpergrösse und die Vorräte an Körperfett.
Konstitution	Entwicklungszustand und Körpergrösse eines Tieres aufgrund seiner genetischen Voraussetzung (Erbgut) und den Ernährungsbedingungen während der Wachstumsphase als Jungtier. Als Konstitutionsmass gelten Hinterfuss- oder Unterkieferlänge.
Konzentratselektierer	Huftierart, welche gezielt nährstoffreiche Nahrung auswählt (z. B. das Rehwild, welches gezielt Blüten, Knospen und junge Blätter mit hohem Nährstoffgehalt frisst und altes nährstoffarmes Gras meidet).
Krellschuss	Meist nicht tödlicher Kugelschuss durch die Dornfortsätze oberhalb der Wirbelsäule. Aufgrund des heftigen Schlages auf das Nervensystem fallen die Tiere schlagartig um, erheben sich aber alsbald und fliehen (schwierige Nachsuche).
Kulturflüchter	Tierarten, die wegen ihrer geringen Anpassungsfähigkeit oder ihrer hohen Spezialisierung empfindlich auf menschliche Störungen und Lebensraumveränderungen reagieren und die Nähe des Menschen und deren Siedlungen meiden.
Kulturfolger	Tierarten, die in der vom Menschen geschaffenen Kulturlandschaft bessere Lebensbedingungen vorfinden als in ihrem ursprünglichen Lebensraum.
Laktation, Laktationszeit	Phase der Bildung und Abgabe der Milch bei weiblichen Säugetieren.
Läufig, Läufigkeit	Fortpflanzungszeit bei weiblichen Hundeartigen (Wolf, Fuchs, Hund). *Siehe «Hitzig/Hitze»*
Laufmündung	Vordere Öffnung des Gewehrlaufs, wo das Geschoss den Lauf der Waffe verlässt.
Lebensgemeinschaft	Gemeinschaft von verschiedenen Arten (Pflanzen und Tiere), die denselben Lebensraum bewohnen.
Lebensraumpotenzial	Eignung einer Landschaft als Lebensraum für eine bestimmte Wildtierart bezüglich Ressourcen (Äsung, Deckung, Aufzuchtgebiete, Wechselmöglichkeiten, Sommer- und Winteransitz).
Lockjagd	Jagdmethode, bei der der Jäger das Wild mit Lautäusserungen (z. B. Mäusepfiff zum Anlocken des Fuchses) oder Attrappen (z. B. Krähenattrappe) anlockt.

Luder	Ausgelegter Fressköder für Raubwild (insbesondere Fuchs). Die Stelle, an der er ausgelegt wird, heisst Luderplatz.
Mikroorganismen	Kleinstlebewesen, mit blossem Auge nicht zu erkennen. Dazu gehören Viren, Bakterien, Schimmel- und Hefepilze.
Monitoring	Langfristige, systematische Erfassung, Beobachtung oder Überwachung von Tier- oder Pflanzenarten und von Lebensräumen.
Morphologie	Lehre von der Struktur und der Form der Organismen.
Mortalität, natürliche	Natürliche Sterblichkeit in einer Population.
Nachhaltig, -keit	Die Nutzung eines Systems (z.B. Wald, Tierbestand) auf solche Weise, dass seine Funktion erhalten bleibt, und es auch in Zukunft noch genutzt werden kann. Bei nachhaltiger Jagd werden einem Bestand nur so viele Tiere entnommen, dass der Bestand erhalten bleibt.
Nachwuchsrate	Anzahl überlebender Kitze resp. Kälber, zwei bis drei Monate nach der Geburtensaison bezogen auf den Frühlings-Gesamtbestand. Meist werden diese Raten in Prozenten angegeben (ungleich Zuwachsrate).
Nahrungskette	Fluss von Nährstoffen und Energie durch das Fressen und Gefressenwerden, meist beginnend bei Pflanzen (am Anfang der Nahrungskette stehend) und endend bei Raubtieren (am Ende der Nahrungskette stehend). Die am Anfang einer Nahrungskette stehenden Lebewesen geben Nährstoffe und Energie den am Ende der Nahrungskette stehenden Lebewesen weiter.
Nahrungsnetz	Verflechtung verschiedener Nahrungsketten. Durch das Nahrungsnetz werden die komplizierten Nahrungsbeziehungen zwischen verschiedenen Lebewesen eines Ökosystems dargestellt.
Nesthocker	Neugeborene, die noch wenig entwickelt (blind, ohne Daunen/Haare) sind und daher eine gewisse Zeit von den Elterntieren gefüttert und gewärmt werden müssen.
Ökologie	Lehre von den Beziehungen zwischen Organismen (Tieren, Pflanzen, Menschen usw.) untereinander und mit ihrer Umwelt.
Ökologische Nische	Ein Bereich in der Umwelt mit spezifischen Standortfaktoren (Umweltfaktoren), die für das Überleben und Vorkommen einer Art bestimmend sind. Jede Art kann nur in einem bestimmten Bereich von Umweltfaktoren leben.
Ökosystem	Eine natürliche Einheit in einem Lebensraum, bestehend aus Lebewesen (Pflanzen, Tiere) und unbelebter Umwelt (Wasser, Boden, Luft, Licht).
Pansen	Grösster Vormagen im Magensystem der Wiederkäuer, dient als erste Sammelkammer für die grob zerkaute Nahrung (Vorverdauung).
Parasit	Organismus, der sich zeitweise oder dauernd in oder auf einer anderen Art (Wirt) auf deren Kosten aufhält, um von dieser Nahrung zu beziehen oder sich dort fortzupflanzen. Der Wirt wird dadurch geschädigt.

Patentjagd	Jagdsystem bei welchem Jagdberechtigte alljährlich ein Jagdpatent (Lizenz) lösen, das sie berechtigt, im betreffenden Kanton während eines bestimmten Zeitraums eine bestimmte Anzahl Tiere zu erlegen.
Perückenbock	Rehbock mit hormonell bedingter abnormer Geweihbildung (z.B. durch eine Hodenverletzung). Durch kontinuierliches Wachstum von Knochensubstanz und Bast entsteht ein sogenanntes Perückengeweih.
Physiologie	Lehre von den physikalischen und biochemischen Funktionen von Lebewesen (z.B. Atmung, Verdauung, Muskelfunktionen usw.).
Pirschzeichen	Sämtliche sichtbaren Zeichen am Ort (Anschuss), wo das Geschoss auf das Tier auftrifft (z.B. Schnitthaare, Schweiss, Knochensplitter usw.). Der Nachsucheführer kann aus den Pirschzeichen auf die Trefferlage des Geschosses und somit die Verletzung des Tieres schliessen.
Plätzstellen	Sichtbar freigescharrte Stellen am Boden, welche der markierende Rehbock in seinem Revier hinterlässt.
Population	Eine Gruppe von Individuen der gleichen Art, die in einem bestimmten Gebiet leben und sich untereinander fortpflanzen (Tierbestand).
Prädation	Nutzung von Beutetieren durch einen Beutegreifer (Räuber).
Prädator	Beutegreifer (Räuber).
Randschrote	Einzelne Schrote, die beim Schrotschuss stark seitlich von der Hauptgarbe abweichen.
Revierjagd	Jagdsystem bei welchem eine Gruppe von Jägern als Jagdgesellschaft für eine gewisse Zeitdauer ein Jagdgebiet (Revier) vom Kanton pachtet und darin für die Bewirtschaftung der Wildbestände verantwortlich ist.
Sasse	Ruhelager des Feldhasen (auch als Deckung), oft eine flache Erdmulde.
Schälen; Schäl-	Abnagen von Rindenstücken (im Winter bei Nadelbäumen, ganzjährig bei Laubbäumen) sowie das Abziehen ganzer Rindenstreifen (im Sommer bei Nadelbäumen) vor allem durch Hirsche.
Schalenwild	Paarhufer. Die Klauen der Paarhufer werden jagdsprachlich als Schalen bezeichnet.
Schlagen (Horn-; Geweih-)	Schlagen des Geweihs oder der Hörner an Gehölzen u.a. zur Reviermarkierung, dabei werden Äste abgebrochen und der Stamm stellenweise entrindet und verletzt.
Schlagstück	Metallteil, das angetrieben durch die Schlagfeder wie ein kleiner Hammer auf den Zündstift schlägt welcher seinerseits durch den Schlag auf das Zündhütchen der Patrone den Schuss auslöst.
Schmaltier	Weibliches Rotwild im zweiten Lebensjahr. Schmaltiere führen noch keine Jungtiere.
Schmalspiesser	Männliches Rotwild im zweiten Lebensjahr.
Schmalreh	Weibliches Reh im zweiten Lebensjahr. Schmalrehe führen noch kein Kitz.

Schusszeichen	Reaktion (Verhalten) des Wildes auf den Schuss (z.B. Hochspringen, Zusammenzucken, Ausschlagen), der Einschlag der Kugel (Kugelriss) sowie sämtliche Pirschzeichen.	
Schweisshund	Speziell ausgebildeter Hund, welcher der Fährte von verwundeten Wildtieren folgen kann, allfällige Pirschzeichen verweist und ein verletztes Tier töten oder stellen kann.	
Spezialist (Habitat-; Nahrungs-)	Lebewesen, welches spezifische Bedürfnisse an seinen Lebensraum und/oder an seine Nahrung stellt	
Spur	Die hintereinander folgenden Fussabdrücke (Trittreihe) von nicht zum Schalenwild zählendem Haarwild. *Siehe auch «Fährte».*	
Standruhe (Hund)	Ruhiges Verhalten des Jagdhundes auf dem Stand.	
Standvogel	Vogel, der das ganze Jahr über dasselbe Gebiet nutzt und saisonal nicht wegzieht (z.B. Rauhfusshühner, Waldkauz).	
Stoffkreislauf	Steter Kreislauf von Stoffaufbau (Wachstum von Pflanzen durch Fotosynthese), Stoffnutzung (Verzehr der Pflanzen durch Tiere) und Stoffabbau (Abbau toter Organismen durch Mikroorganismen zu Pflanzennährstoffen).	
Tageseinstand	*Siehe «Einstand».*	
Territorium, territorial	Ein Gebiet, das von einem einzelnen oder mehreren Tieren einer Art ganzjährig oder zeitweise bewohnt und gegen gleichartige Tiere verteidigt wird.	
Teilzieher	Vogelarten, von denen gewisse Populationen oder Individuen in der kalten Jahreszeit (Nahrungsmangel) in den Süden ziehen, andere jedoch im Brutgebiet verbleiben. Dazu zählen die meisten einheimischen Brutvögel wie Buchfink, Rotkehlchen, Goldammer usw.).	
Trägerschuss	Schuss auf den Hals (Träger) von Huftieren (hauptsächlich für Fangschüsse).	
Transekt	Eine genau festgelegte Route im Gelände, von der aus eine systematische Erfassung von Tier- oder Pflanzenarten erfolgt. Z.B. bei der Scheinwerfertaxation zur Erhebung von Rothirsch- und Feldhasenbeständen.	
Umweltfaktoren	Belebte (Pflanzen, Tiere, Mikroorganismen usw.) und unbelebte (Temperatur, Wasser, Gesteine, Wind, usw.) Faktoren der Umwelt, welche die Häufigkeit und Verbreitung von Arten massgeblich bestimmen, und miteinander in Wechselwirkung stehen.	
Verbiss	Abbeissen und Fressen von Knospen, Trieben und Blättern durch Paarhufer zur Nahrungsaufnahme.	
Vernetzung	Notwendige räumliche Lebensraumverbindungen für Tier- und Pflanzenarten, die der Verinselung und Fragmentierung von Populationen entgegenwirken.	
Verordnung	Ausführungsbestimmungen zu einem Gesetz, die durch die Exekutive (Bundesrat bei Bundesverordnungen resp. Regierungsrat bei kantonalen Verordnungen) erlassen werden.	

Wechsel, Wildwechsel	Oft begangene Wege verschiedener Tierarten.
Weidgerechtigkeit	Schwer fassbarer Sammelbegriff für gesetzes- und regelkonformes Handeln der Jäger.
Weidwund, -schuss	Schuss in die Bauchhöhle hinter dem Zwerchfell.
Wiederkäuer	Pflanzenfressendes Huftier mit typischem Gebiss und Wiederkäuermagen mit vier Abschnitten: Drei Vormägen (Pansen, Netzmagen, Blättermagen) sowie einem echten Magen (Labmagen).
Wildraum	Wildökologisch einheitlicher geografischer Raum, der die Basis für die Jagdplanung bildet.
Wildruhezone	Gebiete mit zeitlich und örtlich geregelter Zutrittsbeschränkung, um Konflikte zwischen Menschen und störungsempfindlichen Wildtieren zu vermeiden.
Wildschutzgebiet	Gebiete, in denen die Jagd auf alle oder gewisse Tierarten verboten ist, z. B. Jagdbanngebiete, Hasenasyle, Wasser- und Zugvogelreservate.
Wintereinstand	*Siehe «Einstand».*
Wintergast	Vögel, die im Norden brüten und den Winter über in einem südlicheren Gebiet überwintern. Typisch sind in der Schweiz die Wintergäste aus dem hohen Norden wie der Bergfink und nordische Wasservögel.
Wirt (Parasitologie)	Organismus, der einer anderen Art als Unterkunft, Nahrungsquelle, Transportmittel und/oder als Fortpflanzungsstätte dient.
Zoonose	Von Tier zu Mensch und von Mensch zu Tier übertragbare Infektionskrankheit.
Zuwachs	Jährliche Zunahme einer Wildtierpopulation durch Fortpflanzung oder Zuwanderung.
Zuwachsrate	Anzahl Jungtiere, die den ersten Winter überleben, bezogen auf den Frühlings-Gesamtbestand des Vorjahres. Vielfach wird der 1. April als Stichdatum gewählt (ungleich Nachwuchsrate).
Zwerchfell	Trennwand aus Muskeln zwischen Brust- und Bauchhöhle.
Zwischenwirt (Parasitologie)	Organismus, der die Jugendstadien, z. B. die Larvenformen eines Parasiten aufnimmt. Nach der weiteren Entwicklung des Parasiten verlässt dieser den Organismus, um in einen anderen, meist seinen Endwirt, zu gelangen. Hier wird er zum fertig entwickelten Parasiten.

Index

A
Aaskrähe 136
Ablenkfütterung 175
Abpraller 266
Abschussplan 188
Abschussquote 188
Abschusszahl 188
Absehen 269
Abzug 247
Adler 122
Aktinomykose 304
Aktionsraum 179
Alpenmurmeltier 105
Alpenschneehuhn 129
Alpenstufe 151
alpine Zone 151
Altersschätzung 34
Anatomie 158
Ansitzjagd 202, 205
Ansitzzählung 183
Ansprechen 212
Apportieren 209
Apportierhunde 276
Artenvielfalt 160
Arve 169
Äserschuss (= Kieferschuss) 223
Äsungstypen 35
Äsungszyklus 35
Auerhuhn 128
Aufbewahren von Waffen 243
Aufbrechen 230, 237
Ausgestorbene Arten 138
Aussenballistik 260

B
Bache 70
Bakterien 302
Ballistik 259
Bandwürmer 299
Bartgeier 121
Bastgeweih 36
Basthaut 36
Bauhunde 276, 286
Baujagd 203, 209, 286
Baumarten 168
Baummarder 86
Beibache 70
Beizjagd 204, 210
Bejagungsstrategie 195
Bekleidung 211
Bergahorn 168
Bergstufe 151
Bergung 234
beschlagen 43
Bestandeswachstum 190
Besucherlenkung 180
Beutegreifer 76
Beutetiere 153
Bewegungsjagd 203, 207
Biber 107, 161
Biberburg 108
Bio-Akkumulation 147
Biodiversität 160
Bioindikator 149
Biotophege 168
Birke 168
Birkhuhn 129
Bisamratte 140
Blanke Waffen 252
Blässhuhn 119
Blättermagen 33, 34
Blattjagd 202
Blattschuss 214, 221, 222
Blattzeit 42
Bleifreies Schrot 257
Bleischrot 257
Bodenjagd 203
Boviden 36
Bracken 276

Brackieren 203, 284
Braunbär 95
Brüche 26
Brunft 36, 51
Brunftfeigen 57
Buche 168
Büchse 244
Büchsenmunition 253
Bundesgesetz über die Jagd und den Schutz wildlebender Säugetiere und Vögel (Jagdgesetz, JSG) 318, 320
Buschieren 209, 286
Buschieren (nahe Suche) 204
Buschierhunde 286
Bussarde 124

C
Cerviden 36
Choke 245

D
Dachs 82
Dachsbau 83
Damhirsch 139
Dämmerungszahl 267
Dauerwald 167
Direktbeobachtung 183
Distanzmessgerät 270
Domestizierung 274
Douglasie 169
Drosselschnitt 238
Drücken 203

E
Eibe 169
Eichelhäher 137
Eichen 168

eidgenössische Jagdbanngebiete 181
eidgenössische Jagdgesetzgebung 320
eidgenössisches Jagdgesetz 317, 319
Elch 138
Elster 137
Energiesparmassnahme 157
Entenstrich 202
Esche 168
Erdhunde 276
Eulen 133

F
Fährte 110
Fährtenlaut 284
Fährten- und Spurentaxation 184
Falken 126
Falknerei 210
Fallenjagd 204
Fallwild 186
Fangschuss 218
Fangschussgeber 252
Faustfeuerwaffen 251
Fegen 36, 174
Fegeschäden 44
Fege- und Plätzstellen 39
Feindvermeidung 36
Feind-Vermeidungsstrategien 154
Feldahorn 168
Feldhase 100
Feldstecher 268
Femelschlag 167
Fernglas 268
Fernrohr 268
Fichte 169
Fischotter 138
Fleischfresser 146

Index

Fleischreifung 234
Flinte 244
Flintenlaufgeschosse FLG 258
Flintenmunition 255
Föhren 169
Forkelverletzungen 51
Fotofalle 185
Fotosynthese 145
Freizeitnutzung 179
Frischling 68, 74
Fuchsbandwurm 293, 299
Fuchsbau 78

G
Gabler 40, 42, 50
Gämsblindheit 303
Gämse 54
Gänsesäger 119
Gefährdungsdistanz 265
Gefahrenzone 265
Gehörn 57
Gehörschutz 266
Gehörsinn 36
Geier 121
Gemeiner Schneeball 169
Generalisten 152
genetische Vielfalt 160
Geruchsinn 36
Gesäuge 44, 212
Geschlechterverhältnis 186
Geschosstyp 254
Gewässer 161
Geweih 36
Geweihbildung 36
Geweihträger 36
Geweihzyklus 36
Gewölle 120
Grabmilbe 298
Gratgämse 56
Greifvögel 120
Grosser und Kleiner Leberegel 299

Grosser und Kleiner Lungenwurm 301
Grossraubtiere 154
Grossraubtierkompartimente 189
Gründelenten 115
gründeln 115
Günstigste Einschussentfernung GEE 260

H
Habicht 124, 125
Hartriegel 169
Hasel 169
Hasenartige 100
Haubentaucher 114
Heckenstraucharten 169
Hegeabschuss 186
Hegeabschüsse 186
Herbivoren 146
Herdenschutz 98
Herdenschutzhunde 98
Hermelin 91
Hirschartige 36
Hochjagd 17
Hochsitz 205
Hochwild 17
Höhenstufen 151
Homerange 156
Hörner 36
Hornschieben 64
Hornschlagen 64
Hornträger 36
Hügelstufe 151
Hühnervögel 127

I
Iltis 89
Innenballistik 259

J
Jagd am Luder 202
Jagdaufsicht 224
Jagdethik 28
Jagdgesetz 316
Jagdhorn 26
Jagdhornbläser 27

Jagdliches Brauchtum 24
Jagdmethoden 202
Jagdmusik 26
Jagdplanung 183
Jagdsignale 26
Jagdsprache 25
Jagdstatistik 186
Jagdwaffen 244

K
Kahlwild 48
Kaliberbezeichnung 253, 255
kalte Fährte 284
Kalte Waffen 252
Kammer 214
Kammer- oder Blattschuss 222
Kammerschuss 215
Kantonale Jagdbanngebiete 181
Kantonale Vogelschutzgebiete 181
Kanzel 205
Karnivoren 76, 146
Keimruhe 43
Kirren 75
Kirrjagd 202
Kirrung 75, 175
Kirsche 168
Klassische Schweinepest (KSP) 304
Kolbenente 117
Kolbenhirsch 49, 50
Kolkrabe 135
kolline Stufe 151
kombinierte Waffen 244, 250
kompensatorische Sterblichkeit 189
Kondition 155
Konfliktlösung 178
Konkurrenz 155
Konsumenten 146
Konstitution 186
Konzentratselektierer 35, 42

Kopf- und Trägerschuss 215
Kormorane 114
Krellschuss 221, 222
Krickel 57
Krickente 116
Kronenhirsch 49
Krucken 57
Krümmung (Hakelung) 59
Kugelfang 265
Kugelschuss 260
Kulturflüchter 152
Kulturfolger 152
Kurzwaffen (Faustfeuerwaffen) 251

L
Labmagen 33, 34
Laborierung 254
landwirtschaftliches Kulturland 162
Langwaffen 244
Lappentaucher 114
Lärche 169
Laubbaumarten 168
Laufachse 260
Laufhunde 276
Laufschuss 222
Laute Jagd 203, 284
Lebensmittelgesetzgebung 228
Lebensraumberuhigung 179
Lebensräume 160
Lebensraum-Fragmentierung 150
Lebensraummanagement 178
Lebensraumpotenzial 186
Leitbache 70
Lerngewohnheiten 324
Lerntyp 324
Liguster 169
Linden 168
Lockjagd 202
Losung 110

337

Anhang

Luchs 92
Lungenentzündung 302

M
Malbäume 72
Marderhund 141
Mäusebussard 124
Mikroorganismen 302
Milane 123
Milben 297
Mischlinge 280
Mischtypen 35
Modell-Abschusspläne 190
Monitoring 197
Montage optischer Zielhilfen 270
montane Stufe 151
Morphologie 158
Mufflon 139
Mündungsballistik 259
Munition 253

N
Nach dem Schuss 216
Nachhaltigkeit 167, 216
Nachsuche 220, 287
Nachsuchegespann 220, 221, 287
Nadelbaumarten 169
Nagetiere 100
Nahrungskette 146
Nahrungsnetz 146
Nasen- und Rachenbremsen 302
Nebelkrähe 136
Neozoen 139
Netzmagen 33, 34
Nichtwiederkäuer 33
Niederjagd 17
Niederwild 17
nivale Zone 151
Nutria 140

O
Objektiv 267
Ökologie 144
ökologische Nische 152
Ökosystem 146, 160
Okular 267
Optik 267

P
Paarhufer 33
Pansen 33, 34
Parasitäre Infektionen 297
Parasiten 297
Passjagd 202
Patentjagd 21
Pechgehörn 57
Perücke 42
Pfaffenhütchen 169
Pflanzenfresser 146
Pflanzengesellschaften 151
Physiologie 158
Pilze 302
Pirsch 202, 204
Pirschzeichen 221
Pistolen 251
Platzhirsch 51
Populationsentwicklung 183
Prädatoren 146
Prämolar 44
Produzenten 146

R
Rabenkrähe 136
Rabenvögel 135
Rallen 119
Räuber 146, 153
Räuber-Beute-Beziehung 153
Räuberdruck 154
Raubtiere 76
Räude 298
Raufusshühner 127
Raufutterfresser 35
rauschig 72

Rauschzeit 68, 72
Reflexvisier 269
Reh 37
Rehgehörn 40
Rehgeweih 40
Rehkitzrettung 43
Reiherente 118
Renaturierung 161
Revierjagd 21
Revolver 252
Ringeltaube 132
Robinie 168
Rosenstock 36, 50
Rostgans 139
Rote Heckenkirsche 169
Roter Holunder 169
Rotfuchs 76
Rothirsch 46
Rotmilan 123
Rotte 70
Rundwürmer 300

S
Saatkrähe 136
Sachkundenachweis (SKN) 283
Säger 118
Saisonale Überlebensstrategien 156
Saumschlag 167
Schaft 249
Schälen 174
Schalenwild 33
Schälschäden 52
Scheinwerfertaxation 184
Scheitelkamm 84
Schirmschlag 167
Schlagen 174
Schlagschäden 52
Schmalreh 43
Schmalspiesser 48, 50
Schmaltier 48, 53
Schmuckknoten 65
Schneehase 103
Schneehuhn 129

Schneestufe 151
Schnepfen 130
Schrecken 40
Schrotgrössen 258
Schrotkörner 258
Schrotladung 258
Schrotpatronen 256
Schrotschuss 261
Schuss- und Pirschzeichen 221
Schusswirkung 261
Schutzfunktion 166
Schutzwald 166
Schwarzdorn 169
Schwarzer Holunder 169
Schwarzmilan 123
Schwarzwild 68
Schweinepest 294
Schweissarbeit 287
Schweisshund 287
Schweisshunde 276
Schweizer Jagdhunderassen 285
Schweizer Laufhunde 284
Schwimmenten 115
Sechserregel 213
Sehfeld 267
Sehsinn 36
Seuchen 293
Sicherung 248
Sikahirsch 139
Sozialstruktur 186
Spektiv 268
Sperber 124, 125
Spezialisten 152
Spiesser 40, 42
Spitzahorn 168
Sprünge 39
Spurlaut 284
Stahlschrot 257
Standruhe 287
Stecher 247
Steinadler 122
Steinbock 62
Steinmarder 88
Stiftzähne 102

Stirnwaffen 36
Stöberhund 285
Stöberhunde 276
Stöbern 203, 285
Stockente 115
Stoff- und Energie-
  kreisläufe 145
Streifgebiete 156
Streifschuss 223
Stress 155
Stroh'sches Zeichen
  102
Suche 286
Suche (weite Suche)
  204
Suchjagd
  204, 209, 286
Suhlen 71

T
Tafelente 117
Tarnkleider 211
Tauben 131
Tauchenten 117
Teilmantelgeschoss
  254
Teilzieher 156
Terrier 286
Tollwut 305
Totsuche 220
Totverbeller 288
Totverweiser 288
Tragen von Waffen
  243
Traubenkirsche
  169
Trefferlage 214
Treibjagd 203, 208
Trichinen 300
Trittsiegel 110
Trophäe 202
Türkentaube 132
Turmfalke 126

U
Überläufer 70, 74
Ufer 161
Uhu 133

Umweltfaktoren 149
Umweltgifte 147

V
Verbissschäden 44, 52
Verblenden 43
Verdauungssystem 33
Vergrösserung 267
Vergütung 267
Verlorensuche 287
Vernetzung 163, 171
Viren 302
Visierlinie 260
Vogelbeere 168
Vollmantelgeschoss
  254
Vor dem Schuss 213
Vorstehhund 209
Vorstehhunde 276

W
Waffenerwerb 243
Waffengesetz 242
Waffenhandhabung
  264
Waffenpflege 264
Während des Schusses
  216
Wald 164
Waldbauformen 167
Waldgämse 56
Waldkauz 134
Waldohreule 134
Waldschnepfe 130
Wanderfalke 126
warme Spur 285
Warnkleidung 211
Waschbär 141
Wasserjagd 287
Wasser- und Zugvogel-
  reservate 113, 181
Wasservögel 113
Weicheisenschrot 257
Weiden 168
Weidgerechtigkeit 28
Weidlochschnitt 238
Weidwundschuss 222
Weissdorn 169

Weisstanne 169
Weitschuss 215
Wiederkäuer 33
Wildbestand 183, 187
Wildbret 228, 236
Wildbretproduktion
  229
Wildkamera 185
Wildkonzentrationen
  181
Wildkrankheiten 292
Wildräume 182
Wildraumgrenze 182
Wildruhezonen 180
Wildschaden 171
Wildschadenssituation
  186
Wildschadensverhütung
  172
Wildschadenvergütung
  172
Wildschutzgebiete 181
Wildschwein 68
Wildtierfallen 170
Wildtierfütterung 175,
  181
Wildtierkorridore 179
Wildtierkrankheiten
  306
Wildtiermanagement
  178
Wildverbiss 173
Winterfütterung 175
Winterschlaf, echter
  157
Winterschlaf, unechter
  157
Wintersprünge 39
Wisent 138
Wolf 97
Wolliger Schneeball
  169
Würgebohrung 245

Z
Zahnabschliff 34
Zecken 297
Zeichnen 221

Zersetzer 146
Zielballistik 261
Zielfernrohr (ZF) 268
Zoologische Systematik
  30
Zoonosen 293
Zugvögel 156
Zuwachsrate 192
Zwerchfell 214, 215
Zwergtaucher 114

Bildnachweis

Falls nicht anders genannt: Vonow Peter

Hospitalitis-Buchverlag Zürich 10.20
Abteilung Fischerei und Jagd Luzern 10.3
Abteilung Wald Aargau 3.52; 3.53; 3.60; 3.75; 3.76; 4.11; 4.18; 4.19; 4.24; 4.27; 4.31; 5.7; 5.11
Amplifon 8.26
Amt für Jagd und Fischerei Graubünden 3.63; 10.1; 10.2; 10.4; 10.5; 10.6; 10.8; 10.9; 10.11; 10.12; 10.13; 10.14; 10.16; 10.17; 10.18; 10.25
Amt für Natur, Jagd und Fischerei St. Gallen 11.1
Analytik Jena AG 8.30; 8.31
Andrea Milos 3.128; 3.1.32
Andrey Gérard 9.12
Angst Christoph/SUTTER 3.74
Banzer Marco 2.3
Blaser Jagdwaffen GmbH 8.2; 8.3; 8.7; 8.12
Bodmer Karl 2.7
Bohdal Jiri 3.1.25; 3.67; 3.1.29; 3.2.28; 3.3.44
Bolliger Martin 6.1.10
Bollmann Kurt 3.103
Bontadino Fabio/swild.ch 3.46
Brantschen Marco 3.22
Brenneke GmbH Titelseite Kapitel 8
Büchler Urs 10.7
Bundesamt für Umwelt BAFU 5.2; 5.3; 5.4; 5.16
Carl Zeiss AG 8.33; 8.34; 8.35
Choque Pascale Umschlagbild Reh
Cordier Sylvain 3.95; 3.97; 3.110; 3.118; 3.2.16; 3.3.55; 3.3.37; 3.3.52
Crameri Giuliano 3.19; 3.70; 3.108; 3.1.26
Danegger Manfred 3.54; 3.55; 3.96; 3.112; 3.114; 3.115; 3.119; 3.120; 3.1.16; 3.1.24; 3.2.1; 3.2.7; 3.2.10; 3.2.17; 3.2.26; 3.3.30; 3.3.34; 3.3.41; 3.3.42; 3.3.43; 3.3.45; 3.3.46; 3.3.47; 3.3.50
Della Schiava/SUTTER 3.106
Denkmalpflege + Archäologie Kanton Luzern 2.1
Denoth Guolf AJF 4.22; 4.23
Dobler Etienne 2.8
Dragesco Eric/SUTTER 3.2.3

Ellena Charles 6.12; 7.3; 7.4; 7.10; 7.11; 7,12; 7.13; 7.14
Fischer Jörg 6.6; 9.13
Fischer Josef 4.14
Füllmann Robert 6.8
Giovanoli Andrea 4.16
Godly Domenic SNP 3.107; 6.11
Griffel Josef 2.5; 3.50; 6.1.8; 6.1.11; 9.10
Grosswiler Silvio 3.23
Häusermann Samuel 6.5
hedaco© International LTD
Hohler Peter 9.38
Holzgang Otto Kapitel 1 (Foto Jägerin); 2.6; 2.9; Titelfoto Kapitel 3; 3.71; 3.1.11; 3.1.28; Titelfoto Kapitel 11
Hug Reto/SUTTER 3.2.2
Institut für Fisch- und Wildtiermedizin Universität Bern 10.10; 10:15; 10.22
Jagdbuch des König Modus 2.2
Jagdinspektorat Bern 6.18
Jansen Erwin 6.1.5
Jelk Martin 10.21
Jenny Markus 3.68; 4.7
Jindra Jan 3.2.24
Jordan Pierre 9.39
Klein J.-L. & Hubert M.-L. 9.20
Koch Rainer 3.51; 3.1.17
Koch Roli 10.23
Krieghoff GmbH 8.4; 8.10; 8.11
Krofel Miha 3.61; 3.62; 3.1.14
Largiader Gianni AJF 9.18
Leica Camera AG 8.28; 8.29; 8.32
Leresche Philippe 3.2.23
Lozza Hans 4.28; 4.29
Ludwig Beate 3.56; 3.1.21
Mauser Jagdwaffen GmbH 8.5; 8.8
Mettler Daniel 3.66
Meyers Stefan 3.34–3.38; 3.40; 3.42; 3.45; 3.47; 3.58; 3.73; 3.113; 3.121; 3.122; 3.123; 3.125; 3.126; 3.127; 3.130; 3.1.3; 3.1.4; 3.1.5; 3.1.8; 3.1.9; 3.1.10; 3.1.13; 3.1.18; 3.1.20; 3.1.22; 3.1.23; 3.1.30; 3.3.40; 4.9; 4.10
Moreillon Claude 3.38; 3.49

Müller Rolf 3.7
Nieger Wolfgang 9.17
outdoor Enterprise SA 8.6; 8.9
Schild Peter 3.3.51
Pfunder Monika 3.4; 3.1.2
Renevey Benoit 3.43; 3.102; 3.116; 3.3.38;
    4.4; 4.5;
Ris Bruno 9.36
Rossen Gerd 3.12
Roten Dolf 3.9; 3.31; 3.94; 3.3.36
Rottweil® 8.20; 8.21; 8.22; 8.23
RWS 8.16–8.19; 8.24
Ryter Regula 9.2; 9.3; 9.4; 9.7; 9.11; 9.14; 9.24;
    9.27; 9.28; 9.30–9.34; 9.41; 9.43; 9.44; 9.46;
    9.48; 9.49
Schandy Tom 3.104; 3.2.8
Scheidegger Christoph 4.2
Schiersmann Jürgen 3.10; 3.11; 3.39; 3.1.19; 4.6
Schild Peter 3.100; 3.1.1; 3.3.31; 3.3.48
Schwendimann Peter / KORA 3.64
Selna Marie-Claire 9.42
Sevcik Jan 4.1
Siegel Reinhard / SUTTER 3.131; 3.1.15
Spadin Claudio 3.57; 3.69
Staatsarchiv Graubünden 4.15
Steiner Manfred 9.25
Studer Annelies 6.1.12
Swarovski Optik Schweiz 8.27
Thiel Dominik Kapitel 1 (Foto Jäger); 2.4; 3.5;
    3.29; 3.77; 3.1.6; 3.1.7; 3.1.27; 3.2.4; 3.2.5;
    3.2.22; 4.8; 4.12; 4.20; 4.21; 4.25; 4.26; 5.1;
    5.5; 5.8; 5.10; 5.12; 5.13; 5.15; 6.1.1; 6.2; 6.7;
    7.2; 9.22; 9.23; 9.29; 9.40; 9.47; 11.2; 12.1
Thürig Max 9.26
Volery Philippe 6.1.2; 6.1.3; 6.1.6: 6.1.7; 7.1;
    7.5; 7.9; 10.19; 11.3; 11.4
Vorbusch Dirk 3.101; 3.129; 3.1.31; 3.3.39
Wenger® 8.14
Windisch Walter 3.41
Zbinden Niklaus 3.78–3.93; 3.98; 3.99; 3.111;
    3.117; 3.124; 3.2.9; 3.2.11–3.2.15; 3.2.18;
    3.2.19–3.2.21; 3.2.25; 3.2.27; 3.3.29; 3.3.32;
    3.3.33; 3.3.49; 3.3.53
Zimmermann Fridolin / KORA 3.59

Grafiknachweis

Falls nicht anders genannt: Colin Nadine / illustrat

Bundesamt für Umwelt BAFU G2.1
Muggli Matthias G2.2
Godet Jean-Denise G4.21a–c
Koordinierte Forschungsprojekte zur Erhaltung und
    zum Management der Raubtiere in der Schweiz
    (KORA) G5.5

Dank

Der Herausgeber dankt folgenden Personen und Institutionen für ihre Unterstützung zum Gelingen dieses Werks:

- Karl Lüönd für seinen Beitrag zum Kapitel «Jagd und Öffentlichkeit».
- Den Mitgliedern der JFK-Steuerungsgruppe für die Begutachtung des Manuskript.
- Kurt Jäger, Hansjörg Blankenhorn und Sven Wirthner für die Durchsicht, Korrektur und Verbesserung des Werkes.
- Allen Kantonen, welche dank ihren kantonalen Jagdlehrmitteln wichtige Vorarbeiten für das vorliegende Werk geleistet haben.